आज के प्रश्न

मानव अधिकारों का संघर्ष

अरिहन जैन वी. एम. तारकुंडे किशन पटनायक सच्चिदानंद सिन्हा शम्सुल इस्लाम सत्येन्द्र रंजन शालिनी कंचन धर्मवीर पुरुषोत्तम अग्रवाल यदुनाथ मुखर्जी संजय अभिज्ञान मस्तराम कपूर सुरेन्द्र मोहन अरुण कुमार त्रिपाठी राजकिशोर

आज के प्रश्न

इस पुस्तक शृंखला का लक्ष्य है समकालीन राजनीतिक, आर्थिक और सामाजिक दृश्यपट की प्रखर, विस्तृत और वस्तुपरक पड़ताल। कम मूल्य पर विचारपूर्ण सामग्री देने की इस योजना के तहत हर चार महीने के अन्तराल पर दो ऐसी पुस्तकें प्रकाशित की जा रही हैं, जो किसी महत्वपूर्ण घटना, मुद्दे या समस्या से जुड़ी हों। शृंखला सम्पादक हैं प्रसिद्ध लेखक और पत्रकार राजकिशोर।

'आज के प्रश्न' शृंखला में अब तक प्रकाशित पुस्तकें :

1. अयोध्या और उससे आगे
2. भारतीय मुसलमान : मिथक और यथार्थ
3. हिन्दू होने का मतलब
4. विनाश को निमंत्रण : भारत की नयी अर्थनीति
5. कश्मीर का भविष्य
6. हरिजन से दलित
7. स्त्री के लिए जगह
8. भारत का राजनीतिक संकट
9. भ्रष्टाचार की चुनौती
10. मानव अधिकारों का संघर्ष
11. हिन्दुत्व की राजनीति
12. अश्लीलता का हमला
13. जाति का जहर
14. स्त्री, परम्परा और आधुनिकता
15. बच्चे और हम
16. हिंसा की सभ्यता
17. मुस्लिम आतंकवाद बनाम अमेरिका
18. दलित राजनीति की समस्याएँ
19. नैतिकता के नए सवाल

वाणी प्रकाशन

मानव अधिकारों का संघर्ष

सम्पादक
राजकिशोर

वाणी प्रकाशन का 'लोगो'
विख्यात चित्रकार मक़बूल फ़िदा हुसेन की
कूची से

ISBN : 81-7055-429-2

वाणी प्रकाशन
21-ए, दरियागंज, नयी दिल्ली-110002
द्वारा प्रकाशित

फोन : 0091#11#23273167, 23275710
फैक्स : 0091#11#23275710
ई-मेल : vaniprakashan@gmail.com
vani_prakashan@yahoo.com
वेबसाइट : www.vaniprakashan.in

प्रथम संस्करण : 1995

मूल्य : 200.00

आर.टेक. ऑफसेट प्रेस, शाहदरा, दिल्ली-110095
द्वारा मुद्रित

MANAV ADHIKARON KA SANGHARSH
Edited by Raj Kishore

सम्पादक की बात

मानव अधिकारों का संघर्ष

मध्यकालीन मनुष्य मुख्यतः मानव कर्तव्यों की छाया में जीता था, आज का आदमी मुख्यतः मानव अधिकारों की छाया में जीता है। अधिकारों की यह फैलती हुई चेतना मानव स्वतंत्रता का एक नया और रोमांचक अध्याय है। किसी भी देश के सभ्य और सुसंस्कृत होने की कसौटी अब यह नहीं रही कि वह कितना अमीर या बलशाली है। कसौटी यह है कि वहाँ मानव अधिकारों का कितना सम्मान होता है। यह दुर्भाग्यपूर्ण है कि शीत युद्ध के दौरान मानव अधिकार आन्दोलन पर अमेरिका तथा मध्य यूरोप की विश्व राजनीति का जो ग्रहण लगा था, उसकी छाया अभी भी पूरी तरह खत्म नहीं हुई है। इसके बावजूद मानव अधिकारों की चेतना व्यापक होती जा रही है और उनका दर्शन ज्यादा गहरा तथा प्रामाणिक बनता जा रहा है, तो यह मनुष्य की कुछ गहरी जरूरतों को ही रेखांकित करता है।

फिर भी क्या कारण है कि भारत में अभी भी मानव अधिकारों की वकालत करनेवालों को सरकार, जनसंचार माध्यम और प्रायः सभी राजनीतिक दलों द्वारा सन्देह की दृष्टि से देखा जाता है ? इस बारे में एक साधारण नियम यह बनाया जा सकता है कि जब सभी शक्तिशाली लोग किसी विषय पर एकमत हों, तो मानना चाहिए कि उनके इरादे सन्दिग्ध हैं। भारत में यह खास तौर से सच प्रतीत होता है। भारत का शक्तिशाली वर्ग कागज पर या भाषणों में मानव अधिकारों के प्रति चाहे जितनी प्रतिबद्धता जाहिर करे, वास्तविक जीवन में यह प्रतिबद्धता बहुत कम दिखाई देती है। यहाँ तक कि सामान्य शिष्टाचारों का भी पालन नहीं किया जाता। ऐसे माहौल में मानव अधिकारवादी सहज ही सामाजिक कौतुक का विषय बन जाता है। वह तब चिढ़ और क्रोध का भी विषय बनता है, जब वह पुलिस हिरासत में मौत, कैदियों के साथ दुर्व्यवहार और आतंकवाद से मुठभेड़ के नाम पर की जानेवाली गैरजरूरी हिंसा और दमन का विरोध करता है। अपराधी या अभियुक्त को भी सहानुभूति की नजर से देखा जा सकता है या देखा जाना

चाहिए तथा सेना और पुलिस को क्रूर, निर्दय और अराजक नहीं होना चाहिए—यह विचार तीसरी दुनिया में अभी लोकप्रिय नहीं हो पाया है। हाँ, आन्दोलनकारियों के साथ की जानेवाली सरकारी हिंसा के प्रति असन्तोष जरूर बना हुआ है। ऐसा प्रतीत होता है कि तीसरी दुनिया में मानव अधिकारों का आन्दोलन तभी व्यापक हो सकेगा, जब मानव अधिकारों की वकालत करनेवाले लोग सिर्फ दमन और अत्याचार के खिलाफ ही आवाज नहीं उठायेंगे, बल्कि वंचित लोगों के आर्थिक, राजनीतिक तथा सामाजिक अधिकारों की भी लड़ाई लड़ेंगे।

इस दृष्टि से अरिहन जैन द्वारा प्रस्तुत मानव अधिकारों की सूची आँख खोलनेवाली सिद्ध हो सकती है। यह सूची बताती है कि मानव अधिकारों का क्षेत्र अब सिर्फ नागरिक और राजनीतिक अधिकार नहीं रह गये हैं। वे जीवन के प्रायः प्रत्येक क्षेत्र का स्पर्श करते हैं और यहाँ तक कि हमारी सामाजिक और आर्थिक संरचना के मानवीय लक्ष्य भी निर्धारित करते हैं। उदाहरण के लिए 'राष्ट्रीय आय और सम्पत्ति के तीव्र विस्तार तथा समाज के सभी सदस्यों के बीच उनके न्यायपूर्ण वितरण' के लिए संघर्ष करना भी मानव अधिकारों के लिए ही संघर्ष करना है। कठिनाई यही है कि मानव अधिकारों की यह विस्तारित चेतना अभी तक सिर्फ बौद्धिक शुभकामना का ही विषय बनी हुई है। राष्ट्रीय या अन्तर्राष्ट्रीय स्तर पर इसे कानूनी या बाध्यकारी शक्ल देने की मुहिम तेज नहीं हो पायी है।

लेकिन आशा त्यागने की जरूरत नहीं है, क्योंकि मानव स्थिति में ही मानव अधिकारों के विकास के बीज निहित हैं। यह तथ्य वी.एम. तारकुंडे के विश्लेषण से साफ हो कर उभरता है। वे मानते हैं कि व्यक्ति अपने आपमें उद्देश्य है—वह किसी श्रेष्ठतर उद्देश्य के लिए साधन नहीं है। यही कारण है कि औद्योगिक सभ्यता ने जैसे-जैसे व्यक्ति को ज्यादा शक्ति-सम्पन्न बनाया है, वह अपने अधिकारों के प्रति सचेत होता गया है। तारकुंडे ने विकास की यह संघर्ष गाथा प्रस्तुत की है।

इसी से किशन पटनायक का यह सार्थक सवाल पैदा होता है कि अगर मानव अधिकारों की अवधारणा और व्यवस्था अनन्त वैभव में ही फूल-फल सकती है, तो इसे मानव सभ्यता की कोई बड़ी उपलब्धि कैसे कहा जाये ? वे इस विडम्बना को अत्यन्त प्रभावशाली ढंग से प्रस्तुत करते हैं कि मानव अधिकारों का ढोल पीटनेवाली पश्चिमी सभ्यता गरीब देशों में ऐसी स्थितियाँ पैदा कर रही है जिनमें असंख्य लोगों के बुनियादी मानव अधिकारों का हनन निश्चित है। स्पष्ट है कि मानव आजादी और मानव अधिकार हमेशा पर्यायवाची नहीं होते। यानी कुछ लोग अपनी आजादी का इस्तेमाल इस तरह कर सकते हैं कि दूसरों के मानव अधिकार कुचले जायें या मानव अधिकार बढ़ सकते हैं, लेकिन आजादी सीमित की जा सकती है। पटनायक एक ऐसी व्यवस्था की कल्पना करते हैं, जो मनुष्य

की आजादी को भी सुनिश्चित करेगी और उसके अधिकारों का सम्मान भी करेगी।

पुस्तक का एक हिस्सा मानवाधिकारों, या कहना चाहिए कि उनके उल्लंघन; का मौजूदा परिदृश्य प्रस्तुत करता है। शम्सुल इस्लाम ने विश्व स्थिति की एक सरसरी झलक दिखायी है, जिससे पता चलता है कि विकसित देशों में भी मानवाधिकारों की स्थिति अच्छी नहीं है और तीसरी दुनिया के अधिकांश देशों में तो बहुत ही खराब है। निस्संदेह यह तस्वीर मायूस करनेवाली है। करीब-करीब ऐसी ही स्थिति अपने देश की है, जहाँ मानव अधिकारों का कदम-कदम पर अतिक्रमण होता है। सत्येन्द्र रंजन ने इस करुण स्थिति की सबसे गहरी जड़ें हमारी सामाजिक व्यवस्था, आर्थिक संरचना और सांस्कृतिक मान्यताओं में देखी हैं। कार्ल मार्क्स ने मानव इतिहास को वर्गों का इतिहास बताया है, किन्तु शोषण और दमन के कुछ दूसरे औजार भी कम महत्वपूर्ण नहीं रहे हैं। ऐसा ही एक औजार है कुछ समूहों द्वारा अपने को विशिष्ट मानने की प्रवृत्ति। सच्चिदानन्द सिन्हा जब यह बताते हैं कि आज दुनिया में मानव अधिकारों का सबसे अधिक उल्लंघन एक मानव समूह द्वारा दूसरे मानव समूहों की समान मानवीयता के अस्वीकार में हो रहा है, तो वे मानव समाज की इस 'हम बनाम वे' की समस्या को ही सामने रखते हैं। एक ओर यह जातीयता का दम्भ है और दूसरी ओर है मौजूदा औद्योगिक सभ्यता का सीमाहीन लालच, जिसके कारण औद्योगिक दृष्टि से पिछड़े देशों में जीवन विरोधी स्थितियों का तेजी से विकास हो रहा है। यह भी वस्तुतः दुनिया का एक प्रकार का नस्लीय विभाजन ही है। पुरुषोत्तम अग्रवाल का विश्लेषण इस विभाजन के ठेठ भारतीय सन्दर्भ को समझने में मदद करता है। वर्णाश्रम व्यवस्था की विकृतियों और मजबूरी को समझे बिना उस उत्स तक पहुँच पाना कठिन है, जिसने सामाजिक ऊँच-नीच को लगभग शाश्वत बना डाला है। अतः भारत में मानवाधिकारों की लड़ाई सामाजिक न्याय और समता की लड़ाई भी है। हमेशा मानव स्थिति से एक दरजा नीचे रखी जानेवाली स्त्री जाति की पीड़ाजनक कथा लिखी है शालिनी कंचन ने, तो धर्मवीर ने भारत के दलितों की ट्रेजेडी का बयान किया है और उचित ही यह सवाल पूछा है कि अस्पृश्यता को समाप्त करने के लिए द्विज उदारवाद पर कब तक भरोसा किया जाये ।

यह दिलचस्प है कि मानव अधिकारों का विश्व घोषणा पत्र आज से 47 वर्ष पूर्व संयुक्त राष्ट्र महासभा द्वारा स्वीकार किया गया, तो कम्युनिस्ट देशों ने उसके पक्ष में मतदान नहीं किया था। इसका सैद्धान्तिक कारण यह है कि कम्युनिस्ट प्रणाली मानव अधिकारों के मौजूदा स्वरूप को पूँजीवादी समाजों की देन मानती है। लेकिन एक कम्युनिस्ट व्यवस्था में मानव अधिकारों का कोई स्वरूप तो होगा! पूँजीवादी स्वतंत्रताएँ नहीं दी जा सकतीं, लेकिन साम्यवादी स्वतंत्रताएँ किसे कहते हैं, यह तो बताया जायेगा ! यदुनाथ मुखर्जी ने साम्यवादी समाजों की

जो छानबीन की है, उसका निष्कर्ष यह है कि साम्यवाद में किसी भी प्रकार के मानव अधिकार के लिए कोई गुंजाइश नहीं है। क्या इसीलिए ये व्यवस्थाएँ अन्ततः भहरा कर गिर पड़ीं ?

लेकिन मानव अधिकारों के पक्ष में की जानेवाली राजनीति एक चीज है और मानव अधिकारों के नाम पर की जानेवाली राजनीति बिल्कुल दूसरी चीज। अमेरिकी लॉबी जब सोवियत संघ में मानव अधिकारों के उल्लंघन पर विलाप करती थी, तब उसका उद्‌देश्य यह नहीं था कि सोवियत समाज और ज्यादा मानवीय बने। मौजूदा चीन की मानव अधिकार आलोचना के पीछे भी ऐसी कोई शुभकामना दिखाई नहीं पड़ती। यह सिर्फ कम्युनिस्ट समाजों को बदनाम करने का एक पूँजीवादी कौशल रहा है। यही कौशल अमेरिका तथा यूरोप के कई देशों द्वारा तीसरी दुनिया के देशों में मानवाधिकारों की स्थिति पर लगातार होनेवाली टीका-टिप्पणी में दिखाई देता है। संजय अभिज्ञान ने अर्थव्यवस्था के जटिल क्षेत्र से इसके सटीक उदाहरण दिये हैं और छद्‌म मानवाधिकार चिन्ताओं का विश्लेषण किया है। मस्तराम कपूर ने इस मुद्‌दे के राजनीतिक पक्ष को विश्लेषित करने का प्रयास किया है। उनका यह निष्कर्ष समर्थन योग्य है कि जैसे भारतीय वर्ण व्यवस्था के कर्णधारों ने स्त्री-शूद्र की बहुसंख्यक आबादी के स्वाभिमान और अधिकारों की हत्या को स्वाभाविक तथा शास्त्रीय मानने का आत्मसंतोषी सिद्धान्त बना लिया था, उसी तरह आज के मानवाधिकारवादियों ने भी भूख से होनेवाली मौतों को संस्थागत हत्या न मानने का सिद्धान्त बना लिया है।

तो क्या यह मान लिया जाये कि मानव अधिकारों की सारी आधुनिक यानी पश्चिमी दृष्टि झूठी और बेईमान है ? हम गलती ही करेंगे, यदि यह मान लेंगे कि समूची पश्चिमी सभ्यता एक अखंड इकाई है। जरूरी नहीं कि पश्चिमी देशों की सरकारें जिस तरह सोचती हों, वहाँ का पूरा समाज भी उसी तरह सोचता हो। सच तो यह है कि अब तक की हर सभ्यता की तरह पश्चिमी सभ्यता भी अन्तर्विरोधों से ग्रस्त है और वह भी मानवीय होने के लिए छटपटा रही है। उदाहरण के लिए जिस नयी अर्थनीति की हम आलोचना कर रहे हैं, उसके आलोचक पश्चिम में भी कम नहीं हैं। दूसरी तरफ तीसरी दुनिया में मानवाधिकारों की स्थिति बहुत खराब होने के बाबजूद उनके उल्लंघन के विरुद्ध संघर्ष किसी न किसी रूप में लागातार जारी रहा है। भारतीय संघर्ष की कथा लिखी है सुरेन्द्र मोहन ने, जो स्वयं भी इस संघर्ष के अंग रहे हैं। अरुण कुमार त्रिपाठी इस संघर्ष की रणनीति के कुछ खास पहलुओं को प्रश्नचिह्नित करते हैं। उनकी यह हैरत उचित है कि मानवाधिकारवादी राज्य की हदें निश्चित करना चाहते हैं, लेकिन इसके लिए वे राज्य का ही सहारा लेते हैं। संकेत स्पष्ट है, मानव अधिकारों के संघर्ष को और गहराई तक ले जाना होगा। लेकिन न्यायिक सक्रियता क्या बिल्कुल

अर्थहीन है ? न्यायमूर्ति बी. एल. हंसारिया के विवेचन पर आधारित लेख यह बताता है कि जीवन के अधिकार का अर्थ किस तरह लगातार विस्तृत होता गया है। डी. एच. लारेंस के उपन्यास 'वीमेन इन लव' का एक पात्र कहता है कि यदि जीविका का अधिकार छीन लिया जाये, तो फिर जीवन के अधिकार का क्या अर्थ रह जाता है ?

अतः सही प्रश्न शायद यह नहीं है कि मानवाधिकार आन्दोलन की कमियाँ या गड़बड़ियाँ क्या-क्या हैं ? यह प्रश्न तो लगातार पूछा जाता रहेगा। सही प्रश्न यह है कि इन कमियों या गड़बड़ियों को दूर कैसे किया जाये। सत्येन्द्र रंजन ने इस प्रश्न से मुठभेड़ करने की सार्थक कोशिश की है। उनके लेख से तथा इस पुस्तक में शामिल कई अन्य लेखों से भी यह दिशा प्राप्त होती है कि मानव अधिकारों का संघर्ष वस्तुतः एक बेहतर मानवीय व्यवस्था का ही संघर्ष है तथा उचित है कि इस संघर्ष को खंडित करके न देखा जाये । मेरा अपना लेख मानव स्वभाव की कुछ बुनियादी द्वन्द्वात्मकताओं को रेखांकित करते हुए आशा का आधार मुहैया करता है, तो सतत चौकसी की जरूरत भी बतलाता है। मनुष्य पूर्ण नहीं है, अतः उसकी बनायी हुई कोई भी व्यवस्था पूर्ण नहीं हो सकती । लेकिन क्या इसीलिए मानव अधिकारों के संघर्ष की अहमियत और नहीं बढ़ जाती ?

—राजकिशोर

अनुक्रम

मानव अधिकारों की एक सूची

अरिहन जैन

मानव अधिकारों का जन्म पृथ्वी पर मनुष्य के विकास के साथ ही हुआ, क्योंकि इन अधिकारों के बिना वह न तो गरिमा के साथ जीवन यापन कर सकता था और न सभ्यता तथा संस्कृति का विकास कर सकता था। लेकिन इसके साथ ही मानव अधिकारों के दमन का सिलसिला भी शुरू हो गया, क्योंकि शक्तिशाली व्यक्ति या समूह दूसरों का शोषण करके ही अपना वर्चस्व बनाये रख सकते थे। पिछले पाँच हजार सालों में एक तरफ इस वर्चस्व का रूप बदलता रहा है, तो दूसरी तरफ इस बात की भी आवश्यकता महसूस की जाती रही है कि मानव अधिकारों को ठीक-ठीक परिभाषित किया जाये तथा उनकी सुरक्षा के उपाय भी किये जायें। साथ ही मानव समाज की व्यवस्था में जटिलता के नये-नये तत्व लगातार आते जाने से मानव अधिकारों के नये-नये रूप भी सामने आने लगे। 25 सितम्बर 1926 के पूर्व मानव अधिकारों का मामला मुख्यतः राष्ट्रीय विषय रहा, लेकिन उसके बाद यह एक अन्तर्राष्ट्रीय विषय हो गया और तब से मानव अधिकारों को समझने तथा उनके प्रति विश्व प्रतिबद्धता की घोषणा करने का सिलसिला आज तक जारी है।

मानव अधिकारों के बारे में व्यवस्थित रूप से सोचने और उन्हें संगठित रूप देने का पहला अन्तर्राष्ट्रीय प्रयास 25 सितम्बर 1926 को दासता के विरुद्ध हुए विश्व सम्मेलन के रूप में सामने आया। तकरीबन चार वर्ष बाद 28 जून 1930 को बलात श्रम पर सम्मेलन हुआ। 18 साल के लंबे अंतराल के बाद मानव अधिकारों की पहली सुव्यवस्थित घोषणा 10 दिसम्बर 1948 को सामने आयी। संयुक्त राष्ट्र संघ द्वारा की गयी यह घोषणा 'मानव अधिकारों की विश्व घोषणा' कहलाती है। फिर तो यह सिलसिला कभी नहीं रुका। आज स्त्री अधिकार, अल्पसंख्यकों के अधिकार आदि अनेक विषयों पर दुनिया भर में चर्चा हो रही है। यहाँ प्रस्तुत है संयुक्त राष्ट्र संघ के तत्त्वावधान में सदस्य राष्ट्रों द्वारा मान्य

एवं स्वीकृत मानव अधिकारों की एक संक्षिप्त सूची। 'मावन अधिकारों की विश्व घोषणा' को छोड़ कर शेष सभी प्रसंविदाओं और सम्मेलनों द्वारा स्वीकृत घोषणा पत्रों के कुछ अंश ही लिये जा सके हैं।

मानव अधिकारों की विश्व घोषणा

1. सभी मानव प्राणी जन्म से ही स्वतंत्र तथा गरिमा और अधिकारों में बराबर हैं। उनमें विचार शक्ति तथा अन्तश्चेतना होती है और उन्हें एक-दूसरे के साथ भाई-चारे की भावना से काम करना चाहिए।
2. इस घोषणा में शामिल सभी अधिकारों और स्वतंत्रताओं का हक हर किसी को नस्ल, रंग, लिंग, भाषा, धर्म, राजनीतिक या अन्य मत, राष्ट्रीय या सामाजिक मूल, संपत्ति, जन्म या हैसियत का अन्य कोई आधार जैसे किसी भी तरह के भेदभाव के बगैर है।
   इसके अलावा, जिस भी देश या भूखंड के किसी भी व्यक्ति का सम्बन्ध है, भले ही वह स्वतंत्र हो, न्यास हो, गैर-स्वशासी या प्रभुसत्ता की किसी भी सीमा के तहत हो, उसके साथ उस देश या भूखंड की राजनीतिक, न्यायिक या अन्तर्राष्ट्रीय हैसियत के आधार पर कोई भेदभाव नहीं किया जायेगा।
3. प्रत्येक व्यक्ति को जीने का, स्वतंत्रता का और व्यक्तिगत सुरक्षा का अधिकार है।
4. किसी को गुलाम या बेगार के रूप में नहीं रखा जायेगा; गुलामी और बेगारी प्रथा के सभी रूपों को प्रतिबंधित किया जायेगा।
5. किसी के साथ अत्याचार या निर्दयता अथवा क्रूर, अमानवीय या गरिमाहीन व्यवहार नहीं किया जायेगा न इस तरह की सजा किसी को दी जायेगी।
6. प्रत्येक व्यक्ति को कानून के समक्ष हर कहीं व्यक्ति के रूप में मान्यता का अधिकार है।
7. कानून के सम्मुख सभी बराबर हैं और सभी को बिना किसी भेदभाव के कानून के समान संरक्षण का अधिकार है। सभी को इस घोषणापत्र का उल्लंघन कर किये जानेवाले किसी भी भेदभाव के खिलाफ और ऐसे किसी भेदभाव को प्रोत्साहित करने के खिलाफ समान संरक्षण का अधिकार है।
8. कानून या संविधान द्वारा प्रदत्त मौलिक अधिकारों के उल्लंघन पर हरएक को सक्षम राष्ट्रीय न्यायाधिकरण द्वारा प्रभावी उपचार का

अधिकार है।

9. किसी को भी निरंकुश ढंग से न गिरफ्तार किया जायेगा, न हिरासत में लिया जायेगा और न निर्वासित किया जायेगा।

10. प्रत्येक व्यक्ति को अपने अधिकारों और दायित्वों के निर्धारण में और अपने खिलाफ किसी भी प्रकार के आपराधिक आरोप पर एक स्वतंत्र और निष्पक्ष न्यायाधिकरण द्वारा न्यायपूर्ण सार्वजनिक सुनवाई का पूरी तरह समान अधिकार है।

11.1 प्रत्येक व्यक्ति को किसी दंड्य अपराध के आरोप में तब तक निर्दोष माने जाने का अधिकार है, जब तक उस पर ऐसे किसी सार्वजनिक मुकदमे में कानून के तहत अपराध साबित न हो जाये, जिसमें उसे अपने बचाव के लिए सभी आवश्यक गारंटियाँ हों।

11.2 किसी को भी ऐसा कोई कार्य करने या न करने के लिए, जो उस घटना के वक्त राष्ट्रीय या अंतर्राष्ट्रीय विधि के तहत दंड्य नहीं था, किसी दंड्य अपराध का दोषी नहीं माना जायेगा। न ही उस पर, जिस समय वह अपराध हुआ, उस समय लागू जुर्माने से अधिक जुर्माना आरोपित किया जायेगा।

12. किसी भी व्यक्ति की एकान्तता (प्राइवेसी), परिवार, घर या पत्राचार में मनमाना दखल नहीं दिया जायेगा, न ही उसकी प्रतिष्ठा और सम्मान को चोट पहुँचाई जायेगी। ऐसे किसी दखल या आक्रमण के खिलाफ हरएक को कानून का संरक्षण पाने का अधिकार है।

13.1 प्रत्येक व्यक्ति को राज्य की सीमाओं के भीतर निवास करने का और घूमने-फिरने की स्वतंत्रता का अधिकार है।

13.2 प्रत्येक व्यक्ति को अपने देश सहित कोई भी देश छोड़ने और अपने देश लौटने का अधिकार है।

14.1 प्रत्येक व्यक्ति को उत्पीड़न से बचने के लिए दूसरे देशों में शरण चाहने और उसका उपभोग करने का अधिकार है।

14.2 यह अधिकार उन स्थितियों में लागू नहीं होगा, जिनमें वास्तविक रूप से गैर-राजनीतिक अपराधों के कारण संयुक्त राष्ट्र के सिद्धांतों और उद्‌देश्यों के विपरीत कार्य करने पर मुकदमा कायम किया गया हो।

15.1 प्रत्येक व्यक्ति को राष्ट्र का नागरिक बनने का अधिकार है।

15.2 किसी को भी मनमाने तरीके से न तो उसकी राष्ट्रीयता से वंचित किया जायेगा न ही अपनी राष्ट्रीयता बदलने के अधिकार से वंचित किया जायेगा।

16.1 पूर्ण उम्र के पुरुषों और स्त्रियों को नस्ल, धर्म या राष्ट्रीयता की किसी

सीमा से बाधित हुए बिना विवाह करने और परिवार बसाने का अधिकार है। विवाह से पूर्व, विवाह के दौरान और विवाह विच्छेद के बाद उन्हें समान अधिकार होंगे।

16.2 विवाह दोनों पक्षों की पूर्ण और स्वतंत्र सहमति के आधार पर ही होगा।

16.3 परिवार समाज की प्राकृतिक और बुनियादी समूह इकाई है और उसे समाज तथा राज्य का संरक्षण पाने का अधिकार है।

17.1 हरएक को अकेले तथा अन्यों के साथ निजी संपत्ति रखने का अधिकार है।

17.2 किसी को मनमाने तरीके से उसकी संपत्ति से वंचित नहीं किया जायेगा।

18. हरएक को विचारों, अंतश्चेतना और धर्म की स्वतंत्रता का अधिकार है; इस अधिकार में अपना धर्म और आस्था बदलने की स्वतंत्रता शामिल है और अकेले या अन्यों के साथ सार्वजनिक रूप से या एकांत में अपने धर्म या आस्था को शिक्षा, प्रथा, पूजा और परिपालन में अभिव्यक्त करने की स्वतंत्रता शामिल है।

19. हरएक को अपना मत रखने और उसकी अभिव्यक्ति करने की स्वतंत्रता का अधिकार है। इस अधिकार में बिना दखल के अपना मत रखने तथा किसी भी माध्यम के जरिये और सीमाओं से परे सूचनाएँ और विचार चाहने, ग्रहण करने तथा प्रदान करने का अधिकार शामिल है।

20.1 हरएक को शांतिपूर्वक एकत्रित होने और संघ बनाने का अधिकार है।

20.2 किसी को भी किसी संघ से सम्बद्ध होने के लिए मजबूर नहीं किया जा सकता।

21.1 प्रत्येक व्यक्ति को, प्रत्यक्ष रूप से अथवा स्वतंत्रतापूर्वक चुने गये प्रतिनिधियों के जरिये, अपने देश की सरकार में हिस्सा लेने का अधिकार है।

21.2 हरएक को अपने देश की सार्वजनिक सेवाओं से समान रूप से लाभान्वित होने का अधिकार है।

21.3 सरकार की शक्ति का आधार जन इच्छा होगी। यह इच्छा समय-समय पर होनेवाले ईमानदार चुनावों में अभिव्यक्त की जायेगी, जो समान और बालिग मताधिकार के आधार पर होंगे तथा गुप्त मतदान या ऐसी ही किसी स्वतंत्र मतदान प्रक्रिया द्वारा कराये

जायेंगे।

22. समाज का सदस्य होने के नाते प्रत्येक व्यक्ति को सामाजिक सुरक्षा का अधिकार है। उसे अपने राज्य के संसाधनों और संगठन के अनुसार तथा राष्ट्रीय प्रयास एवं अंतर्राष्ट्रीय सहयोग के जरिये अपनी गरिमा तथा अपने व्यक्तित्व के स्वतंत्र विकास के लिए अनिवार्य आर्थिक, सामाजिक और सांस्कृतिक अधिकारों को साकार करने का अधिकार है।

23.1 प्रत्येक व्यक्ति को काम करने का, रोजगार के स्वतंत्र चुनाव का, काम की उचित और अनुकूल स्थितियों का तथा बेरोजगारी के खिलाफ संरक्षण का अधिकार है।

23.2 प्रत्येक व्यक्ति को बिना किसी भेदभाव के समान काम के लिए समान वेतन पाने का अधिकार है।

23.3 प्रत्येक व्यक्ति को, जो काम करता है, उचित और अनुकूल पारिश्रमिक का अधिकार है, जिससे उसका और उसके परिवार का मानवीय गरिमा के साथ जीवन यापन हो सके और अगर आवश्यक पड़े, तो इसकी न्यूनता-पूर्ति सामाजिक संरक्षण के अन्य माध्यमों द्वारा हो।

23.4 प्रत्येक व्यक्ति को अपने हितों के संरक्षण के लिए श्रमिक संगठन बनाने और उसमें शामिल होने का अधिकार है।

24. हरएक को कार्य घंटों की उचित सीमा और सवेतन नियतकालीन अवकाश सहित आराम और फुरसत पाने का अधिकार है।

25.1 प्रत्येक व्यक्ति को भोजन, कपड़ा, मकान और चिकित्सा सुविधा तथा आवश्यक सामाजिक सेवाओं सहित स्वयं के और अपने परिवार के स्वास्थ्य तथा कल्याण के लिए पर्याप्त जीवन स्तर का अधिकार है। साथ ही उसे बेरोजगारी, बीमारी, विकलांगता, वैधव्य, बुढ़ापे या उसके नियंत्रण से बाहर की किसी अन्य स्थिति में जीविका में बाधा आने पर सुरक्षा पाने का अधिकार है।

25.2 मातृत्व और शैशवावस्था विशेष देखभाल और सहायता पाने के अधिकारी हैं। सभी बच्चों को, चाहे वे वैध हों या अवैध, एक जैसा सामाजिक संरक्षण दिया जायेगा।

26.1 हरएक को शिक्षा का अधिकार है। कम से कम प्रारंभिक और बुनियादी चरणों में शिक्षा निःशुल्क होगी। बुनियादी शिक्षा अनिवार्य होगी। तकनीकी और व्यावसायिक शिक्षा सामान्यतः उपलब्ध करायी जायेगी और योग्यता के आधार पर उच्च शिक्षा तक सभी की समान

पहुँच होगी।

26.2 शिक्षा का लक्ष्य मानव व्यक्तित्व का पूर्ण विकास और मानव अधिकारों तथा बुनियादी स्वतंत्रताओं के सम्मान को मजबूती देना होगा। यह सभी देशों तथा नस्लीय और धार्मिक समूहों के बीच समझ, सहिष्णुता और मैत्री को बढ़ावा देगी और शांति बरकरार रखने के लिए संयुक्त राष्ट्र संघ की गतिविधियों को आगे बढ़ायेगी।

26.3 माता-पिता को यह चुनने का प्राथमिक अधिकार होगा कि वे अपने बच्चों को किस तरह की शिक्षा दिलाना चाहते हैं।

27.1 हरएक को समुदाय के सांस्कृतिक जीवन में स्वतंत्रता के साथ भाग लेने, कलाओं का आनंद लेने और वैज्ञानिक प्रगति तथा उसके लाभ में हिस्सेदारी करने का अधिकार होगा।

27.2 हरएक को अपने द्वारा सृजित किसी भी वैज्ञानिक, साहित्यिक और कलात्मक उत्पादन से प्राप्त नैतिक और भौतिक हितों के संरक्षण का अधिकार है।

28. प्रत्येक व्यक्ति को ऐसी सामाजिक और अंतर्राष्ट्रीय व्यवस्था का अधिकार है, जिसमें इस घोषणा में अभिव्यक्त अधिकारों और स्वतंत्रताओं को पूरी तरह हासिल किया जा सकता है।

29.1 प्रत्येक व्यक्ति के उस समुदाय के प्रति कर्तव्य हैं, जिसमें उसके व्यक्तित्व का स्वतंत्र और पूर्ण विकास संभव है।

29.2 अपने अधिकारों और स्वतंत्रता के इस्तेमाल में किसी भी व्यक्ति पर कानून द्वारा निर्धारित ऐसी हदें ही लगायी जायेंगी, जिनसे अन्य व्यक्तियों की स्वतंत्रताओं और अधिकारों की उचित मान्यता तथा सम्मान का उद्‌देश्य पूरा हो और एक लोकतांत्रिक समाज में नैतिकता, जन व्यवस्था और सामान्य कल्याण की उचित आवश्यकताएँ पूरी हों।

29.3 इन अधिकारों और स्वतंत्रताओं का इस्तेमाल किसी भी स्थिति में संयुक्त राष्ट्र संघ के सिद्धांतों और उद्‌देश्यों के विपरीत नहीं किया जा सकेगा।

30. इस घोषणा की किसी भी बात की ऐसी व्याख्या नहीं की जा सकती, जिसका अर्थ यह निकलता हो कि किसी राज्य, समूह या व्यक्ति को इस घोषणा में निहित किसी भी अधिकार या स्वतंत्रता को नष्ट करने के उद्‌देश्य से किसी गतिविधि में भाग लेने या कोई काम करने का अधिकार है।

(10 दिसंबर 1948)

आर्थिक, सामाजिक और सांस्कृतिक अधिकार

1.1 सभी लोगों को आत्म-निर्णय का अधिकार है। इस अधिकार के माध्यम से वे स्वतंत्र रूप से अपनी राजनीतिक हैसियत निर्धारित करते हैं और अपना आर्थिक, सामाजिक और सांस्कृतिक विकास सम्पन्न करते हैं।

1.2 सभी लोगो अंतर्राष्ट्रीय आर्थिक सहयोग से पैदा किसी बन्धन के पूर्वाग्रह के बगैर पारस्परिक लाभ के सिद्धांतों और अंतर्राष्ट्रीय विधि पर आधारित अपने ध्येयों के लिए अपनी प्राकृतिक संपत्ति और संसाधनों को निष्पादित कर सकते हैं। किसी भी स्थिति में लोगों को जीवन यापन के उनके साधनों से वंचित नहीं किया जा सकता।

7. इस अंतर्राष्ट्रीय प्रसंविदा के पक्षकार राज्य काम की ऐसी उचित और अनुकूल स्थितियों के प्रत्येक आदमी के अधिकार को मान्यता देते हैं, जिनसे निम्नलिखित चीजें खास तौर से सुनिश्चित होती हों–

(क) सभी मजदूरों को दिया जानेवाला पारिश्रमिक न्यूनतम स्तर पर इतना हो कि निम्नलिखित की व्यवस्था कर सके–

(1) किसी तरह के भेदभाव के बिना समान मूल्य के काम के लिए समान और उचित पारिश्रमिक। विशेषकर स्त्रियों की कार्य स्थितियाँ पुरुषों की तुलना में हीन नहीं होंगी और उन्हें पुरुषों के बराबर ही वेतन मिलेगा;

(2) मौजूदा प्रसंविदा के प्रावधानों के अनुरूप उनका और उनके परिवारों का गरिमापूर्ण रहन-सहन;

(ख) सुरक्षित और स्वास्थ्यकर कार्य स्थितियाँ;

(ग) हरएक को अपने रोजगार के दौरान उचित उच्चतर स्तर तक तरक्की का समान अवसर, जिसमें वरिष्ठता और क्षमता के अलावा अन्य किसी चीज पर विचार नहीं किया जायेगा;

(घ) विश्राम, फुरसत और कार्य के घंटों की उचित सीमा और समय-समय पर सवेतन अवकाश, साथ ही सार्वजनिक छुट्टियों के लिए वेतन।

9. इस प्रसंविदा के पक्षकार सभी राज्य हरएक के सामाजिक बीमा सहित सामाजिक सुरक्षा के अधिकार को मान्यता देते हैं।

11.1 इस प्रसंविदा के पक्षकार सभी राज्य प्रत्येक व्यक्ति के पर्याप्त भोजन, वस्त्र और आवास सहित उसके और परिवार के पर्याप्त जीवन स्तर और रहन-सहन की स्थिति में सतत सुधार के अधिकार को मान्यता देते हैं। पक्षकार राज्य इस अधिकार का कार्यान्वयन सुनिश्चित करने

के लिए उचित कदम उठायेंगे। वे इस दिशा में स्वतंत्र सहमति पर आधारित अंतर्राष्ट्रीय सहयोग के तात्त्विक महत्व को मान्यता देते हैं।

11.2 सभी पक्षकार राज्य, प्रत्येक व्यक्ति के भूख से मुक्त रहने के अधिकार को मान्यता देते हुए, अपने स्तर पर तथा अंतर्राष्ट्रीय सहयोग के जरिये विशिष्ट कार्यक्रमों सहित ऐसे उपाय करेंगे, जिनसे

(क) तकनीकी और वैज्ञानिक ज्ञान का पूरा इस्तेमाल कर, पोषण के सिद्धांतों का प्रसार कर और कृषि प्रणाली को इस तरह सुधार कर तथा विकसित कर जिससे प्राकृतिक संसाधनों का कुशलतम विकास और उपयोग हो, खाद्यान्न के उत्पादन, संरक्षण और वितरण के तरीकों को उन्नत किया जा सके;

(ख) खाद्य का आयात करनेवाले और उसका निर्यात करनेवाले देशों की समस्याओं को समझ कर जरूरत के अनुसार विश्व खाद्य आपूर्ति का न्यायपूर्ण वितरण सुनिश्चित किया जा सके।

12.1 इस प्रसंविदा के पक्षकार राज्य प्रत्येक व्यक्ति के उच्चतम शारीरिक और मानसिक स्वास्थ्य का आनंद लेने के अधिकार को मान्यता देते हैं।

12.2 इस प्रसंविदा के पक्षकार राज्य उपर्युक्त अधिकार को कार्यान्वित करने के लिए जो कदम उठायेंगे, उनमें इनके लिए आवश्यक कदम शामिल होंगे–

(क) मृत्जातों की जन्म दर और शिशु मृत्यु दर में कमी करने तथा बच्चे के स्वस्थ विकास के लिए प्रावधान;

(ख) पर्यावरण और उद्योगों के सभी स्वास्थ्यगत पहलुओं में सुधार;

(ग) महामारियों, स्थानिक, पेशागत तथा अन्य बीमारियों की रोकथाम, उपचार और नियंत्रण;

(घ) ऐसी स्थितियाँ पैदा करना, जिनमें बीमारी के समय सभी को चिकित्सकीय सेवा और देखभाल उपलब्ध हो सके।

13.1 इस प्रसंविदा के पक्षकार सभी राज्य प्रत्येक व्यक्ति के शिक्षा के अधिकार को मान्यता देते हैं। वे इससे सहमत हैं कि शिक्षा का लक्ष्य मानव व्यक्तित्व और उसके गरिमा बोध का पूर्ण विकास होगा तथा शिक्षा मानव अधिकारों और मौलिक स्वतंत्रताओं के प्रति सम्मान को मजबूत करेगी। वे इस बात से भी सहमत हैं कि शिक्षा एक मुक्त समाज में सभी लोगों को प्रभावी भागीदार बनाने, सभी देशों और सभी नस्लीय, जातीय और धार्मिक समूहों के बीच समझ, सहनशीलता और मैत्री को बढ़ाने और शांति बनाये रखने की राष्ट्र

संघ की गतिविधियों को आगे बढ़ाने में सक्षम बनायेगी।

13.2 इस प्रसंविदा के पक्षकार राज्य इस बात को मान्यता देते हैं कि उपर्युक्त अधिकार को पूर्णतः हासिल करने के लिए :

(क) प्राथमिक शिक्षा अनिवार्य होगी और सभी के लिए निःशुल्क उपलब्ध रहेगी;

(ख) तकनीकी और व्यावसायिक शिक्षा सहित विभिन्न स्वरूपों में माध्यमिक शिक्षा प्रत्येक उपयुक्त साधन के द्वारा तथा विशेषकर मुफ्त शिक्षा का दायरा क्रमशः बढ़ाते जाने से आम तौर पर उपलब्ध बनायी जायेगी और उस तक सभी की पहुँच होगी।

(ग) प्रत्येक उपयुक्त साधन के द्वारा तथा विशेषकर मुफ्त शिक्षा का दायरा क्रमशः बढ़ाते जाने से उच्चतर शिक्षा तक, सामर्थ्य के आधार पर, सभी की समान पहुँच होगी।

(घ) जो लोग प्राथमिक शिक्षा प्राप्त नहीं कर पाये हैं या उसकी पूर्ण अवधि पूरी नहीं कर सके हैं, उनके लिए जहाँ तक संभव होगा बुनियादी शिक्षा को प्रोत्साहित किया जायेगा और गहन किया जायेगा।

15.1 इस प्रसंविदा के पक्षकार राज्य हरएक के निम्नलिखित अधिकार को मान्यता देते हैं–

(क) सांस्कृतिक जीवन में हिस्सा लेना।

(ख) वैज्ञानिक प्रगति और उसके प्रयोगों का लाभ उठाना।

(ग) अपने द्वारा सृजित किसी भी वैज्ञानिक, साहित्यिक या कलात्मक से उत्पन्न नैतिक और भौतिक हितों के संरक्षण से लाभान्वित होना।

(16 दिसंबर 1966)

नागरिक और राजनीतिक अधिकार

6.1 प्रत्येक मानव प्राणी को जीवन का नैसर्गिक अधिकार है। इस अधिकार की रक्षा कानून के जरिये की जायेगी। निरंकुश तरीके से किसी का भी जीवन नहीं लिया जायेगा।

6.2 जिन देशों ने मृत्यु दंड समाप्त नहीं किया है, वहाँ अपराध के समय लागू कानून के अनुसार गंभीरतम अपराधों के लिए ही मौत की सजा दी जा सकती है। लेकिन यह मौजूदा प्रसंविदा और जातिहत्या के अपराध की रोकथाम और दंड पर हुए सम्मेलन के प्रावधानों के विपरीत नहीं होना चाहिए। मृत्यु दंड की सजा सक्षम न्यायालय द्वारा दिये गये अंतिम निर्णय के परिपालन में ही दी जा सकती है।

6.5 18 वर्ष से कम उम्र के बच्चों द्वारा किये गये अपराधों पर मौत की सजा नहीं दी जायेगी और न ही गर्भवती स्त्रियों पर यह सजा कार्यान्वित की जायेगी।

7. किसी को भी यंत्रणा नहीं दी जायेगी, न उसके साथ क्रूर, अमानवीय या मानव गरिमा को नष्ट करनेवाला व्यवहार किया जायेगा और न ऐसी सजा दी जायेगी। खास तौर से किसी पर भी, उसकी स्वतंत्र सहमति के बगैर, चिकित्सकीय या वैज्ञानिक परीक्षण नहीं किये जायेंगे।

8.3 किसी को भी बलात या अनिवार्य श्रम के लिए मजबूर नहीं किया जायेगा।

10.1 स्वतंत्रता से वंचित किये गये सभी व्यक्तियों के साथ गरिमापूर्ण व्यवहार किया जायेगा।

10.2 (क) आपवादिक परिस्थितियों को छोड़ कर सभी आरोपी व्यक्तियों को दोष-सिद्ध व्यक्तियों से अलग रखा जायेगा और उनसे अ-दोष-सिद्ध व्यक्तियों की हैसियत के अनुकूल अलग व्यवहार किया जायेगा।

(ख) आरोपी बच्चों को वयस्कों से अलग रखा जायेगा और उनके मामलों पर शीघ्रातिशीघ्र निर्णय कराया जायेगा।

10.3 कैदियों के साथ सलूक प्रायश्चित्त प्रणाली के अनुरूप किया जायेगा, जिसका तात्त्विक लक्ष्य उनका सुधार और सामाजिक पुनर्वास होगा। बाल अपराधियों को वयस्कों से अलग रखा जायेगा और उनसे उनकी उम्र और कानूनी स्तर के अनुसार व्यवहार किया जायेगा।

11. किसी अनुबन्ध से निःसृत कर्तव्य पूरा न कर पाने के आधार पर किसी को जेल नहीं भेजा जायेगा।

12.1 प्रत्येक व्यक्ति को अपने राज्य की भौगोलिक सीमा के भीतर वैध रूप से घूमने-फिरने और अपना निवास चुनने का अधिकार है।

14.2 प्रत्येक व्यक्ति को, जिस पर अपराध का आरोप लगाया गया है, तब तक निर्दोष माने जाने का अधिकार होगा, जब तक वह कानून के अनुसार अपराधी साबित न हो जाये।

18.1 प्रत्येक व्यक्ति को विचार, अन्तश्चेतना और धर्म की स्वतंत्रता का अधिकार होगा। इस अधिकार में उसे अपनी पसंद का धर्म या आस्था रखने या अपनाने की स्वतंत्रता तथा अकेले या अन्यों के साथ सामुदायिक रूप से और सार्वजनिक रूप से या एकान्त में अपनी आस्था या धर्म को पूजा, परिपालन, प्रथा और शिक्षा में

अभिव्यक्त करने की स्वतंत्रता शामिल है।

18.2 किसी भी व्यक्ति के साथ ऐसा बल प्रयोग नहीं किया जायेगा, जिससे अपनी पसंद का धर्म या आस्था रखने या अपनाने की उसकी स्वतंत्रता बाधित होती हो।

18.3 किसी के धर्म या आस्था की अभिव्यक्ति पर विधि द्वारा निर्धारित सिर्फ ऐसी सीमाएँ लगायी जा सकती हैं, जो सार्वजनिक सुरक्षा, व्यवस्था, स्वास्थ्य अथवा नैतिकता अथवा अन्य व्यक्तियों की मौलिक या स्वतंत्रताओं की सुरक्षा के लिए आवश्यक हैं।

18.4 इस प्रसंविदा के पक्षकार राज्य माता-पिता या कानूनी अभिभावकों की इस स्वतंत्रता का सम्मान करने का दायित्व स्वीकार करते हैं कि वे अपने विश्वासों के अनुसार अपने बच्चों को धार्मिक और नैतिक शिक्षा दे सकें।

19.1 हरएक को बिना दखल के अपना मत रखने का अधिकार होगा।

19.2 हरएक को अभिव्यक्ति की स्वतंत्रता का अधिकार होगा। इस अधिकार में भौगोलिक सीमाओं से परे, मौखिक, लिखित या मुद्रित या कला के किसी भी रूप में अथवा अपनी पसंद के अन्य किसी माध्यम के जरिये सभी तरह की सूचनाओं और विचारों को चाहने, प्राप्त करने या प्रदत्त करने का अधिकार शामिल होगा।

20.1 युद्ध के पक्ष में किसी भी तरह का प्रचार कानून के जरिये प्रतिबंधित होगा।

20.2 राष्ट्रीय, नस्लीय या धार्मिक घृणा की कोई भी वकालत, जिसके द्वारा भेदभाव, प्रतिपक्षिता या हिंसा उकसायी जाती है, कानून के जरिये प्रतिबंधित होगी।

21. शांतिपूर्वक सभा करने के अधिकार को मान्यता दी जायेगी। इस अधिकार के इस्तेमाल पर कोई प्रतिबंध नहीं लगाया जा सकता, सिवाय उनके जो कानून से मेल खाते हों या जो किसी लोकतांत्रिक समाज में राष्ट्रीय सुरक्षा या जन सुरक्षा, लोक व्यवस्था, जन स्वास्थ्य, नैतिकता अथवा अन्य व्यक्तियों के अधिकारों तथा स्वतंत्रताओं के हित में आवश्यक हों।

24.1 प्रत्येक शिशु को नस्ल, रंग, लिंग, भाषा, धर्म, राष्ट्रीय या सामाजिक मूल, संपत्ति या जन्म, पर आधारित किसी तरह के भेदभाव के बिना अपने परिवार, समाज और राज्य से संरक्षण के ऐसे साधन प्राप्त करने का अधिकार होगा, जो उसकी नाबालिग हैसियत के अनुसार आवश्यक हैं।

24.2 प्रत्येक शिशु का जन्म के तुरंत बाद पंजीकरण होगा और उसका नाम होगा।

24.3 प्रत्येक शिशु को राष्ट्रीयता पाने का अधिकार होगा।

27. उन राज्यों में, जहाँ जातीय, धार्मिक या भाषाई अल्पसंख्यक हैं, इन अल्पसंख्यक समूहों के व्यक्तियों को अपने समूह के अन्य सदस्यों के साथ सामुदायिक रूप से अपनी संस्कृति का आनंद उठाने, अपने धर्म का पालन और अपनी भाषा का इस्तेमान करने से वंचित नहीं किया जायेगा।

(16 दिसंबर 1966)

नस्लीय भेदभाव के विरुद्ध

7.2 यदि कोई व्यक्ति अपने मौलिक अधिकारों और स्वतंत्रताओं के संदर्भ में नस्ल, रंग या जातीय मूल के आधार पर किसी भी तरह के भेदभाव का शिकार होता है, तो उसे स्वतंत्र राष्ट्रीय न्यायाधिकरण, जो ऐसे मामलों के निपटारे में सक्षम हो, के जरिये प्रभावी उपचार और संरक्षण का अधिकार होगा।

9.1 किसी खास नस्ल अशवा जातीय मूल या रंग के व्यक्तियों के समूह की श्रेष्ठता प्रतिपादित करनेवाले विचारों या सिद्धांतों पर आधारित सभी तरह के प्रचारों और संगठनों की कठोर भर्त्सना होगी।

9.2 किसी भी नस्ल या अन्य जातीय मूल या रंग के व्यक्तियों के समूह के खिलाफ हिंसा या उसके लिए उकसावा, चाहे वह व्यक्तियों द्वारा हो या संगठनों द्वारा, समाज़ के खिलाफ अपराध माना जायेगा और कानून के तहत दंडनीय होगा।

(20 नवंबर 1963)

स्त्रियों के साथ भेदभाव के विरुद्ध

एक

1. स्त्रियों के साथ भेदभाव उन्हें पुरुषों के समान अधिकार देने से इनकार करना या इसकी सीमा निश्चित करना है। अतः यह बुनियादी रूप से अन्यायपूर्ण और मानव गरिमा के खिलाफ अपराध है।

2.1 स्त्रियों के खिलाफ प्रचलित कानूनों, रिवाजों, नियमों और व्यवहारों

को समाप्त करने के लिए सभी उचित कदम उठाये जायेंगे तथा स्त्रियों और पुरुषों के समानता के अधिकार को पर्याप्त कानूनी संरक्षण दिया जायेगा।

3. महिलाओं को हीन मानने के विचार पर आधारित सभी तरह की प्रथाओं और प्रचलनों को मिटाने और पूर्वाग्रहों को समाप्त करने की दिशा में जनमत को शिक्षित करने के लिए तथा राष्ट्रीय भावनाओं को इस दिशा में मोड़ने के लिए सभी उचित उपाय किये जायेंगे।

5. स्त्रियों को पुरुषों की तरह ही राष्ट्रीयता प्राप्त करने, बदलने या बरकरार रखने का अधिकार होगा। किसी विदेशी से विवाह करने पर पत्नी की राष्ट्रीयता पर अपने आप कोई प्रभाव नहीं होगा, न वह राज्यविहीन होगी और न ही उस पर अपने पति की राष्ट्रीयता आरोपित की जायेगी।

6.2 पति और पत्नी की समानता के सिद्धांत को सुनिश्चित करने के लिए सभी उचित कदम उठाये जायेंगे और खास तौर से—

(क) महिलाओं को अपना जीवन साथी चुनने और अपनी पूर्ण तथा स्वतंत्र सहमति से ही विवाह करने की पुरुषों जैसी ही स्वाधीनता का अधिकार होगा।

(ख) विवाह के दौरान और विवाह विच्छेद के समय स्त्रियों के अधिकार पुरुषों की तरह ही होंगे। सभी मामलों में बच्चों का हित सर्वोच्च होगा।

(ग) बच्चों के मामलों में माता-पिता के अधिकार और कर्तव्य बराबर होंगे। सभी मामलों में बच्चों का हित सर्वोपरि होगा।

8. स्त्रियों की खरीद-बिक्री के सभी रूपों तथा स्त्रियों की वेश्यावृत्ति को रोकने के लिए कानून बनाने सहित सभी उचित उपाय किये जायेंगे।

(7 नवंबर 1967)

दो

5.1 बच्चे के माता-पिता अथवा कानूनी अभिभावकों को अपने धर्म या आस्था के अनुसार तथा उस नैतिक शिक्षा को ध्यान में रखते हुए जिसे वे बच्चे के लिए जरूरी समझते हैं, परिवार के भीतर जीवन को संगठित करने का अधिकार है;

5.2 प्रत्येक बच्चे को अपने माता-पिता या कानूनी अभिभावकों की इच्छा के अनुसार धर्म या आस्था के मामले में शिक्षा ग्रहण करने का

अधिकार होगा और उसे अपने माँ-बाप या कानूनी अभिभावकों की इच्छा के खिलाफ धार्मिक शिक्षा प्राप्त करने के लिए मजबूर नहीं किया जायेगा। इस मामले में बच्चे के सर्वोच्च हित ही मार्ग दर्शक सिद्धांत का काम करेंगे;

5.3 धर्म या आस्था के आधार पर किसी भी तरह के भेदभाव से बच्चे को बचाया जायेगा। उसका पालन-पोषण समझ, सहिष्णुता, राष्ट्रीय समूहों के बीच मित्रता, शांति और सार्वभौम भाईचारा, अन्य लोगों की आस्था या धार्मिक स्वतंत्रता के सम्मान की भावना से और इस पूर्ण बोध के साथ किया जायेगा कि उसकी ऊर्जा और क्षमताएँ उसके साथी मनुष्यों की सेवा में लगनी चाहिए;

5.4 जो बच्चा अपने माता-पिता या कानूनी अभिभावकों की देखभाल में नहीं है, उसके धर्म या उसकी आस्था के मामले में उनके द्वारा अभिव्यक्त इच्छा या उनकी इच्छा के अन्य किसी सबूत पर उचित ध्यान दिया जायेगा—बच्चे के सर्वोच्च हित ही इस मामले में मार्गदर्शक सिद्धांत का काम करेंगे;

5.5 धर्म या आस्था के वे आचरण, जिनके तहत बच्चे का पालन-पोषण होता है, उसके शारीरिक या मानसिक स्वास्थ्य या उसके पूर्ण विकास के लिए क्षतिकर नहीं होने चाहिए।

(25 नवंबर 1981)

जाति संहार के विरुद्ध

1. इस अनुबन्ध को स्वीकार करनेवाले सभी पक्ष इस बात की पुष्टि करते हैं कि जाति संहार अंतर्राष्ट्रीय कानून के तहत एक अपराध है, भले ही वह शांति के समय किया गया हो या युद्ध के दौरान और वे इसे रोकने और दंडित करने का दायित्व स्वीकार करते हैं।

2. मौजूदा सम्मेलन में जाति संहार का अर्थ किसी राष्ट्रीय, जातीय, नस्लीय या धार्मिक समुदाय को पूरी तरह या आंशिक रूप से नष्ट करने के इरादे से किया गया कोई भी निम्नलिखित कार्य है—

(क) उस समुदाय के सदस्यों की हत्या;

(ख) उस समुदाय के सदस्यों को गंभीर शारीरिक या मानसिक क्षति पहुँचाना;

(ग) उस समुदाय पर ऐसी जीवन स्थितियाँ आरोपित करना, जिनके लक्ष्य उस समुदाय को, पूर्णतः या आंशिक रूप से, शारीरिक रूप से नष्ट

करना है;

(घ) उस समुदाय में जन्म रोकने के इरादे से थोपे गये उपाय;

(ङ) एक समूह के बच्चों को जबरन दूसरे समुदाय में स्थानांतरित करना।

(9 दिसंबर 1948)

विवाहित स्त्रियों की राष्ट्रीयता

1. इस अनुबन्ध को स्वीकार करनेवाले सभी राज्य इस बात से सहमत हैं कि उनके किसी नागरिक के किसी विदेशी से विवाह करने या विवाह विच्छेद करने या विवाह के दौरान पति द्वारा अपनी राष्ट्रीयता बदलने पर पत्नी की राष्ट्रीयता अपने आप प्रभावित नहीं होगी।

(29 जनवरी 1957)

अल्पसंख्यकों के अधिकार

1.1 सभी राज्य अपने-अपने क्षेत्र में अल्पसंख्यकों के अस्तित्व तथा उनकी राष्ट्रीय या जातीय, सांस्कृतिक, धार्मिक और भाषाई पहचान की रक्षा करेंगे और उनकी इस पहचान को बढ़ावा देने के लिए उचित स्थितियों को प्रोत्साहित करेंगे।

1.2 सभी राज्य इन उद्देश्यों को प्राप्त करने के लिए कानून बनाने के साथ-साथ अन्य उपयुक्त कदम उठायेंगे।

2.1 राष्ट्रीय या जातीय, धार्मिक और भाषाई अल्पसंख्यकों, समूहों के सदस्यों को स्वतंत्रतापूर्वक तथा बिना किसी हस्तक्षेप या भेदभाव के अपनी संस्कृति का आनन्द लेने का, अपने धर्म को मानने और उस पर चलने का तथा निजी स्तर पर या सार्वजनिक रूप से अपनी भाषा का इस्तेमाल करने का अधिकार है;

2.2 अल्पसंख्यक समूहों के व्यक्तियों को सांस्कृतिक, धार्मिक, सामाजिक, आर्थिक और सार्वजनिक जीवन में प्रभावशाली ढंग से भाग लेने का अधिकार है;

2.3 अल्पसंख्यक समूहों के व्यक्तियों को राष्ट्रीय स्तर पर और जहाँ उचित है, क्षेत्रीय स्तर पर जिस अल्पसंख्यक समूह के वे सदस्य हैं, उससे सम्बन्धित निर्णय में प्रभावशाली ढंग से भाग लेने का अधिकार है—इस तरीके से कि राष्ट्रीय कानूनों से उसकी संगति हो;

2.4 अल्पसंख्यक समूहों के सदस्यों को अपने संगठन स्थापित करने और

बनाये रखने का अधिकार है;

2.5 अल्पसंख्यक समूहों के व्यक्तियों को बिना किसी भेदभाव के अपने समूह के अन्य सदस्यों के साथ, अन्य अल्पसंख्यक समूहों के व्यक्तियों के साथ तथा अन्य देशों के उन नागरिकों के साथ, जिनके साथ वे राष्ट्रीय या जातीय, धार्मिक या भाषाई सम्बन्धों से जुड़े हुए हैं, स्वतंत्र तथा शांतिपूर्ण सम्पर्क स्थापित करने और बनाये रखने का अधिकार है।

(ड्राफ्ट; अन्तर्राष्ट्रीय मानव अधिकार आयोग द्वारा 21 फरवरी 1992 को अनुमोदित)

विदेशियों और शरणार्थियों के अधिकार

44.1 संयुक्त राष्ट्र हाई कमिश्नर फॉर रिफ्यूजीज, महासभा की सत्ता के अधीन काम करते हुए, उन शरणार्थियों को, जो मौजूदा कानून की सीमा में आते हैं, संयुक्त राष्ट्रसंघ के तत्त्वावधान में अंतर्राष्ट्रीय संरक्षण देने और सरकारों को तथा सम्बद्ध सरकारों के अनुमोदन से निजी संगठनों की सहायता कर इन शरणार्थियों की स्वैच्छिक देश वापसी अथवा नये राष्ट्रीय समुदायों में उनके विलय को सुविधाजनक बना कर शरणार्थियों की समस्या का स्थायी समाधान खोजने का कार्य करेगा।

(14 दिसंबर 1950)

1. मानव अधिकारों की विश्व घोषणा का हवाला देने के अधिकारी व्यक्तियों को तथा ऐसे व्यक्तियों को, जो उपनिवेशवाद से संघर्ष कर रहे हैं, किसी भी राज्य द्वारा अपनी प्रभुसत्ता के प्रयोग द्वारा दिये गये शरण का अन्य सभी राज्य आदर करेंगे।

3.1 अनुच्छेद 1.1 में उल्लिखित किसी भी व्यक्ति को ऐसे उपायों का शिकार नहीं बनाया जायेगा, जैसे सीमा पर रोक देना या यदि वह उस क्षेत्र में प्रवेश कर चुका है जहाँ वह शरण चाहता है, तो उसे किसी राज्य में बहिष्कृत या अनिवार्यतः वापस नहीं किया जायेगा, जहाँ उसका उत्पीड़न होने की सम्भावना है;

3.2 उपर्युक्त सिद्धांत का अपवाद तभी होगा जब राष्ट्रीय सुरक्षा के हित में अथवा जनसंख्या की सुरक्षा के लिए, जैसे व्यक्तियों की सामूहिक आवक के मामले में, यह आवश्यक हो।

(14 दिसंबर 1967)

4. विदेशी जिस राज्य में रहते हैं या मौजूद हैं, वहाँ के कानूनों का आदर तथा वहाँ के लोगों की प्रथाओं और परंपराओं का सम्मान करेंगे।

5. विदेशी, स्थानीय कानून के अनुसार और जिस राज्य में वे उपस्थित हैं, उसके प्रासंगिक अन्तर्राष्ट्रीय दायित्वों की सीमा में, विशेषतः इन अधिकारों का उपयोग करेंगे :

(क) जीवन और व्यक्तिगत सुरक्षा का अधिकार—किसी भी विदेशी की मनमानी गिरफ्तारी नहीं की जायेगी न उसे मनमाने ढंग से हिरासत में लिया जायेगा तथा किसी भी विदेशी को कानून द्वारा स्थापित आधारों और प्रक्रियाओं के बगैर उसकी स्वतंत्रता से वंचित नहीं किया जायेगा;

(ख) निजता, परिवार, घर या पत्राचार में मनमानी या अनुचित दखल से संरक्षण का अधिकार;

(ग) अदालतों, पंचाधिकरणों तथा न्याय का प्रशासन करनेवाले अन्य सभी संगठनों और प्राधिकरणों के समक्ष समानता का और, जब आवश्यक हो, आपराधिक कार्यवाहियों में तथा जब कानून द्वारा निर्दिष्ट हो, अन्य कार्यवाहियों में दुभाषिये की मुफ्त मदद का अधिकार;

(घ) अपना जीवन साथी चुनने, विवाह करने तथा परिवार स्थापित करने का अधिकार;

(ङ) विचार, मत, अंतश्चेतना और धर्म की स्वतंत्रता का अधिकार—अपने धर्म या विश्वासों को अभिव्यक्त करने के अधिकार पर वही सीमाएँ आरोपित की जायेंगी, जो कानून द्वारा निर्दिष्ट हैं तथा सार्वजनिक सुरक्षा, व्यवस्था, स्वास्थ्य या नैतिकता या दूसरों के मूल अधिकारों और स्वतंत्रताओं की रक्षा करने के लिए जरूरी हैं;

(च) अपनी भाषा, संस्कृति और परम्परा को बनाये रखने का अधिकार;

(छ) अपनी कमाई, बचत अथवा निजी मौद्रिक सम्पत्तियों को, स्थानीय मुद्रा विनियमों की सीमा में, देश से बाहर भेजने का अधिकार।

6. किसी भी विदेशी को यंत्रणा नहीं दी जायेगी न उसके साथ क्रूर, अमानवीय या मानव गरिमा को नष्ट करनेवाला व्यवहार किया जायेगा, न ऐसी सजा दी जायेगी और विशेषतः किसी भी विदेशी के साथ, उसकी स्वतंत्र सहमति के बगैर, चिकित्सकीय या वैज्ञानिक परीक्षण नहीं किया जायेगा।

9. किसी भी विदेशी को उसकी जायज रूप से अर्जित सम्पत्ति से मनमाने ढंग से वंचित नहीं किया जायेगा।

(13 दिसंबर 1985)

रोजगार की नीति

1.1 आर्थिक वृद्धि और विकास को अनुप्रेरित करने, रहन-सहन का स्तर बढ़ाने, श्रम शक्ति की जरूरतें पूरी करने और बेरोजगारी तथा अर्ध-रोजगारी खत्म करने की दृष्टि से प्रत्येक सदस्य (राज्य) एक मुख्य लक्ष्य के रूप में ऐसी सक्रिय नीति घोषित और क्रियान्वित करेगा, जिससे पूर्ण, उत्पादक और स्वतंत्र रूप से चुने गये रोजगार को बढ़ावा मिले।

1.2 इस नीति का उद्देश्य यह सुनिश्चित करना होगा कि–

(क) उन सभी के लिए कार्य उपलब्ध है, जो उसके लिए उपलब्ध हैं और उसकी तलाश में हैं,

(ख) जहाँ तक सभंव होगा, ऐसा काम उत्पादक हो,

(ग) नस्ल, रंग, लिंग, धर्म, राजनीतिक मत अथवा राष्ट्रीय या सामाजिक मूल पर विचार किये बिना प्रत्येक श्रमिक जिस रोजगार के लिए उपयुक्त है, उसके लिए योग्यता प्राप्त करने और उस काम में अपनी निपुणता तथा प्रतिभा का इस्तेमाल करने का उसे पूर्ण संभव अवसर तथा रोजगार चुनने की स्वतंत्रता हो।

1.3 इस नीति में आर्थिक विकास के चरण तथा रोजगार उद्देश्यों तथा अन्य आर्थिक और सामाजिक उद्देश्यों के बीच आपसी रिश्तों का उचित ध्यान रखा जायेगा और राष्ट्रीय परिस्थितियों और आचरणों के अनुकूल उपाय अपनाये जायेंगे।

(9 जुलाई 1964)

बच्चों के अधिकार

4. प्रत्येक बच्चे को सामाजिक सुरक्षा के लाभ मिलेंगे। उसे स्वस्थ रूप से विकसित होने और बड़े होने का अधिकार होगा। स्वास्थ्य के मामले में उसे और उसकी माँ को प्रसव-पूर्व और प्रसव बाद की पर्याप्त देखभाल सहित विशेष देखभाल और संरक्षण उपलब्ध कराये जायेंगे। प्रत्येक बच्चे को पर्याप्त पोषण, आवास, मनोरंजन और चिकित्सा सेवाओं का अधिकार होगा।

5. शारीरिक, मानसिक या सामाजिक रूप से विकलांग बच्चे को उसकी अवस्था विशेष की जरूरत के अनुसार विशेष उपचार, शिक्षा और देखभाल उपलब्ध कराये जायेंगे।

6. प्रत्येक बच्चे को अपने व्यक्तित्व के सम्पूर्ण एवं सामंजस्यपूर्ण विकास के लिए प्रेम और समझ की आवश्यकता होती है। जहाँ भी संभव है, वह अपने माता-पिता की देखभाल और जिम्मेदारी की छत्रछाया में विकसित होगा और हर हालत में उसे स्नेह तथा नैतिक और भौतिक सुरक्षा का वातावरण उपलब्ध कराया जायेगा। अपवादस्वरूप परिस्थितियों को छोड़ कर बाल्यावस्था में उसे अपनी माँ से अलग नहीं किया जायेगा। बिना परिवार के बच्चों और जिनके पास जीवन यापन के पर्याप्त साधन नहीं हैं, उन्हें विशेष देखभाल उपलब्ध कराने की जिम्मेदारी समाज और लोक अधिकारियों की होगी।

7. प्रत्येक बच्चा, कम से कम प्रारंभिक अवस्था में, शिक्षा पाने का अधिकारी होगा। यह शिक्षा निःशुल्क और अनिवार्य होगी। उसे ऐसी शिक्षा प्रदान की जायेगी, जिससे उसकी सामान्य संस्कृति को प्रोत्साहन मिले और जो उसमें समान अवसरों के आधार पर अपनी योग्यताएँ, निजी निर्णय क्षमता तथा नैतिक और सामाजिक जिम्मेदारी का भाव विकसित करे एवं उसे समाज का एक उपयोगी सदस्य बनने की सामर्थ्य प्रदान करे।

   बच्चे के सर्वोच्च हित उनके मार्गदर्शक सिद्धांत होंगे जो उसकी शिक्षा और मार्गदर्शन के लिए उत्तरदायी हैं। इस दिशा में पहला दायित्व उसके माता-पिता का है।

   बच्चे को खेल और मनोरंजन के पूर्ण अवसर उपलब्ध रहेंगे, जिनके उद्देश्य शिक्षा के उद्देश्यों की तरह ही होंगे। समाज और लोक अधिकारी इस अधिकार के उपयोग के प्रोत्साहन के लिए विशेष प्रयास करेंगे।

8. सभी परिस्थितियों में राहत और संरक्षण सबसे पहले बच्चे को ही दिया जायेगा।

9. प्रत्येक बच्चे को उपेक्षा, क्रूरता और शोषण के सभी रूपों से संरक्षण मिलेगा। किसी भी रूप में उसे व्यापार की वस्तु नहीं बनाया जायेगा। उचित न्यूनतम आयु से पूर्व किसी भी बच्चे को रोजगार में नहीं लगाया जायेगा। किसी भी हालत में उसे ऐसे किसी रोजगार या धंधे में नहीं लगाया जायेगा जो उसकी शिक्षा या स्वास्थ्य के लिए हानिकारक हो या उसके शारीरिक, मानसिक या नैतिक विकास में बाधक हो।

(20 नवंबर 1959)

युवाओं के मूल्य

1. सभी देशों और सभी मानव प्राणियों के लिए समान अधिकार, आर्थिक तथा सामाजिक प्रगति, निःशस्त्रीकरण तथा अंतर्राष्ट्रीय शांति और सुरक्षा बनाये रखने को बढ़ावा देने के लिए युवाओं का पालन-पोषण, शांति, न्यास, स्वतंत्रता, पारस्परिक आदर और समझदारी की भावना से किया जायेगा।

(7 दिसंबर 1965)

सामाजिक विकास के लिए

7. राष्ट्रीय आय और संपत्ति का तीव्र विस्तार तथा समाज के सभी सदस्यों के बीच उनका न्यायपूर्ण वितरण समूची सामाजिक प्रगति का मूल है और इसलिए यह प्रत्येक राज्य और सरकार की पहली प्राथमिकता होनी चाहिए।

10. सामाजिक प्रगति और विकास का लक्ष्य समाज के सभी सदस्यों के जीवन के भौतिक और आध्यात्मिक स्तर का सतत उत्थान होगा, जिसमें निम्नलिखित मुख्य उद्देश्यों की प्राप्ति के जरिये मानव अधिकारों और बुनियादी स्वतंत्रताओं के प्रति सम्मान तथा उनके साथ संगति निहित है—

(क) सभी स्तरों पर काम के अधिकार और श्रमिक संगठन और कर्मचारी संघ बनाने और सामूहिक सौदेबाजी करने के अधिकार का आश्वासन, पूर्ण उत्पादक रोजगार को प्रोत्साहन तथा बेरोजगारी और अर्ध-रोजगारी की समाप्ति, स्वास्थ्य और सुरक्षा स्थितियों में सुधार सहित सभी के लिए कार्य की न्यायपूर्ण और अनुकूल स्थितियाँ स्थापित करना, बिना भेदभाव के श्रम के उचित पुरस्कार के आश्वासन के साथ-साथ बेहतर जीवन स्तर की सुनिश्चितता के लिए पर्याप्त न्यूनतम मजदूरी और उपभोक्ताओं का संरक्षण;

(ख) भूख और कुपोषण की समाप्ति तथा उचित पोषण के अधिकार की गारंटी;

(ग) गरीबी का उन्मूलन, रहन-सहन स्तर में सतत सुधार का आश्वासन और आय का उचित तथा न्यायपूर्ण वितरण।

(घ) सम्भव हो, तो बिना किसी शुल्क के संपूर्ण आबादी के लिए स्वास्थ्य के उच्चतम स्तरों की प्राप्ति और स्वास्थय संरक्षण का प्रावधान;

(ड.) निरक्षरता का उन्मूलन और संस्कृति तक सभी की पहुँच। प्राथमिक स्तर पर निःशुल्क तथा अनिवार्य शिक्षा और सभी स्तरों पर निःशुल्क शिक्षा के अधिकार का आश्वासन;

(च) सभी के लिए विशेषकर निम्न आय वर्ग के लोगों और बड़े परिवारों के लिए पर्याप्त आवास और सामुदायिक सेवाओं का प्रावधान।

19. (क) पूरी आबादी के लिए निःशुल्क स्वास्थ्य सेवाओं और जिन तक सभी की पहुँच हो सके, ऐसी रोग निरोधक तथा उपचारात्मक सुविधाओं एवं कल्याण चिकित्सा सेवाओं का पर्याप्त प्रावधान।

(11 दिसंबर 1969)

संस्कृति का अधिकार

1.1 प्रत्येक संस्कृति मूल्यवान और गरिमामय है। उसका आदर और संरक्षण किया जाना चाहिए।

1.2 अपनी संस्कृति का विकास करना प्रत्येक व्यक्ति का अधिकार और कर्तव्य है।

1.3 अपनी समृद्ध विभिन्नताओं और विविधताओं में और एक-दूसरे पर उनके पारस्परिक प्रभाव की दृष्टि से सभी संस्कृतियाँ समूची मानव जाति की साझा विरासत हैं।

2. जहाँ तक संभव होगा, सभी देश संस्कृति की विभिन्न शाखाओं के साथ-साथ विकास की कोशिश करेंगे, जिससे तकनीकी प्रगति और मानव जाति के बौद्धिक और नैतिक विकास के बीच सामंजस्यपूर्ण संतुलन स्थापित हो।

4. सांस्कृतिक सहयोग सभी देशों और सभी लोगों का दायित्व और अधिकार है। उन्हें एक-दूसरे के ज्ञान और निपुणताओं में भागीदारी करनी चाहिए।

(4 नवंबर 1966)

मानवाधिकारों का दर्शन

वी. एम. तारकुंडे

एक

मनुष्य के अधिकारों एवं कर्तव्यों का जन्म इस तथ्य से होता है कि लोग साथ-साथ समाज में रहते हैं।

समाज में सहयोग से रहना मानव अस्तित्व के लिए आवश्यक है। सामाजिक जीवन के अभाव में व्यक्तियों का कल्याण एवं विकास असंभव हो जायेगा।

समाज जैविक इकाई नहीं है। यह स्वयं पीड़ा, प्रगति एवं अवनति का अनुभव नहीं कर सकता। चेतना सिर्फ व्यक्तियों में होती है और सिर्फ वे ही इसका अनुभव कर सकते हैं। अतः व्यक्तियों का कल्याण और विकास ही सामाजिक प्रगति का एकमात्र मानदंड है। मनुष्य ही सभी चीजों की कसौटी है।

व्यक्तियों का कल्याण और विकास सामाजिक जीवन का उद्देश्य है। इसलिए समाज और व्यक्ति के बीच प्राथमिकता व्यक्ति है। समाज व्यक्ति के लिए है, व्यक्ति समाज के लिए नहीं। बहरहाल, समाज हर व्यक्ति के लिए है, उनमें से सिर्फ कुछ के लिए नहीं। हर व्यक्ति की गरिमा की समान स्वीकृति व्यक्तियों के अधिकार एवं कर्तव्यों दोनों का आधार है।

राष्ट्र, समुदाय या वर्ग जैसे किसी मानव संघ पर सामूहिक अहं थोपना और फिर व्यक्ति से सामूहिकता के हित में अपना त्याग करने को कहना गलत है। व्यक्ति अपने आपमें उद्देश्य है, वह किसी श्रेष्ठतर उद्देश्य के लिए साधन नहीं है।

स्वतंत्रता नकारात्मक अवधारणा नहीं है। इसका मतलब सिर्फ प्रतिबंधों से स्वतंत्रता नहीं है। स्वतंत्रता का मतलब प्रतिबंधों से स्वतंत्रता के साथ-साथ अभाव और असुरक्षा से स्वतंत्रता भी है। अगर इस रूप में समझा जाये तो स्वतंत्रता मानव जीवन की वैसी ही शर्त है, जैसी शर्तें बुद्धि, भावना एवं कल्पना-शीलता हैं।

जीने की इच्छा हर जीव की बुनियादी इच्छा है। मनुष्यों के संदर्भ में इसी

इच्छा की अभिव्यक्ति स्वतंत्रता के लिए मानव के संघर्ष में होती है। मनुष्य सिर्फ रोटी से जीवित नहीं रह सकता। वह सिर्फ भौतिक आवश्यकताओं की ही पूर्ति के लिए नहीं, बल्कि बौद्धिक, नैतिक एवं सौंदर्यात्मक पहलुओं के विकास का प्रयास भी करता है। मानव के संदर्भ में जिंदा रहने की प्राथमिक जैविक इच्छा मनुष्य की तरह जीने (अमानवीय जीवन से अलग) के संघर्ष का रूप ग्रहण कर लेती है।

स्वतंत्रता की इच्छा जिंदा रहने की मूल जैविक इच्छा से उत्पन्न हुई है और यह मौलिक मानवीय मूल्य है। इसी मूल्य से अन्य सभी मूल्य निकले हैं।

सभी मनुष्य विवेक और अंतश्चेतना से संपन्न हैं।

विवेक ज्ञान को संभव बनाता है और ज्ञान में वृद्धि के साथ मनुष्य प्रकृति तथा भौतिक एवं सामाजिक वातावरण के उत्पीड़न से मुक्ति पाने की दिशा में बढ़ता है। विवेक एक जैविक संपत्ति है। यह इस तथ्य से उत्पन्न हुआ है कि ब्रह्मांड नियम से संचालित है और इसलिए वस्तुगत रूप में 'तर्कसम्मत' भी है।

अंतश्चेतना भी मनुष्यों की एक जैविक विरासत है, जो लाखों वर्षों के सामूहिक जीवन से उत्पन्न हुई है। अंतश्चेतना नैतिक मूल्यों का आधार है। नैतिक मूल्य सामूहिक जीवन के लिए अनिवार्य हैं। चूँकि सामूहिक जीवन अपने आपमें मानव स्वतंत्रता के लिए आवश्यक है (व्यक्तियों के कल्याण तथा विकास के अर्थ में), नैतिकता स्वतंत्रता के खिलाफ नहीं, बल्कि उसकी सहायक है। नैतिकता सामाजिक वातावरण के प्रति एक स्वैच्छिक प्रतिक्रिया है, इसलिए एक विवेकसम्मत व्यक्ति की स्वतंत्रता को यह सीमित नहीं करती, बल्कि इसमें कुछ योगदान ही करती है।

मानव अधिकार और कर्तव्य बुनियादी मूल्यों स्वतंत्रता एवं नैतिकता से उत्पन्न होते हैं। इसे दूसरे शब्दों में इस प्रकार भी कहा जा सकता है कि मानव अधिकार और कर्तव्य व्यक्ति की गरिमा की साझा स्वीकृति का ही नाम हैं।

दो

10 दिसंबर को पूरी दुनिया में मानवाधिकार दिवस मनाया जाता है। 10 दिसंबर 1948 की रात ही संयुक्त राष्ट्र महासभा ने बिना किसी असहमति वोट के मानवाधिकारों के विश्व घोषणापत्र को अंगीकृत एवं घोषित किया।

मानवाधिकारों की अवधारणा इतिहास की लंबी अवधि में विकसित हुई। यह अवधारणा सत्ता के स्वेच्छाचारी इस्तेमाल को रोकने के उपकरण के रूप में विकसित हुई। आंरभ में यह राज्यों के भीतर ही लागू होती थी, अंतर्राष्ट्रीय स्तर पर इसे लागू करने की व्यवस्था नहीं थी। राज्यों के भीतर भी यह उच्च

वर्गों के अधिकारों तक सीमित लगती थी। वर्ग और नस्ल का खयाल किये बिना सभी मनुष्यों के अधिकारों के रूप में इस अवधारणा के विकसित होने में लंबा समय लगा। 13वीं सदी का प्रसिद्ध मैग्ना कार्टा राजा और सामंतशाही के बीच का एक समझौता था। हालाँकि इसमें कुछ ऐसी धाराएँ भी थीं, जो आम लोगों के लिए भी लागू होती थीं, पर इसका मुख्य मकसद ब्रिटेन के सामंतों के अधिकारों एवं विशेषाधिकारों की रक्षा करना था। मानवाधिकारों की इससे अधिक विस्तृत अवधारणा ब्रिटिश क्रांतिकारियों ने पेश की, जब 1689 में राजा को पदच्युत करने तथा उसे मौत के घाट उतारने के बाद बिल ऑफ राइट्स (अधिकार पत्र) में उन्होंने सभी नागरिकों के न्यूनतम अधिकारों का वर्णन किया। लगभग एक सदी बाद 1776 में अमेरिकी क्रांतिकारियों ने ब्रिटिश राजा की दासता से 'अहरणीय' मानवाधिकारों को शामिल किया। इनमें 'जीवन, स्वतंत्रता और खुशी की तलाश' के अधिकार शामिल थे। इसके कुछ ही समय उपरांत फ्रांसीसी क्रांतिकारियों ने राजा को हटाने और उसे मौत के घाट उतारने के बाद मनुष्य के अधिकारों का घोषणापत्र तैयार किया। इसमें उन्होंने घोषित किया कि मनुष्य स्वतंत्र जन्म लेते और रहते हैं और उनके अधिकार बराबर हैं तथा किसी राजनीतिक संघ का उद्देश्य 'स्वतंत्रता, संपत्ति, सुरक्षा और दमन के विरोध' के मानवाधिकारों की पुष्टि है। इस प्रकार मानवाधिकारों की अवधारणा हमेशा ही क्रांतिकारी अवधारणा रही है।

इस अवधारणा में एक नया आयाम तब जुड़ा जब धीरे-धीरे और कुछ अंतरालों पर यह महसूस किया जाने लगा कि मानवाधिकारों की रक्षा सिर्फ उन राज्यों की चिंता का विषय नहीं है, जहाँ इनका उल्लंघन होता है, बल्कि पूरी दुनिया में मानवाधिकारों के संरक्षण और प्रोत्साहन को सुनिश्चित करना समूची मानवता की चिंता का विषय है। मानवाधिकारों के लिए यह अंतर्राष्ट्रीय चिंता हाल का विकास है और संचार के विकास के साथ दुनिया के सिकुड़ने का परिणाम है। इसके निहितार्थों को अभी पूरी तरह समझा नहीं गया है।

व्यक्ति के मानवाधिकारों की रक्षा के लिए अंतर्राष्ट्रीय प्रयास की सबसे स्पष्ट मिसाल संभवतः दास प्रथा की समाप्ति के लिए आंदोलन में मिलती है। दास व्यापार की समाप्ति (यह दास प्रथा की समाप्ति से अलग है) के उपाय कई देशों ने किये। इसकी शुरुआत उन्नीसवीं सदी में ब्रिटेन, डेनमार्क और फ्रांस ने की। बाद में 1833 में सभी ब्रिटिश क्षेत्रों में दास प्रथा की समाप्ति के लिए ब्रिटिश संसद ने एक विधेयक पारित किया। इसके बाद ऐसे ही उपाय अन्य देशों में किये गये और दास प्रथा एवं दास व्यापार की समाप्ति के लिए अंतर्राष्ट्रीय समझौते हुए।

राष्ट्र संघ (लीग ऑफ नेशन्स) के तत्त्वावधान में मानवाधिकारों की रक्षा

एवं इन्हें बढ़ावा देने के अंतर्राष्ट्रीय प्रयास कई गुना बढ़ गये। प्रथम विश्व युद्ध की समाप्ति पर जब राष्ट्र संघ की स्थापना हुई, तब मानवाधिकारों की अवधारणा अपनी विषयवस्तु में समृद्ध हो रही थी। आरंभ में मानवाधिकारों का अर्थ समझा जाता था व्यक्ति की स्वतंत्रता पर से प्रतिबंधों को हटाना। मानवाधिकारों के समर्थक अल्पतम राज्य चाहते थे—एक ऐसा राज्य, जो कानून-व्यवस्था को बनाये रखना अपना मुख्य कर्तव्य माने और जो मनमानी गिरफ्तारी, मनमानी तलाशी और संपत्ति की जब्ती तथा अभिव्यक्ति की स्वतंत्रता, संगठन की स्वतंत्रता एवं धार्मिक आस्था की स्वतंत्रता पर मनमानी प्रतिबन्ध लगाने से बाज आये। बहरहाल, आमूल परिवर्तनवादी विचारों के प्रभाव से मानवाधिकारों की अवधारणा में कई सकारात्मक मानवीय आवश्यकताएँ शामिल होने लगीं, जिन्हें कभी-कभी गरीबी से मुक्ति, असुरक्षा से मुक्ति और अज्ञान से मुक्ति जैसे रूपों में नकारात्मक ढंग से व्यक्त किया गया। पर इनसे मुक्ति सकारात्मक अधिकार थे, मसलन न्यूनतम शिक्षा, लाभदायक रोजगार, बेरोजगारी से सुरक्षा और चिकित्सा पाने के अधिकार राज्य उचित कदम उठा कर इन अधिकारों को सुरक्षित कर सकता है।

मानवाधिकारों की रक्षा और इन्हें आगे बढ़ाने की दृष्टि से राष्ट्र संघ ने बहुमूल्य कार्य किये। राष्ट्र संघ ने स्त्रियों का व्यापार रोकने, विवाह की उम्र बढ़ाने, विभिन्न देशों में बाल कल्याण को सुनिश्चित करने तथा हजारों शरणार्थियों के पुनर्वास के कदम उठाये। लेकिन मानवाधिकारों को आगे बढ़ाने की दृष्टि से राष्ट्र संघ का मुख्य कार्य अंतर्राष्ट्रीय श्रम संगठन के जरिये हुआ। जो लोग दोनों विश्व युद्धों के बीच भारतीय मजदूर आंदोलन से जुड़े थे, वे काम के घंटे सीमित करने, कारखानों में सुरक्षा एवं स्वास्थ्य की स्थितियाँ सुनिश्चित करने, महिलाओं और बच्चों को काम करने की मानवीय स्थितियाँ मुहैया कराने तथा आम तौर पर मजदूरों के बारे में उदार सरकारी नीतियों को आगे बढ़ाने में अंतर्राष्ट्रीय श्रम संगठन के बहुमूल्य कार्यों को जानते हैं।

दोनों विश्व युद्धों के बीच के काल में इटली और जर्मनी में फासीवाद के उभार से लोकतंत्र एवं निजी स्वतंत्रता का गंभीर खतरा पैदा हुआ। फासीवादी देशों के उग्र राष्ट्रवाद ने अपने देश में मानवाधिकारों को नष्ट कर दिया और विदेशों ने भी इन्हें नष्ट करने का खतरा पैदा कर दिया। इसके परिणामस्वरूप मित्र देशों एवं फासीवादी शक्तियों के बीच हुआ सशस्त्र संघर्ष अनिवार्य रूप से फासीवाद विरोधी युद्ध था। यह स्वतंत्रता एवं लोकतंत्र की रक्षा के लिए युद्ध था। युद्ध में फासीवादी ताकतों की हार का परिणाम अंतर्राष्ट्रीय स्तर पर सामाजिक क्रांति के रूप में होना अपरिहार्य था। दरअसल, 1945 में फासीवाद की हार से जो क्रांति आयी, वह विश्व क्रांति थी—इसका दायरा और महत्ता फ्रांसीसी तथा रूसी क्रांतियों

से अधिक बड़ा था। युद्ध के बाद विश्व के अधिकांश भागों में साम्राज्यवाद और उपनिवेशवाद का खात्मा हो गया तथा एशिया एवं अफ्रीका के बहुत-से अविकसित देशों को आजादी मिली। इस रूप में इतिहास ने फासीवाद-विरोधी शक्तियों के युद्ध प्रयासों का समर्थन करनेवाले लोगों को असली क्रांतिकारी तथा स्वतंत्रता एवं लोकतंत्र का वास्तविक सेनानी साबित किया है।

युद्ध के फासीवाद-विरोधी चरित्र को देखते हुए मानवाधिकारों की रक्षा तथा इन्हें आगे बढ़ाना मित्र शक्तियों का मुख्य युद्ध उद्देश्य होना स्वाभाविक था। जनवरी 1941 में राष्ट्रपति रूजवेल्ट ने घोषणा की कि 'दुनिया में हर जगह' चार स्वतंत्रताओं–भाषण की स्वतंत्रता, उपासना की स्वतंत्रता, अभाव से स्वतंत्रता तथा भय से स्वतंत्रता–का होना शांति की आवश्यक शर्त है। उसी साल बाद में रूजवेल्ट और चर्चिल ने अटलांटिक घोषणापत्र में इसी युद्ध उद्देश्य की घोषणा की। 1944 में चार बड़ी शक्तियों–अमेरिका, ग्रेट ब्रिटेन, सोवियत संघ और चीन–ने डुम्बार्टन ओक्स के प्रस्तावों से सहमति जतायी, जिसमें संयुक्त राष्ट्र के गठन का सपना देखा गया था। उन्होंने फैसला किया कि इस अंतर्राष्ट्रीय संगठन का एक उद्देश्य मानवाधिकारों के सम्मान तथा मौलिक स्वतंत्रताओं को बढ़ावा देना होगा।

युद्ध के बाद सैन फ्रांसिस्को सम्मेलन में संयुक्त राष्ट्र घोषणापत्र को अंगीकार किया गया। इसमें मानवाधिकारों और स्वतंत्रताओं को बढ़ावा देने के उद्देश्य को प्रमुखता दी गयी। इस घोषणापत्र की प्रस्तावना में घोषित किया गया, 'हम बुनियादी मानवाधिकारों, व्यक्तियों की गरिमा एवं मूल्यो, बड़े और छोटे सभी राष्ट्रों के पुरुषों एवं स्त्रियों के समान अधिकारों की पुनर्पुष्टि के लिए कृतसंकल्प संयुक्त राष्ट्र में शामिल देशों के लोग...इन लक्ष्यों को प्राप्त करने के लिए मिल कर प्रयास करने का संकल्प करते हैं।' घोषणापत्र की पहली धारा में ही संयुक्त राष्ट्र के घोषित उद्देश्यों में एक मानवाधिकारों के लिए सम्मान बढ़ाने तथा प्रोत्साहित करने के लिए अंतर्राष्ट्रीय सहयोग तैयार करना बताया गया है। इसके अन्य उद्देश्य हैं, आंतरिक शांति कायम रखना और राष्ट्रों के बीच मित्रतापूर्ण रिश्तों का विकास। घोषणापत्र की धारा 68 में कई आयोगों के गठन का प्रावधान है, जिनमें एक मानवाधिकारों को आगे बढ़ाने के लिए भी है।

इसके अनुरूप 1946 में दिवंगत श्रीमती एलीनर रूजवेल्ट की अध्यक्षता में विधिवत मानवाधिकार आयोग बना। पूर्व और पश्चिम में बढ़ते तनाव के बावजूद आयोग ने काम जारी रखा और मानवाधिकार घोषणापत्र का प्रारूप तैयार किया। इस प्रारूप को सितंबर 1948 में संयुक्त राष्ट्र महासभा को सौंपा गया। प्रारूप में कुछ संशोधनों के बाद महासभा ने उसी वर्ष 10 दिसंबर को मानवाधिकारों के विश्व घोषणापत्र को अंगीकार कर लिया। किसी ने इससे असहमति नहीं जतायी।

हालाँकि साम्यवादी खेमे के देशों, सऊदी अरब और दक्षिण अफ्रीका ने मतदान में भाग नहीं लिया।

मानवाधिकारों का विश्व घोषणापत्र महासभा द्वारा एक ऐसे प्रतिमान के रूप में ग्रहण किया गया, जिसे सभी लोगों और सभी राष्ट्रों के बीच हासिल किया जाना था। आंरभ में इस घोषणापत्र के व्यावहारिक महत्त्व को ले कर गंभीर शक जाहिर किये गये। शक जतानेवालों में वे भी थे, जो मानवाधिकारों के बुनियादी महत्व को स्वीकार करते थे। पिछले दशकों के अनुभवों से ये शक जरूर दूर हो गये होंगे। महासभा और संयुक्त राष्ट्र के दूसरे अंगों ने बार-बार घोषणापत्र में निहित सिद्धांतों को लागू किया है और उसके अनुरूप कार्रवाई की है। प्रतिस्पर्धी 'घरेलू क्षेत्राधिकार' का सिद्धांत महासभा को उन मामलों में हस्तक्षेप करने या हस्तक्षेप का प्रयास करने से रोक नहीं सका है, जहाँ मानवाधिकारों का खुल्लमखुल्ला उल्लंघन हुआ है। महासभा ने दक्षिण अफ्रीका में रंगभेद की नीति के प्रति जो रुख अपनाया, वह इस बात की अच्छी मिसाल है।

अब तक घोषणापत्र को व्यावहारिक सत्ता प्राप्त हो चुकी है, जिससे कुछ लोग यह विश्वास करने लगे हैं कि यह लगभग अंतर्राष्ट्रीय कानून का हिस्सा बन चुका है। संयुक्त राष्ट्र द्वारा घोषणापत्र को अंगीकार करने पर टिप्पणी करते हुए प्रो. जोन पी. हम्फ्रे ने (इवान लुआर्ड संपादित 'द इंटरनेशनल प्रोटेक्शन ऑफ ह्यूमन राइट्स' में) लिखा, 'हमारे समय के चिंतन पर संयुक्त राष्ट्र के किसी अन्य कानून का इतना प्रभाव नहीं पड़ा। इसमें सर्वोतम आकांक्षाएँ निहित एवं घोषित हैं। संभव है कि यह इतिहास में मुख्य रूप से महान् नैतिक सिद्धांतों के वक्तव्य के रूप में जीवित रहे। किसी भी अन्य राजनीतिक दस्तावेज या कानूनी उपकरण की तुलना में इसका प्रभाव अधिक गहरा एवं स्थायी है।'

घोषणापत्र को जो भी राजनीतिक और कानूनी शक्ति प्राप्त हुई है, वह इसकी नैतिक सत्ता से निकली है और इसकी नैतिक सत्ता अंतर्राष्ट्रीय जनमत के समर्थन से उपजी है। अंतिम विश्लेषण में कहा जा सकता है कि घोषणापत्र में निहित मानवाधिकारों को प्रोत्साहित करने का रास्ता इसके समर्थन में अधिक से अधिक जनमत बनाना ही है।

भारत में आवश्यक मानवाधिकारों को संविधान के मौलिक अधिकारों एवं राज्य के नीति निर्देशक सिद्धांतोंवाले हिस्सों में शामिल किया गया है। ये अधिकार आज चरम दक्षिणपंथियों के हमले का निशाना हैं। लोकतंत्र समर्थकों और मानवतावादियों के लिए आज भारत में मानवाधिकार दिवस मनाने का सर्वोत्तम तरीका यही है कि वे लोगों को मौलिक अधिकारों और नीति निर्देशक तत्वों को समझायें और इन पर अमल के लिए समर्थन जुटायें।

मानवतावादियों को अपने कार्य में खास रुचि लेनी चाहिए। उनका दर्शन

इस उक्ति पर आधारित है कि 'मनुष्य ही सभी चीजों की कसौटी है।' वे मानते हैं कि व्यक्ति की स्वतंत्रता और विकास सामाजिक प्रगति की कसौटी हैं। उनका आदर्श मनुष्य के संदर्भ में ही समझा जा सकता है, संस्थाओं के संदर्भ में नहीं–चाहे ये संस्थाएँ राजनीतिक हों या आर्थिक, सिर्फ उन मामलों को छोड़कर जहाँ संस्थाएँ व्यक्ति की स्वतंत्रता एवं प्रगति को सुनिश्चित करती हैं। अतः मानवाधिकारों का संरक्षण एवं प्रोत्साहन सभी मानवतावादियों का प्रमुख कार्य है।

अधिकारों का भ्रम

किशन पटनायक

एक

मानव अधिकार प्रसंग क्रांतिकारी या पवित्र नहीं रह गया है। फ्रांसीसी क्रांति के काल में जब 'मानव के अधिकारों की घोषणा' पहली बार हुई (ब्रिटेन में 'अधिकारों का कानून' पारित होने के सौ साल बाद), यह एक क्रांतिकारी अवधारणा थी। बीसवीं सदी के मध्य में यह एक चुनौतीपूर्ण प्रसंग हो गया था, जब सारे प्रमुख उपनिवेश आजाद हो रहे थे और अपनी-अपनी जनता को नये अधिकारों से लैस करने का सपना देख रहे थे। किसी ने भोजन के अधिकार को तो किसी ने अभिव्यक्ति के अधिकार को प्रधानता देने के विचारों को अपनाया था। दोनों को सांविधानिक अधिकार देने की व्यवस्था कहीं भी नहीं बन पायी। बाद के दिनों में साम्यवाद की भोजन की सच्चाई और पूँजीवाद की अभिव्यक्ति की सच्चाई पर भी प्रश्न होने लगे।

दोनों तरह के अधिकारों को मिला कर सूत्रबद्ध करने का एक प्रयास द्वितीय विश्व युद्ध के अमेरिकी राष्ट्रपति रूजवेल्ट ने अपनी 'चार आजादियों' में किया था : 'भय से मुक्ति, क्षुधा से मुक्ति, अभिव्यक्ति की आजादी और उपासना की आजादी।' संयुक्त राष्ट्र संघ द्वारा मानव अधिकारों की जो घोषणा तैयार की गयी, वह संभवतः इसी पर आधारित थी। रूसी क्रांति और समाजवादी आंदोलनों के प्रभाव से '40 के दशक में शिक्षा, स्वास्थ्य, भोजन आदि को अधिकार का दर्जा मिला—संविधान में नहीं, लेकिन मान्यता के स्तर पर और विकास की योजनाओं में। तब से लगभग पाँच दशकों के बाद भी दुनिया में अज्ञान, भूख और बीमारी का अनुपात कम नहीं हो रहा है। इसलिए अधिकारों की मान्यता और अधिकारों की वास्तविकता के बीच की दूरी को समझना जरूरी है।

भोजन और अभिव्यक्ति, दोनों का सह-अस्तित्व विकसित पूँजीवादी देशों में देखने को मिलता है। वहाँ प्रजातंत्र है और वैभव इतना अधिक है कि गरीबी की रेखा का मानदंड भी बहुत ऊँचा है। यह उपलब्धि पूँजीवादी-जनतांत्रिक व्यवस्था

का गुण है या साम्राज्यवादी वैभव का कमाल है, यह जाँच का विषय है। अनुसंधान इसलिए जरूरी है कि वैभवविहीन पूँजीवाद में इन अधिकारों का कोई गौरवमय विवरण मिलता नहीं है। अगर अधिकारों की अवधारणा और व्यवस्था ऐसी है कि अनंत वैभव में ही वह फलता-फूलता हो, तो यह मानव सभ्यता की कोई बड़ी उपलब्धि नहीं मानी जा सकती।

दो

सभ्यता का मूल्यांकन जैसा भी हो, अधिकारों का संतोषप्रद व्यावहारिक रूप दुनिया के अतिसमृद्ध देशों में ही मौजूद है और वहीं से हमें जनतंत्र तथा मानवाधिकार की सीख मिलती रहती है। 1945 के बाद के जगत में जो देश नाटो या अमेरिकी खेमे में पूरी तरह नहीं होता था, उसे जनतंत्र की सीख मिलती थी। 1990 के बाद जनतंत्र शब्द गौण हो गया है, मानवाधिकार की सीख ज्यादा मिल रही है। दुःखी जनता की किन समस्याओं को मानवाधिकार आंदोलन का मुद्दा बनाना होगा, इसका निर्देशन भी इन्हीं के द्वारा अंतर्राष्ट्रीय संस्थाओं-सम्मेलनों के माध्यम से हो रहा है। अपने देश में पिछले कुछ सालों के अंदर मानवाधिकार आंदोलनों का जो उभार आया है, वह इसी का परिणाम है। मानवाधिकार के निर्धारित सवालों को आंदोलित करने के लिए स्वयंसेवी संगठनों को पर्याप्त अंतर्राष्ट्रीय अनुदान मिल जाता है। सैकड़ों, हजारों की संख्या में कार्यकर्ता और संस्थाएँ इस काम के लिए उठ खड़े हो रहे हैं। मानवाधिकार एक आदर्शगत मूल्य है। आदर्श और मूल्यों का अनुसरण करने के लिए धन की कमी बिलकुल नहीं होना शायद पहली बार हो रहा है--कम-से-कम विकासशील देशों में। जब भी अंतर्राष्ट्रीय केन्द्रों में किसी मानवाधिकार समस्या को चिह्नित कर दिया जाता है, विकासशील देशों में उसका आंदोलन शुरू हो जाता है। यूरोप के कुछ देशों ने भारतीय कालीन के आयात पर रोक लगाने के लिए भारतीय बच्चों के मानवाधिकार का मुद्दा उठाया और इधर भारत के स्वयंसेवी संगठनों का एक काम हो गया है कालीन उद्योगों के बाल श्रमिकों के तथ्य एकत्रित करना, प्रकाशित करना और बालमुक्ति की माँग करना। अब भारत सरकार भी एक बाल श्रमिक अधिनियम प्रस्तुत करने में लगी हुई है।

ऐसी घटनाओं का उल्लेख होने पर कुछ मानवाधिकारवादी कहते हैं : मानवाधिकारों का मुद्दा ऐसा है कि अगर शैतान भी उठाता है, तो उसका साथ देना चाहिए। यह हमारे जमाने का एक शानदार बयान हो सकता है, लेकिन सवाल उससे भी गहरा है। क्या बाल श्रमिक अधिनियम पारित हो जाने के बाद भारतीय बच्चों की हालत सुधरेगी ? दुनिया में सबसे अधिक बाल श्रमिक भारत में हैं।

तीन

सिर्फ हिंदी में नहीं, अंग्रेजी में भी आजादी और अधिकार पर्यायवाची ढंग से लिखे जाते हैं। 'सिविल लिबर्टीज' को 'सिविल राइट्स' भी कहा जाता है। समाजशास्त्रियों ने इन दो अवधारणाओं के भेद और दोनों में संबंध को स्पष्ट नहीं किया है। इसलिए एक दूसरे का पर्याय बना हुआ है। आजादी एक प्राचीन अवधारणा है। इसके सामाजिक, मनोवैज्ञानिक और आध्यात्मिक कोण हैं। भारतीय ज्ञान में इसका आध्यात्मिक कोण ज्यादा प्रकट है। आजादी एक स्थिति है, अधिकार एक सुविधा या छूट है। मौजूदा अर्थ में अधिकार पश्चिम की एक महत्वपूर्ण देन है और इसका तात्पर्य है एक बड़ी शक्ति के मुकाबले व्यक्ति या छोटे समूह का अधिकार, अन्यथा यह शब्द विशेषाधिकार ही था। जिस 'मैग्ना कार्टा' को ब्रिटेन के इतिहास में इतना गरिमा मंडित किया गया है, वह असल में निरंकुश राजतंत्र के विरुद्ध सामंतों और विशिष्ट वर्ग का एक अधिकार पत्र था। इसका ऐतिहासिक महत्व इसलिए है कि राजसत्ता को मर्यादित करने का एक तरीका यहाँ से विकसित हुआ। बाद में इसका विस्तार राज्य की केन्द्रित शक्ति के मुकाबले नागरिकों के अधिकार के रूप में हुआ। आधुनिक राज्य में सत्ता का केन्द्रीकरण इतना अधिक है कि नागरिक अधिकारों के अभाव में मनुष्य के लिए आत्मसम्मानपूर्ण जीवन जीना नामुमकिन है। अगर नागरिक अधिकार न होते, तो आधुनिक राज्य राजतंत्र से भी अधिक डरावनी चीज होता।

इस दृष्टि से देखें तो अधिकार एक तरह का बचाव या आत्मरक्षा है, ताकि हम कुचल न दिये जायें। कुल स्थिति आजादी की नहीं है, नियंत्रित होने या दासता की है। उसमें अधिकार एक सहारा है। अक्सर तो तिनके का ही सहारा।

चार

राज्य में सत्ता के केन्द्रीकरण के साथ-साथ उन्नीसवीं सदी में धन की सत्ता का भी केन्द्रीकरण होने लगा। पूँजी के रूप में धन के अत्यधिक केन्द्रीकरण से आबादी के बड़े हिस्से के लिए आर्थिक असुरक्षा का नया खतरा पैदा हो गया। केवल अभिव्यक्ति और विचरण के अधिकारों से इसका प्रतिकार संभव नहीं था। यूरोप में समाजवादी विचारों का जन्म हुआ, जिनका मानना था कि पूँजीवाद मनुष्य की आजादी और मानवीय गुणों को नष्ट करनेवाला है। पूँजीवाद की समाप्ति से ही मानव की मुक्ति होगी। राजनीतिक कार्यक्रम के तौर पर साम्यवाद तथा समाजवाद ने मजदूरों और गरीब वर्गों की आर्थिक सुरक्षा पर सर्वाधिक जोर दिया। लम्बे संघर्ष के बाद दुनिया के अतिसमृद्ध पूँजीवादी देशों ने अपनी जनता के लिए आर्थिक

सुरक्षा का इंतजाम कर लिया। जनसाधारण का जीवन स्तर ऊँचा हुआ और सामाजिक सुरक्षा के कानून भी बने। बाकी दुनिया में सामाजिक-आर्थिक असुरक्षा की समस्याएँ ज्यों की त्यों हैं। मानव की आधी आबादी इसकी चपेट में है। साम्यवाद और समाजवाद फिलहाल के लिए संपूर्ण पराजित हो गये हैं। तो दुनिया में इतनी बड़ी आबादी की सामाजिक-आर्थिक असुरक्षा का समाधान कैसे होगा ? क्या साम्यवाद-समाजवाद का पुनरुत्थान होगा ?

इसी बिन्दु पर मानवाधिकार आंदोलन की राजनीति शुरू होती है। मानवाधिकार आंदोलन यह उम्मीद दिलाता है कि इसी पूँजीवाद में हर प्रकार की सामाजिक सुरक्षा का समाधान होगा। असुरक्षाओं की सूची बनायी जाती है। बँधुआ मजदूर, बाल श्रमिक, निरक्षरता, प्रदूषण, गर्भवती महिलाओं का कुपोषण, विस्थापन, बीमारियाँ—सारी समस्याएँ मानवाधिकार समस्या के रूप में चिह्नित की जा रही हैं। किसी भी मानवीय दुःख के सामने 'मुक्ति' शब्द डाल कर एक नया अधिकार आंदोलन शुरू किया जा सकता है।

अधिकारों की फेहरिस्त बढ़ती है, तो जनतांत्रिक मिजाज के लोग और मानवाधिकारवादी उल्लसित होते हैं। इक्कीसवीं सदी में एक नया अधिकार आनेवाला है—सूचना का अधिकार—कहते हुए सचमुच कुछ लोग उल्लसित अनुभव करते हैं। ऐसा अनुभव करनेवालों में वे भी होते हैं, जो पेटेंट 'अधिकारों के' समर्थक हैं और हमें कभी-कभी चोर कहते हैं।

क्या बीसवीं सदी में सूचना का अधिकार नहीं है ? अगर इस नये अधिकार का मतलब पेटेंट आवरण को तोड़ना नहीं है (नहीं ही है) तो इसका उद्देश्य क्या है ? यह कि प्रत्येक नगरपालिका, प्रखंड समिति और ग्राम सभा को एक-एक सुपर कंप्यूटर खरीदना पड़ेगा, ताकि उसका समुदाय अत्याधुनिक सूचनाओं से वंचित न रह जाये। सूचना तो वहीं से मिलेगी। इक्कीसवीं सदी के किसी एक दशक में एक और अधिकार जुड़ेगा—पानी पीने का अधिकार या पीने के पानी का अधिकार। इस प्रकार बहुत लंबी सूची हो जायेगी, तब भी वाजिब लगेगी, क्योंकि समस्याएँ उत्कट हो रही हैं।

पाँच

50 साल पहले, भारत की आजादी के समय में हम शिक्षा को एक अधिकार के रूप में नहीं देखते थे। 1947 वाले दिमाग के लिए शिक्षा एक अनिवार्यता थी, अधिकार नहीं। आजादी का यह एक अंतर्निहित गुण था। उसके बिना आजादी क्या ? इसे कार्यान्वित करने के लिए आम्बेडकर के संविधान ने मात्र दस साल का समय दिया था। '60 के दशक में जब तीन पंचवर्षीय योजनाओं की समीक्षा

हुई, यह पता चला कि विकास की हमारी रणनीति से विषमताएँ बढ़ी हैं, निचले वर्ग को कुछ भी नहीं मिला है। तब यह महसूस हुआ कि शिक्षा भारतीय आजादी का हिस्सा नहीं बन पायी है। शिक्षा के लिए अलग से एक अधिकार की लड़ाई लड़नी पड़ेगी।

सौ साल पहले (50 साल पहले भी) भारत का आदिवासी जंगल में रहता था। एक तरह की आजादी की स्थिति में रहता था, भोजन उसे उसी में मिलता था। निसर्ग यानी जीव-जन्तु, फल-मूल उसके जीवनधारण के स्रोत थे। पौष्टिक आहार के अभाव से उसे कभी बीमारियाँ नहीं होती थीं। जब वह शहर में प्रवेश करता था, उसे पैसे की जरूरत होती थी, क्योंकि शहर में पैसे से भोजन का अधिकार मिलता था। (हमारे अनेक अधिकारों को पैसे से खरीदना होता है, इसलिए पैसे के कम-ज्यादा होने पर अधिकार भी कम-ज्यादा होते हैं।) उपर्युक्त उदाहरण जंगली जीवन को आदर्श मानने के लिए नहीं है, बल्कि आजादी और अधिकार का फर्क समझने के लिए है।

एक तीसरा उदाहरण धर्म से संबंधित हो सकता है। मुसलमान तथा ब्राह्मण महिलाओं को चेहरा दिखा कर विचरण करने के लिए अधिकार आंदोलन की जरूरत होती है। ईसाई औरतों के लिए इसकी जरूरत नहीं है। ऐसा नहीं कि ईसाई औरतों को पहले से यह अधिकार मिला हुआ है। बल्कि ईसाई धर्म ने कभी औरतों से चेहरा दिखाने की आजादी को छीना ही नहीं था।

मध्य युग के धर्म ने और आधुनिक युग के राज्य ने मनुष्य को संपूर्ण नियंत्रित करने का प्रयास किया है। दोनों का ढाँचा केन्द्रीकरण का है। केन्द्रीकृत ढाँचे में नियंत्रण का विस्तार और सघनता अधिक होती है। बीसवीं सदी में धर्म का नियंत्रण ढीला पड़ गया है, लेकिन राज्य का नियंत्रण (नाजी जर्मनी तथा सोवियत रूस में) चरम सीमा तक पहुँच गया। बीसवीं सदी में एक अन्य नियंत्रणकारी शक्ति का पूर्ण विकास हो चुका है, जिसका विस्तार और प्रभुत्व राज्य से भी अधिक होने का डर है। दैत्याकार व्यापारिक निगमों का नियंत्रण सारे भौतिक पदार्थों पर होने जा रहा है। व्यक्ति के लिए या छोटे समूह के लिए अपनी बुद्धि या मर्जी से मूल भौतिक साधनों का उपयोग करना दिनोंदिन असंभव हो रहा है। राज्य और निगम ने मिल कर मनुष्य की स्थिति को इस तरह अपने कब्जे में कर लिया है कि अगर कोई मनुष्य दोनों में से किसी के उपयोग में नहीं आया, तो वह शून्य में लटका रह जायेगा। वस्तुओं के निर्माण और बिक्री के अलावा सूचना, अनुसंधान, विज्ञान, नाटक मनोरंजन, सब कुछ कंपनियाँ अपने नियंत्रण में ले रही हैं। अभी तक अधिकारों का संघर्ष राज्य से होता था, लेकिन अब धीरे-धीरे कंपनियों के विरुद्ध भी अधिकार आंदोलन हो रहे हैं। विस्थापन, प्रदूषण आदि आंदोलन इसी कोटि के हैं। विडम्बना यह है कि कंपनियों के विरुद्ध अधिकार

प्राप्त करने के लिए राज्य का सहारा लेना पड़ेगा, जबकि राज्य पर कंपनियों का वर्चस्व अधिक गहरा होता जा रहा है। इसी तरह दो नियंत्रणकारी शक्तियाँ—राज्य और बाजार—मनुष्य की समग्र सत्ता पर, उसके सारे संसाधनों (वायु, जल, मिट्टी और पौधों) पर हावी होने जा रही हैं, तो मनुष्य को सहस्र अधिकारों की जरूरत पड़ेगी। साँस लेने के अधिकार की भी जरूरत पड़ेगी।

छह

हिंदी भाषा में मनुष्य की आजादी के बारे में बात नहीं हो पाती है। शायद कहीं भी नहीं हो पाती है। पश्चिम के लेखन में बार-बार इसकी बात उठती है, लेकिन आगे नहीं बढ़ती है, राजनीति तक नहीं पहुँच पाती है। अस्तित्ववादियों ने दार्शनिक स्तर पर इस मुद्दे को उठाया और वहीं छोड़ दिया जहाँ बहुत साल पूर्व भारतीय ऋषियों ने छोड़ा था—व्यक्ति की अंदरूनी दुनिया में। सामाजिक संदर्भ में इस सवाल को कार्ल मार्क्स ने सचमुच वैज्ञानिक ढंग से उठाया था। लेकिन इस मुद्दे का राजनीतीकरण साम्यवाद में नहीं हो पाया। मार्क्सवाद की स्थिति इस बारे में विचित्र है। मार्क्स का लक्ष्य अधिकार नहीं, आजादी था। लेकिन घोषणापत्र के अनुसार जब तक राज्य रहेगा, तब तक तानाशाही रहेगी। साम्यवादी आंदोलन को भी निर्देश है कि एक खास प्रकार की तानाशाही स्थापित करे। आजादी तब आयेगी जब अनंत वैभव की स्थिति पैदा होगी। गौरतलब बात यह है कि इस कल्पना में आजादी एक स्थिति है और अनुकूल स्थिति न होने पर अधिकारों का कोई महत्व नहीं है। विडम्बना वहाँ है, जहाँ अनंत वैभव की स्थिति को ही मार्क्स ने आजादी की स्थिति के रूप में वर्णित किया है। यह तो देवताओं की आजादी है। मानवीय आजादी कैसे बनेगी ? जहाँ धन-दौलत अमेरिका जैसा, जर्मनी जैसा नहीं है, 1995 के चीन जैसा है, इतना ही धन ले कर आजादी की स्थिति बनायी जा सकती है या नहीं ? मार्क्सवाद यहाँ निरुत्तर है। समाजवाद को फिर से खड़ा करने के लिए संपत्ति का एक नया दर्शन जरूरी होगा।

सात

वस्तुतः मानवाधिकार आंदोलन समाजवाद के पुनरुत्थान को रोकने की एक राजनीति है। इसका उद्देश्य यह भ्रम पैदा करने का है कि अंतर्राष्ट्रीय पूँजीवाद गरीबों की सारी समस्याओं के बारे में सचेत है।

फिर भी, आजादी और अधिकार विपरीतधर्मी नहीं हैं। अगर बुनियादी अधिकारों को स्थापित करने के लिए जन आंदोलन होगा, तो वह आजादी के

लक्ष्य को पुष्ट करेगा। अंतर्राष्ट्रीय अनुदान के दादा लोग यह नहीं चाहते हैं कि बुनियादी सामाजिक अधिकारों का सघन आंदोलन हो। गौण मुद्दों पर जागरूक करना उनका उद्देश्य है। सूचना, साक्षरता, बाल श्रमिक, बँधुआ मजदूर विस्थापन, गर्भवतियों का कुपोषण—ये सब गौण विषय हैं। अतिकेन्द्रित धनव्यवस्था में आम जनता का रोजगार और संसाधन छीना जाता है, इसी से सामाजिक असुरक्षा तीव्र होती है। इन बिंदुओं पर अधिकार आंदोलन को अधिक महत्व देना चाहिए—रोजगार का सांविधानिक अधिकार और जल, जमीन, जंगल पर स्थानीय समुदाय का नियंत्रण। विचित्र बात यह है कि जब मानवाधिकार आंदोलन में सघनता नहीं थी, तब रोजगार को सांविधानिक अधिकार बनाने की माँग राजनीतिक महत्व की हो गयी थी। 1989 के शासक दल के घोषणापत्र में इसका प्रवेश हो गया था। लेकिन 1990 के बाद, जब से मानवाधिकार आंदोलन का जमाना आया है, यह माँग लुप्त हो गयी है।

आठ

आतंकवादियों और अपराधियों को मानवाधिकार दिलाने का प्रश्न कभी-कभी इसलिए पेचीदा होता है कि इसमें अंतर्राष्ट्रीय कूटनीति का अनुप्रवेश रहता है। फिर भी जहाँ विदेशी सरकारों की दखलअंदाजी नहीं है, अंतर्राष्ट्रीय नागरिकों या गैर-सरकारी संस्थाओं का हस्तक्षेप है, इस पर हमें असहिष्णु नहीं होना चाहिए।

होना तो यह चाहिए कि प्रशासन और पुलिस का व्यवहार आम आदमी के प्रति इतना शिष्टाचारपूर्ण हो कि उस आदत का फायदा अपराधियों को भी मिले। लेकिन भारत में अभी तक प्रशासन-नागरिक संबंध औपनिवेशिक है। नेहरू और पटेल की सबसे बड़ी विश्वासघातकता यह थी कि प्रशासन व्यवस्था को बदलने का संकल्प उन्होंने कभी नहीं किया। कानून का पालन करनेवाला ग्रामवासी पुलिस से भयभीत रहता है, अदालत से आतंकित रहता है, जबकि अदालत को नागरिकों का रखवाला माना जाता है। जनतंत्र में जो निम्नतम अधिकार है, वह है कानून के सामने बराबरी का अधिकार। भारत में यह अभी तक साकार नहीं हुआ है। 1947 से अभी तक किसी भी समूह ने इस सवाल को प्रखर रूप में नहीं उभारा है। कोई भी कह देता है कि प्रशासक आदमी को मनुष्य नहीं समझता है, लेकिन इसके लिए वह प्रशासक की व्यक्तिगत बदतमीजी को जिम्मेदार ठहराता है। यह एक गलत धारणा है। कोई किसान अगर वाजिब काम के लिए तहसीलदार के पास जाता है, तो उसका काम वहीं हो जाना चाहिए, उसे दुबारा नहीं आना चाहिए। निम्न मध्य वित्त के किसी भले आदमी को झूठे केस में पुलिस ने फँसाया है और मामूली अपराध है, तो अदालत को उसे दो बार से अधिक अदालत में

नहीं बुलाना चाहिए। कोई सेवानिवृत्त हो गया है, तो पेंशन पाँच साल बाद नहीं, 30 दिन के बाद मिलना चाहिए। प्रशासन का अधिकांश काम उसी तरह होना चाहिए, जैसे डाक घर में पोस्टकार्ड खरीदा जाता है। इसके लिए प्रशासन के पूरे ढाँचे को बदलना होगा--जो कोई क्रांतिकारी काम नहीं है, लेकिन जिसका परिणाम क्रांतिकारी होगा। अगर गाँव का किसान तहसीलदार या इंस्पेक्टर के सामने बैठ कर स्वच्छन्दता से अपना वाजिब काम करवा लेगा, सेवानिवृत्ति के 30 दिन बाद पेंशन मिलना शुरू हो जायेगा, दो-तीन पेशगी के बाद अदालत से छुट्टी मिल जायेगी, तो भारत की जनता का एक बहुत बड़ा हिस्सा पहली बार महसूस करेगा कि उसे आजादी मिली है। फिर अन्यान्य अधिकारों के लिए वह खुद सोचेगा।

हम बनाम वे

सच्चिदानंद सिन्हा

स्वतंत्रता की इच्छा जीवन और विशेषकर मानव जीवन का बुनियादी गुण है। विकास की प्रारंभिक अवस्था से ले कर वर्तमान काल तक स्वतंत्र रूप से कार्यरत रहना ही जीवित को मृत से अलग करता रहा है। सूक्ष्म से सूक्ष्म जीवाणु भी प्राकृतिक दबाव में अचानक पंचभूत में विलीन नहीं हो जाता, बल्कि अपने परिवेश में उपलब्ध रासायनिक पदार्थों से अपनी आवश्यकता के अनुसार कुछ का चयन करता है और उन्हें जज्ब कर जीवन के लिए आवश्यक पदार्थ और ऊर्जा ग्रहण कर अपना अस्तित्व बनाये रखता है। जीवन का हर क्षण परिवेश में विलीन करनेवाले भौतिक एवं रासायनिक दबावों के विरुद्ध अपनी अस्मिता की रक्षा के प्रयासों में बीतता है। यही जीवन की प्रक्रिया है। यही जीवन है। अस्मिता की रक्षा के ऐसे ही अनवरत संघर्ष समाज के स्तर पर मनुष्य और समाज के संबंधों के प्रतिमान बन जाते हैं। समाज में विभिन्न तरह की शक्तियाँ मनुष्य की अस्मिता को नष्ट कर उसे किसी तरह की सामाजिक एकरूपता में ढालने की कोशिश करती हैं। उनके लिए अनचाही और अस्वस्तिकर भूमिकाएँ निर्धारित करती हैं। व्यक्तिगत रूप से या लघु इकाइयों के रूप में, जिनका वह सदस्य होता है, इस दबाव को निरस्त कर अपनी अस्मिता का उद्घोष ही मनुष्य को मानवीय मर्यादा प्रदान करता है। यही मनुष्य को निष्प्राण शिलाखण्ड से या वैसे पालतू जन्तुओं से अलग करता है, जिनकी स्वामी के निर्देश से अलग कोई अपनी इच्छाशक्ति नहीं होती या अपना कर्तव्यबोध नहीं होता। लेकिन मानव मन की यह स्वतंत्रता ही उसे विपरीत इच्छाओं के दबावों में जीने के लिए भी बाध्य करती है, जिससे ऐसे सामाजिक संबंध उभरते रहे हैं, जहाँ एक की इच्छा की सार्वभौमिकता अनेकों की इच्छा के दमन पर आधारित होती है।

जहाँ एक तरफ करुणा और दूसरों के लिए आत्मोत्सर्ग की स्वाभाविक मानवीय भावनाएँ हैं, वहीं दूसरी तरफ आक्रामकता और वरीयता प्राप्त करने की

इच्छा भी मानव स्वभाव में निहित है। इसके अलावा उसे अन्य दबावों में भी रहना पड़ता है—जैसे मनुष्य अपने जीवन का साधन जुटाने के लिए विभिन्न स्थितियों में विभिन्न तरह के श्रम करने को अभिशप्त रहा है। कहीं उसे अपनी आजीविका आखेट से प्राप्त होती रही है, तो कहीं खेती एवं अन्य उद्यमों से। विकास की प्रारंभिक अवस्था में फल-फूल पर आश्रित और बाद में आखेट पर आश्रित मनुष्य समय से बँधा नियंत्रित श्रम का आदी नहीं रहा है। यह उसके स्वभाव में नहीं है। यह जीवन एवं समाज की जरूरतों से आरोपित है। इस कारण मनुष्य में एक हद तक आलस्य भी है और वह अगर संभव हो तो कठोर एवं उबाऊ श्रम से निजात पाना चाहता है। इसलिए नियमित काम से अवकाश भी उसकी एक शाश्वत कामना रही है। जहाँ संभव हुआ, यह यंत्रों, पशुओं और प्राकृतिक ऊर्जा के उपयोग से किया गया । लेकिन प्रायः यह अपने बंधु-बांधवों यानी दूसरे मनुष्यों के श्रम के शोषण से ही हुआ। इसी से अब तक समाज का जो भी ढाँचा बना है, उसमें एक छोटे समूह ने छल-बल से बहुसंख्य अन्य लोगों को वैसे कामों को, जिन्हें कठिन और हीन माना जाता हो, करने को बाध्य किया है। इसी प्रक्रिया में विभिन्न तरह की गुलामी की प्रथाएँ, सामंती व्यवस्थाएँ एवं पूँजीवादी व्यवस्था पैदा हुईं और भारत में एक ऐसी वर्ण व्यवस्था बनी, जिसमें खेती या अन्य उद्यमों के लिए आवश्यक कठोर शारीरिक श्रम शूद्रों या अंत्यजों पर लाद दिया गया। विडम्बना यह है कि ऐसी ही सामाजिक विषमता से उस अवकाशप्राप्त वर्ग का विकास भी हुआ, जिसने समाज को वैसे बौद्धिक ज्ञान और उदात्त मूल्य भी दिये, जो पूरे मानव वंश की धरोहर बन गये। इससे अच्छे और बुरे की चेतना सामाजिक संबंधों में इतनी उलझ गयी कि सामाजिक विषमता के समर्थन में अनेक मिथकों का आविष्कार संभव हुआ। फिर भी उनके लिए, जो सामाजिक विषमता का विष-पान कर रहे थे, मनुष्यों की बुनियादी समानता की असलियत इतनी साफ थी कि इन मिथकों को पूरी तरह आत्मसात करना मुश्किल था। इस कारण सामाजिक अन्याय से पीड़ित लोग मानव सभ्यता के आदि काल से ही अपनी मुक्ति का आंदोलन करते रहे हैं।

कुछ मनुष्यों द्वारा दूसरे मनुष्यों के शोषण की व्यवस्था इतनी अस्वाभाविक थी कि किसी भी समाज में इसकी मान्यता के लिए दो में से किसी एक सिद्धांत या मिथक को कबूल करना जरूरी था। एक तो यह कि गुलाम बनाये गये मनुष्य पूरी तरह मनुष्य नहीं होते या कुछ भिन्न तरह के मनुष्य होते हैं, जिस कारण वे समान नागरिकता के हकदार नहीं हो सकते। दूसरा यह कि जो ऊँच-नीच की व्यवस्था है, वह ईश्वरीय विधान है, जिसे कबूल करना सभी का कर्तव्य है। गुलामी पर आधारित सभ्यतावाले यूनान का महान दार्शनिक अरस्तू गुलामों की भिन्नता के प्रति इतना आश्वस्त था कि उसकी निगाह में गुलाम ऐसे औजार भर थे, जो

बोल सकते थे। आज बहुत सारे लोग इस पर हँस देंगे। लेकिन यह कोई हँसने की बात नहीं है। इसी का आधुनिक संस्करण नस्लों की श्रेष्ठता का सिद्धांत है, जिसने हिटलर के शासन काल में जर्मनों के लिए 60 लाख यहूदियों एवं अन्य 'निम्न' मनुष्यों की सामूहिक हत्या करना उचित ठहरा दिया। इसी का दूसरा आधुनिक संस्करण मूलों की भिन्नता का सिद्धांत है, जिसकी आड़ में दुनिया के अनेक देशों में इतर मूलों के अल्पसंख्यक लोगों को समान नागरिकता से वंचित किया जा रहा है। आज बोस्निया में सर्बों द्वारा वहाँ के मुसलमानों के साथ यही हो रहा है। अमेरिका में अफ्रीकी मूल के अश्वेतों को आज भी समान नागरिकता प्राप्त नहीं, भले ही कानूनी रूप से वे समान हों। पश्चिमी यूरोप के सभी संभ्रांत लोकतंत्रों—ब्रिटेन, जर्मनी, फ्रांस आदि—में गैर-यूरोपीय मूल के लोगों को समान मनुष्य नहीं माना जाता और उन्हें लगातार प्रत्यक्ष हिंसा या परोक्ष भेदभाव का शिकार होना पड़ता है। एशिया एवं अफ्रीका के अधिकांश देशों में मूलों की भिन्नता भेद-भाव, हिंसा या सामूहिक नरसंहार का कारण बनी हुई है। आज दुनिया में मानव अधिकारों का सबसे अधिक उल्लंघन एक मानव समूह द्वारा दूसरे मानव समूहों की समान मानवीयता को अस्वीकार कर हो रहा है। इसके लिए चमड़ी का रंग एवं मूल और धर्म से जुड़ी जीवन की भिन्न मान्यताओं एवं जीवन प्रणालियों को आधार बनाया जा रहा है।

राजतंत्र या सामंती समाजों में शोषण की व्यवस्था को प्रभुप्रदत्त मान लिया जाता था। यह भावना लोगों में इतनी गहरी थी कि इस व्यवस्था से पीड़ित लोग भी सामान्य रूप से यही मानते थे। सामंती काल में ब्रिटेन के सर्फों (सामंती व्यवस्था के भूदासों) में एक प्रार्थना प्रचलित थी : 'गॉड ब्लेस लॉर्ड एंड हिज रिलेशन्स एंड कीप अस इन आवर प्रॉपर स्टेशन्स' (यानी ईश्वर हमारे सामंत एवं उनके रिश्तेदारों का भला करे और हमें हम जहाँ हैं और जो हमारा उचित स्थान है, वहीं बनाये रखे)। भारत में वर्ण व्यवस्था के समर्थन में भी एक तो यह मिथक प्रचलित था कि चार वर्ण ईश्वर के सिर, बाहु, पेट और पाँव से पैदा हुए हैं और इसी के अनुरूप उनके कामों का बँटवारा हुआ है। दूसरा मिथक कर्म-फल का था, जिसके अनुसार आदमी का ऊँच-नीच में जन्म उसके पूर्व जन्म के कर्मों का फल है तथा उच्च वर्ग में जन्म पिछले जन्म के पुण्य और नीच वर्ण में जन्म पिछले जन्म के पाप का परिणाम है। इस व्यस्वथा को अस्वीकार करना विधाता के विधान में दखल देना है और इसलिए अनुचित है। इस तरह समता का संघर्ष विचारधाराओं के संघर्ष के रूप में दिखाई देता है।

आदमी एक ऐसा जीव है, जिसके सभी कर्म विचारों की गठरी के भीतर से ही पैदा होते हैं। इसलिए जब वह किसी तरह के शोषण के खिलाफ बगावत करता है, तो शोषण से जुड़ी विचारधाराओं के विरुद्ध इन्हें चुनौती देनेवाली

विचारधाराओं का आविष्कार कर इनके रू-ब-रू खड़ा करता है। दोनों ही तरह की विचाधाराओं के पीछे अपने-अपने ढंग के मिथ्या बोध या मिथक होते हैं। चूँकि आदमी की स्वतंत्रता की इच्छा उसके जीवंत होने की आवश्यक शर्त है, इसलिए स्वतंत्रता की यह इच्छा अदम्य होती है। फलस्वरूप स्वतंत्रता के विस्तार के लिए परिस्थिति के अनुसार आदमी को जो भी मिथक उपयोगी लगता है, उसका सहारा ले वह आगे बढ़ता है। किसी स्थिति के प्रतिरोध में उठाया गया एक ही कदम एक विचाराधारा के अनुसार गुस्ताखी या समाजद्रोह और दूसरी विचारधारा के अनुसार अन्याय के खिलाफ धर्मयुद्ध बन जाता है। विचारहीन कर्म दिशाहीन भागदौड़ से ज्यादा कुछ नहीं हो पाता। यही कारण है कि विचारों की स्वतंत्रता मानव अधिकारों के लिए सर्वाधिक महत्व की है। इसी से उसे वह वैचारिक औजार हासिल होता है, जिसके बिना शोषण की व्यवस्थाओं के पवित्र झूठ के आवरण को तोड़ वह इनके मर्मस्थलों पर चोट नहीं पहुँचा सकता। ऐसी विचारधारा के बिना उसके सभी व्यवस्था विरोधी संघर्ष अंतरात्मा के अंतर्द्वन्द्व में कुंद हो तिरोहित हो जाते हैं। इसीलिए अन्यायी व्यवस्थाएँ वाणी की स्वतंत्रता से घबराती हैं और लोगों की जबान पर ताला लगाने का भरसक प्रयास करती हैं। कभी भी ऐसा नहीं होता कि अपनी मुक्ति के लिए संघर्षरत लोगों को विचारों का अभाव हो। न तो अन्याय के खिलाफ संघर्ष की परंपरा कभी मरी है और न इसके लिए आवश्यक विचारधाराओं का अभाव हुआ है। इससे मनोवैज्ञानिकों के 'बिहेवियरिस्ट' कहे जानेवाले समूह की यह स्थापना कि समुचित प्रचार के जरिये लोगों के लिए किसी भी व्यवस्था को स्वीकार्य बनाया जा सकता है, ऐतिहासिक तथ्यों से झूठा साबित हो गया है। हिटलर, स्तालिन, माओ आदि द्वारा की गयी विचार नियंत्रण की सारी व्यूह रचना अंततोगत्वा मनुष्य में अंतर्निहित स्वतंत्रता की इच्छा के सामने धराशायी हो गयी। अंत में अपनी व्यवस्थाओं के समर्थन में उनके पास सिर्फ हिंसा का नग्न प्रदर्शन ही शेष बचा।

समाज के विकास के क्रम में बार-बार शोषण और दमन की व्यवस्थाएँ कायम हुई हैं, जिनमें लोगों के स्वतंत्र आचार-विचार पर पाबंदियाँ लगायी गयीं। लेकिन चूँकि स्वतंत्रता की कामना आदमी का स्वाभाविक गुण है और उसकी आनुवंशिकी पर आधारित है, दमन की इन व्यवस्थाओं के खिलाफ सदा विद्रोह होते रहे हैं, और जैसा कि ऊपर कहा गया है, इसके लिए जो भी मिथक हाथ लगा, उसका उपयोग होता रहा है। एक उदाहरण इंग्लैंड के मैग्ना कार्टा का है। यह माँगपत्र इंग्लैंड के फ्यूडल लॉर्डों (सामंतों) ने अपने अधिकारों के लिए 1215 में राजा जॉन के सामने उपस्थित किया था। इसमें मुख्य रूप से उनके सामंती अधिकारों की रक्षा की माँग थी। लेकिन इसी में यह माँग भी की थी कि 'कोई भी स्वतंत्र व्यक्ति बिना न्यायोचित फैसले के न गिरफ्तार किया जायेगा न उसे

उसकी स्वतंत्रता या स्वतंत्र रस्म-रिवाजों से वंचित किया जायेगा और न किसी को अपराधी घोषित किया जायेगा या निर्वासित किया जायेगा।' बाद में लोगों ने इस सामंती अधिकार को सभी अंग्रेजों के अधिकार की घोषणा के रूप में इस्तेमाल करना शुरू कर दिया। इसी परंपरा के तहत 1679 में इंग्लैंड में 'हैबियस कॉरपस ऐक्ट' बना, जिसे बाद में संयुक्त राज्य अमेरिका के संविधान में भी स्थान मिला। धीरे-धीरे सभी लोकतांत्रिक व्यवस्थाओं में व्यक्ति की इस आजादी को मान्यता मिली। इसी का परिष्कृत रूप संयुक्त राष्ट्र संघ के मानव अधिकारों की घोषणा का अनुच्छेद 3 है, जिसमें कहा गया है कि हर व्यक्ति को जीवन, स्वतंत्रता और व्यक्तित्व के संरक्षण का अधिकार है।

इसी तरह सामूहिक रूप से 'इंडिपेन्डेन्ट्स' नाम से जानेवाले कुछ ईसाई समुदायों की अपने ढंग से पूजन के अधिकार की माँग, जो सोलहवीं-सत्तरहवीं शताब्दी में इंग्लैंड में उठी, अंतरात्मा की आवाज की अक्षुण्णता के अधिकार में तब्दील हो गयी और इसी का परिष्कृत रूप विचारों की स्वतंत्रता का आधुनिक लोकतांत्रिक अधिकार है, जिसमें इच्छित धर्म पालन और स्वेच्छा से धर्म परिवर्तन का अधिकार भी शामिल है। एक समानांतर प्रक्रिया भारत में भी दिखाई देती है। भारत में वर्ण व्यवस्था के तहत पूजन विधि पर ब्राह्मणों का एकाधिकार था और इसमें संस्कृत भाषा को देवभाषा का दरजा प्राप्त था, जो सिर्फ उच्च वर्ग के लोगों को उपलब्ध थी। तेरहवीं और चौदहवीं शताब्दी से ले कर लगभग पाँच शताब्दी तक चले भक्ति आंदोलन ने इस एकाधिकार को खत्म कर दिया। भक्त कवियों ने, जिनमें अधिकांश निम्न वर्णों के थे, भक्ति के द्वारा भगवान से सीधा रिश्ता कायम करने के हर मनुष्य के अधिकार की घोषणा की। इसी क्रम में पैदा काव्यों से भारत की विभिन्न क्षेत्रीय भाषाओं का विकास हुआ, जिससे संस्कृत की प्रधानता सिर्फ पूजन प्रक्रिया से ही नहीं, बल्कि साहित्य के क्षेत्र से भी समाप्त हो गयी। इससे भाषा की दरिद्रता से बाधित आम लोगों की विचार प्रक्रिया सक्रिय हुई और बहुत सारी मान्यताएँ, जिन पर पुनर्विचार वर्जित था, विवाद के दायरे में आ गयीं।

इस तरह कभी गुलामी की व्यवस्था के खिलाफ, कभी सामंती व्यवस्था के खिलाफ, कभी अमानवीय पूँजीवादी शोषण के खिलाफ और हाल में नर-नारी विषमता के खिलाफ संघर्षों के क्रम में कुछ बुनियादी मानव अधिकारों को तो सभी सभ्य कहे जानेवाले राष्ट्रों ने स्वीकार कर लिया है, लेकिन व्यवहार में दुनिया के प्रायः सभी देश मानव अधिकारों के उल्लंघन के दोषी हैं, जिनकी घोषणा पर इन देशों की स्वीकृति की मुहर लग चुकी है। इस स्थिति के लिए दो बातें जिम्मेदार हैं। एक तो, जैसा कि पहले कहा गया है, मनुष्यों द्वारा दूसरे मनुष्यों का मूल, धर्म आदि के आधार पर समान मानवीयता के दरजे से बहिष्कृत किया जाना।

इससे वे मानव अधिकारों के बंधन से मुक्त हो जाते हैं, क्योंकि जो मनुष्य कुछ इतर तरह के मनुष्य हैं, वे मानवीय संवेदना से वंचित हो जाते हैं। दूसरा तथ्य वर्तमान औद्योगिक विकास की दिशा है, जो बहुसंख्य मनुष्यों को समाज के हाशिये की ओर धकेलता जा रहा है और ऐसी स्थिति में पहुँचा रहा है, जहाँ वे आजीविका के अधिकार से वंचित हो उच्छिष्ट मानवों की कोटि में शामिल हो रहे हैं।

पहली प्रक्रिया का एक नतीजा उपराष्ट्रीयताओं और अलगाववाद का उभार है, जिसके जरिये विभिन्न मूलों के लोग अपनी अस्मिता की रक्षा समर्थ अथवा बहुसंख्य मूलों के लोगों से अलगाव के रास्ते करना चाहते हैं। शक्तिशाली जमातें दमन के जरिये इसे रोकना चाहती हैं। अन्यत्र अत्यंत अल्पसंख्यक पीड़ित मूलों के लोग अपने परंपरागत निवास स्थानों को छोड़ दंगा-फसाद, युद्ध और कत्लेआम से बचने के लिए भाग रहे हैं। चारों ओर शरणार्थियों की भीड़ उमड़ रही है। रवाड़ा, बुरंडी, बोस्निया, सोमालिया, तिब्बत, श्रीलंका और इसी तरह दुनिया के अधिकांश भागों में पड़ोसी से प्रेम करने की जगह, जो सभी धर्मों का आदेश रहा है, चेहरे-मोहरे, पूजनविधि और रीति-रिवाज की भिन्नता के आधार पर पड़ोसियों से नफरत करना आदर्श बनता जा रहा है। इस प्रक्रिया के चलते शोषक और दमनकारी व्यवस्थाओं को इस व्यवस्था के विरुद्ध उठ रही भावनाओं को दूसरे धर्म, मूल आदि के खिलाफ मोड़ने में सुविधा होती है। इससे वे भरसक ऐसी भावनाओं को उकसाते रहते हैं। यह राजनीति में प्रतिबिम्बित होती है। पड़ोसी पड़ोसी तभी है, जब वह अपनी जाति, धर्म, कबीले या मूल का हो। सभी मनुष्य हैं, यह मानना कठिन लगता है, क्योंकि इससे मानवीय रिश्तों के अनेक बंधनों में जकड़ जाने का भय है, मानव अधिकारों की रक्षा की मजबूरी बन जाती है।

वर्तमान उद्योगीकरण के प्रारंभिक दौर में यह आशा बनी थी कि प्रचुरता की अर्थव्यवस्था से लोगों के रहन-सहन का फर्क मिटेगा, क्योंकि लोग अत्यधिक अभाव की स्थिति में नहीं रहेंगे। इसी से नागरिकों के समान अधिकारों के विकास की आशा जगी थी। लेकिन उद्योगीकरण के वर्तमान दौर में, जब यह अपने चरम बिन्दु को छू रहा है, एक मोहभंग की स्थिति पैदा हो गयी है। एक तरफ थोड़े-से लोगों के लिए विलासिता के अनेक साधन उपलब्ध हो रहे हैं। उत्पादकता इतनी बढ़ गयी है, जिसकी कुछ वर्ष पहले कोई कल्पना भी नहीं कर सकता था। लेकिन यह सब दिनोंदिन मनुष्य के स्थान पर मशीनों को लगा कर हो रहा है। अतः ज्यादा से ज्यादा लोग बेरोजगार हो समाज के हाशिये पर फेंके जा रहे हैं, जिनके लिए आजीविका पाने की कोई भी संभावना शेष नहीं है। इसके अलावा इस औद्योगिक सभ्यता की भौतिक संसाधनों को निगलने की भूख सीमाहीन है। इसलिए दुनिया भर में जंगल और जमीन, जिससे लोगों को आजीविका प्राप्त होती थी, वहाँ के निवासियों से छीन कर उद्योगों और औद्योगिक परियोजनाओं के हवाले किये जा

रहे हैं, ताकि संसाधनों की उनकी भूख मिटायी जा सके। इसके लिए बेरहमी से करोड़ों लोगों को उनके पारंपरिक परिवेश से विस्थापित किया जा रहा है। यह प्रक्रिया मुख्य रूप से गरीब मुल्कों में चल रही है। इन देशों की सरकारें लोगों के पारंपरिक अधिकारों का अतिक्रमण कर खदान बनाने या उद्योगों एवं ऊर्जा के स्रोतों का विकास करने के लिए जंगलों को काट रही हैं और उनकी आवासीय एवं कृषि लायक भूमि का अधिग्रहण कर रही हैं। इनके अधिकारों को हर जगह उद्योगीकरण की दौड़ में रौंदा जा रहा है। बहुराष्ट्रीय कंपनियाँ ऐसी सरकारों को कायम रखने और प्रोत्साहित करने में लगी हैं, जो आम लोगों का दमन कर इन कंपनियों को संसाधन जुटाने की पूरी छूट दे सकें। इस क्रम में पश्चिम के लोकतांत्रिक कहे जानेवाले देशों की सरकारें, जिनमें बहुराष्ट्रीय कंपनियों का उद्‌गम स्थान है, तानाशाह सरकारों के साथ खुले आम साँठ-गाँठ कर रही हैं और इस प्रक्रिया में औद्योगिक दृष्टि से पिछड़ी अर्थव्यवस्थाओं को अधिनायकवादी व्यवस्था की ओर धकेल रही हैं।

यह भी संसार को दो भागों में बाँटने का एक नया सिलसिला है, जिसमें औद्योगिक देशों के नागरिकों को तो आजीविका, जीवन और विचार की स्वतंत्रता का अधिकार होगा, लेकिन बाकी देशों के लोग अपने अधिकारों से वंचित हो संपन्न देशों के लोगों और स्वयं अपने देशों के मुट्ठी भर अभिजात लोगों की खुशहाली के लिए बलिदान कर दिये जायेंगे तथा आजीविका के अभाव में जीवन के अधिकार से भी वंचित होंगे। यह पिछले कुछ शताब्दियों से चल रहे मानवाधिकारों के विकास की प्रक्रिया को उलट रहा है। आज मानवाधिकारों के आंदोलन के लिए सबसे बड़ी चुनौती यही है।

खून से भीगी पृथ्वी

शम्सुल इस्लाम

बीसवीं शताब्दी के अंतिम दशक के मध्य में खड़े हो कर इस शताब्दी में मानवीय मूल्यों और अधिकारों के हालात का जायजा लेना उचित ही है। बीसवीं शताब्दी बहुत उथल-पुथल और तब्दीलियाँ संजोये हुए है। इस शताब्दी में दो विश्व युद्ध हुए और यह दावा किया गया कि वे दुनिया को ज्यादा प्रजातांत्रिक एवं जीने के लिए बेहतर जगह बनाने के लिए लड़े गये। रूसी और चीनी समाजवादी क्रांतियों ने दमनकारी पूँजीवादी व्यवस्था के चेहरे से उदारवाद का मुखौटा उतार फेंकने में कामयाबी हासिल करने का दावा किया। यह बीसवीं शताब्दी ही थी, जिसने उदारवाद, बहुलवाद और समाजवाद जैसे दर्शनों को फलते-फूलते देखा, जिनका मुख्य घोषित उद्देश्य मनुष्य को उसकी आजादी और गरिमा दिलाना था। इस बात का श्रेय भी बीसवीं शताब्दी को ही जाता है कि विज्ञान की दुनिया में ऐसे महत्वपूर्ण और मौलिक आविष्कार हुए और वे चीजें खोजी गयीं जिन्होंने इंसानी समाज की किस्मत को ही बदल डाला। हर खोज के साथ जाहिर है कि यह दावा जुड़ा था कि अब इंसानी समाज गरीबी, भुखमरी और उत्पीड़न से छुटकारा पा लेगा। इसी शताब्दी में महिलाओं को मताधिकार प्राप्त हुआ और मानवीय अधिकारों से सरोकार रखनेवाली महत्वपूर्ण संधियों पर दुनिया के अधिकतर देशों ने हस्ताक्षर किये। सारी दुनिया के पैमाने पर सूचना क्रांति का श्रेय भी इसी बीसवीं शताब्दी को जाता है। कहा जाता है कि इस सूचना क्रांति का ही परिणाम है कि सारी दुनिया अफलातून और अरस्तूवाले एक छोटे-से नगर राज्य में बदल गयी है, जिसके जरिये आप सबके दुख-दर्द से वाकिफ रहते हैं। कुछ लोगों का तो यह तक दावा है कि यह सूचना क्रांति ही है, जिसने दुनिया के लोगों को 'सेंसीटाइज' या दर्दमंद बनाने में महत्वपूर्ण भूमिका निभायी है। बीसवीं शताब्दी को विज्ञान और शिक्षा के प्रचार का युग भी कहा जाता है, जहाँ अज्ञान, रूढ़िवाद और प्रतिक्रियावादी पतित मध्ययुगीन मान्यताओं को निर्णायक शिकस्त दी गयी है।

लेकिन यह भी सच है कि बर्बरता और आम लोगों पर कहर ढाने में बीसवीं

शताब्दी ने मध्ययुगीन बर्बरता को कभी का पीछे छोड़ दिया है। शताब्दी के अंतिम चरण में तो दमन और अत्याचार हर तरह की सीमा लाँघ चुके हैं। राज्य सर्वशक्तिमान संस्था का रूप धारण कर चुका है। यही स्थिति हिंसा पर उतारू बहुत-से निजी समूहों की है। इस सबके सामने व्यक्ति बहुत बौना बन गया है। आज पूरा विश्व कबायली, सांप्रदायिक, नस्लवादी और साम्राज्यवादी हिंसा की चपेट में है। अजीबोगरीब इत्तेफाक है कि विज्ञान से निपुण शताब्दी में धार्मिक पागलपन का जबर्दस्त उबाल आया हुआ है। धार्मिक कट्टरवाद अपने यौवन पर है। इन हालात के चलते महिलाओं और मेहनतकशों पर हमले भयानक और तेज हुए हैं। दुनिया को जीने के लिए बेहतर बनानेवाली शताब्दी अपने खात्मे के करीब पहुँचने पर मानवीय समाज का संहार करनेवाले राक्षस का रूप धारण कर चुकी है। बीसवीं शताब्दी की विडम्बना को समझना हो, तो इस उदाहरण से बेहतर कोई दूसरा उदाहरण नहीं हो सकता कि दुनिया की सबसे बड़ी हथियार बनानेवाली कम्पनी के कर्ता-धर्ता ही इस दुनिया को हर साल नोबल शांति पुरस्कार दे कर कृतार्थ करते हैं। अर्थात बीसवीं शताब्दी अंतर्विरोधों से भरी शताब्दी है। इस शताब्दी में दुनिया के लोगों ने जितनी संगठित हिंसा सही है और लगातार सह रहे हैं और जितना अत्याचार लगातार झेलते रहे हैं, उसकी इतिहास में बहुत कम मिसालें होंगी।

आज विश्व में मानवीय अधिकारों का संकट कितना गंभीर है, इसका अनुमान विकसित गोरी दुनिया की स्थितियों को देखने से आसानी से किया जा सकता है। दुनिया के सबसे महान प्रजातंत्र अमेरिका और दुनिया में प्रजातंत्र की नर्सरी कहे जानेवाले देश इंग्लैंड में वहाँ के नागरिकों के मानवीय अधिकारों पर लगातार हमले बढ़े हैं। सारी दुनिया को बंधुता, समानता और स्वतंत्रता का पाठ पढ़ानेवाले इन देशों में नस्लवाद और धार्मिक कट्टरता के कारण सांस्कृतिक और धार्मिक अल्पसंख्यकों, गैर-गोरे नागरिकों और मेहनतकशों का जीना दूभर हुआ है। पहले अमेरिका के हालात पर सरसरी निगाह डालें। एमनेस्टी इंटरनेशनल के एक अध्ययन में यह बात स्पष्ट रूप से उभर कर सामने आयी कि अगर किसी गोरे की हत्या हो तो हत्यारे को फाँसी की सजा लगभग निश्चित है, जबकि किसी काले या भूरी नस्ल के व्यक्ति के हत्यारे को प्राणदंड मिलना जरूरी नहीं है (अमेरिका के 38 राज्यों में और संघीय क्षेत्र अधिकारवाले इलाकों में प्राणदंड दिया जाता है।) अमेरिकी कांग्रेस ने अक्तूबर 1993 में अपनी एक रिपोर्ट में इस बात को माना कि हत्या के ज्यादातर गोरे अभियुक्त छूट जाते हैं, जबकि काले आम तौर पर फाँसी चढ़ जाते हैं। अमेरिका के बड़े शहरों जैसे न्यू यॉर्क, डेटोरेएट, मयामी, लॉस एंजलिस इत्यादि में काले और भूरी नस्ल के अल्पसंख्य समुदायों पर पुलिस अत्याचार लगातार बढ़े हैं। यह जान कर किसी को भी आश्चर्य हो सकता है कि

न्यू यॉर्क शहर में 1993 के बाद से 30 प्रतिशत सालाना की दर से इस तरह के अत्याचारों में वृद्धि होती रही है। लेकिन आज तक किसी भी पुलिस अफसर पर कोई मुकदमा नहीं टिक पाया है। अगर कुछ सजा मिली भी है, तो वह है थोड़ा-सा हर्जाना चुकाने की। न्यू जर्सी में 1990 और 1992 के दौरान पुलिस ने पंद्रह काले नौजवानों की गोली मार कर हत्या कर दी। इसके बावजूद पुलिस अफसरों पर कोई मुकदमा नहीं चलाया गया। भारत में विकृत दिल-दिमाग वाले कुछ लोगों को यह जान कर जरूर आत्मसन्तुष्टि होगी कि भारत की तरह अमेरिकी जेलों में भी कैदियों पर रोंगटे खड़े कर देनेवाले अत्याचार किये जाते हैं। जाहिर है, इन हरकतों के शिकार ज्यादातर गैर गोरे कैदी होते हैं। अमेरिकी जेलों में कैदियों की हत्याएँ कोई बड़ी बात नहीं। 1992 में जॉर्जिया के महिला बंदीगृह की महिला कैदियों को जेल के अफसरों द्वारा देह व्यापार के लिए कई सालों से मजबूर किया जा रहा था। जब इसका भंडा-फोड़ हुआ, तो यह बात पता लगी कि अमेरिकी जेलों में भी महिला कैदी उतनी ही असुरक्षित हैं जितनी भारत या किसी अन्य देश में हैं। अमेरिका अभिव्यक्ति की स्वतंत्रता का ढोल पीटने में सबसे आगे रहता है। पर उसने अपने देश के पचासों नागरिकों को 1991 से केवल इस कारण जेल में डाला हुआ है क्योंकि उन्होंने अंतरात्मा की आवाज पर खाड़ी युद्ध का विरोध किया था। यानी अमेरिकी प्रशासन सारी दुनिया में प्रजातंत्र की सुरक्षा के लिए सैनिक हस्तक्षेप करता है, पर उसे अपने देश में अपने सैनिक मंसूबों का विरोध कतई पसंद नहीं है। अमेरिका में एक जंग विरोधी संगठन है 'बम नहीं, भोजन चाहिए'। इसके सदस्य जब सैन फ्रांसिसको शहर में बेघर लोगों के बीच खाना बाँट रहे थे, तो उन्हें गिरफ्तार कर लिया गया। उन्हें सिर्फ इस आधार पर गिरफ्तार किया गया कि उनके पास निःशुल्क खाना बाँटने का परमिट नहीं था। दरअसल, सरकार इस संगठन के युद्ध विरोधी प्रचार से परेशान थी।

इंग्लैंड में भी स्थितियाँ अमेरिका से बहुत भिन्न नहीं हैं। एशियाई और अफ्रीकी मूल के इंग्लैंड के नागरिकों के खिलाफ वहाँ की पुलिस द्वारा किये जा रहे जुल्म की खबरें रोज ही छपती हैं। इंग्लैंड में बसने की इच्छा लिये गैर-गोरों पर पुलिस बर्बर दमन करती रही है और वहाँ की पुलिस पर हत्या के इल्जाम भी लगे हैं। जॉय गार्डनर नाम की महिला पुलिस द्वारा मार दी गयी। उसकी मौत दम घुटने से हुई। सरकार ने किसी को भी सजा देने की बजाय सिर्फ यह घोषणा की कि अब किसी का मुँह ऐसे नहीं बाँधा जाये कि उसका दम घुट जाए !

इंग्लैंड एक प्रोटेस्टेंट ईसाई-बहुल देश है, जबकि इसके एक भाग आयरलैंड में कैथोलिक ईसाई बसते हैं, जो अल्प संख्या में हैं। इंग्लैंड की सरकार और इन कैथोलिकों के बीच बरसों से गृहयुद्ध चल रहा है। आयरलैंड की हैसियत एक उपनिवेश जैसी बन गयी है। कैथोलिक विरोधियों पर भारत में टाडा जैसे

कानूनों से भी सख्त कानून लागू हैं। यह सच है कि आयरलैंड के कैथोलिक जंगजू भी अपने विरोधियों की हत्या करते हैं, लेकिन इन लोगों की पकड़-धकड़ की जाती है, जबकि अपने सैनिकों द्वारा की गयी हत्याओं पर सरकार चुप्पी साधे रहती है।

फ्रांस और जर्मनी यूरोपीय उदारवाद के दो महत्वपूर्ण स्तम्भ माने जाते हैं, लेकिन दोनों जगह ही मानवीय अधिकारों की हालत पतली है। दोनों ही देशों में समाज के उन हिस्सों पर अत्याचार भयानक तेजी से बढ़े हैं, जिन्हें एशियाई या अफ्रीकी मूल का कहा जाता है और वे इन देशों के नागरिक हैं। इन दोनों देशों में ही पुलिस गोरे नस्लवाद से ओत-प्रोत शस्त्र गिरोह में तब्दील हो चुकी है। इन दोनों देशों में पुलिस द्वारा अफ्रीकी और एशियाई मूल की महिलाओं के साथ बलात्कार की घटनाओं में भी तेजी से वृद्धि हुई है। इन दोनों देशों में कैदियों पर अत्याचार की भी खूब दास्तानें सामने आ रही हैं। बर्लिन की पुलिस गैर-गोरे लोगों पर दमन के लिए सारी दुनिया में चर्चा का विषय है। फ्रांस में हर नागरिक के लिए सैनिक सेवा अनिवार्य है। जो नागरिक इस नैतिक और अंतरात्मा की आवाज के आधार पर इस नियम का विरोध करते हैं, उन्हें लम्बी सजाएँ दी जाती हैं। 'जिहवा'ज विटनेस' नाम के धार्मिक सम्प्रदाय के पाँच सौ से ज्यादा लोग इस वजह से फ्रांस में आज भी बंदी हैं, क्योंकि उन्होंने धार्मिक आधार पर सैनिक सेवा करने से इन्कार कर दिया था।

विकसित दुनिया के ही देश आस्ट्रेलिया में वहाँ के मूल निवासियों पर पुलिस अत्याचारों की घटनाओं में वृद्धि हुई है। इसका अंदाजा इस बात से लगाया जा सकता है कि पुलिस हिरासत में सिर्फ मूल निवासियों की ही मौत होती रही। ऑस्ट्रिया और डेनमार्क में पुलिस के बेलगाम होने की कई घटनाएँ घटीं और काफी हद तक उदार माने जानेवाले इन राज्यों की सरकारों ने पुलिस की इन करतूतों पर परदा डालने की भरपूर कोशिश की। यूनान और साइप्रस में सैकड़ों लोग बरसों से जेल में सड़ते रहे, क्योंकि उन्होंने अनिवार्य सैनिक सेवा को धार्मिक कारणों से मानने से इन्कार कर दिया था। दुनिया के सबसे ज्यादा शांतिप्रिय और निष्पक्ष माने जानेवाले देश स्विट्जरलैंड में भीं अनिवार्य सैनिक सेवाओं का विरोध करनेवाले पचासों महिला-पुरुषों को जेल में रखा हुआ है।

अफ्रीकी महाद्वीप भयानक कबायली हिंसा की चपेट में है। ब्रूंडी और रवांडा दोनों देशों में सरकारी सैनिकों और निजी शस्त्र समूहों की टोलियों द्वारा लगभग 8 लाख लोगों का कत्लेआम हो चुका है। ब्रूंडी में हुतू कबीले के लाखों बच्चों, औरतों और पुरुषों को मौत के घाट उतारा जा चुका है। इसी तरह रवांडा में एमनेस्टी इंटरनेशनल के दिसम्बर 1994 तक जमा किये आँकड़ों के अनुसार तुत्सी कबीले के 5 लाख से ज्यादा लोगों को मारा जा चुका था। दोनों देशों के सैनिकों

ने विरोधी कबीले के लोगों के खात्मा अभियान के दौरान राजनैतिक विरोधियों की ही बड़े पैमाने पर हत्या की है, चाहे उनका सम्बन्ध उनके अपने कबीले से ही हो। उत्तरी अफ्रीका में सूडान में यही कबायली जंग मुसलमानों और ईसाइयों के बीच एक-दूसरे के खात्मे के अभियान में बदल गयी है। अंगोला में गृहयुद्ध जारी है और हजारों की तादाद में लोगों की हत्याएँ की जा रही हैं। नाइजीरिया में नजरल सानी अबाचा की तानाशाह सरकार ने हजारों लोगों को जेल में ठूँसा हुआ है। विरोध करने की सजा के तौर पर दो साल में सैकड़ों लोगों को फाँसी पर लटकाया गया है। यही हालात कमोबेश अफ्रीका के अन्य देशों के हैं। अफ्रीका में हिंसा का जो दौर चल रहा है, उसमें महिलाओं और बच्चों पर सबसे ज्यादा अत्याचार हुए हैं। औरतों के साथ बलात्कार एक सामान्य-सी बात हो गयी है। विभिन्न कबीलों में एक-दूसरे के खात्मे के लिए चलती लड़ाई में लाखों लोग अकाल, भुखमरी और बीमारियों का शिकार हो कर मौत के घाट लग चुके हैं। अफ्रीकी महाद्वीप गोराशाही के लिए सबसे बड़ी चुनौती बन कर उभरा था, पर अब वह खण्ड-खण्ड और पुर्जे-पुर्जे हो कर बेहाल हो चुका है। अफ्रीका में इन स्थितियों के चलते किसे लाभ पहुँचेगा, इसका अनुमान लगाना मुश्किल नहीं है।

लातिनी अमरीका के ज्यादातर देशों में नंगी तानाशाहियों का दौर तो समाप्त हो चुका है, लेकिन राजनैतिक विरोधियों, मजदूर और किसान आंदोलनों के नेताओं, सामाजिक कार्यकर्त्ताओं और पत्रकारों की हत्या आम घटनाएँ बन गयी हैं। ब्राजील, बोलीविया, कोलम्बिया, ग्वाटेमाला, मेक्सिको इत्यादि में लोगों का गायब हो जाना या सशस्त्र सैनिकों की टोलियों द्वारा सामाजिक कार्यकर्त्ताओं की हत्या जैसी घटनाएँ रोज ही होती हैं। हाल ही में लातिनी अमेरिकी पत्रकारों की 51वीं आम सभा को सम्बोधित करते हुए अपने अध्यक्षीय भाषण में प्रसिद्ध लातिनी अमेरिकी पत्रकार राऊल ई. क्रैसलबर्ड ने बताया कि धमकियों और सेंसरशिप के साथ-साथ पिछले तीन सालों में लातिनी अमेरिका में 153 पत्रकारों की हत्या की जा चुकी है और किसी भी कातिल को सजा नहीं दी जा सकी है।

रूस और पुराने समाजवादी खेमे के देशों में या तो गृहयुद्ध की स्थितियाँ हैं या पड़ोसी देश आपस में आक्रमण करने में जुटे हैं। सोवियत संघ और पूर्वी यूरोप के समाजवादी देशों की सबसे ज्यादा आलोचना इस बात को ले कर की जाती थी कि वहाँ मानव अधिकार और राजनैतिक अधिकार कभी दिये ही नहीं गये। लेकिन रूसी समाजवाद से मुक्ति पाने के बाद भी इन देशों में स्थिति ज्यों की त्यों है। आरमीनिया और अजरबेजान एक ऐसे युद्ध में फँसे हैं जो दो राष्ट्रीयताओं की लड़ाई के साथ-साथ दो धर्मों की लड़ाई में भी बदल चुका है। आरमीनिया में हरे कृष्ण पंथ के बीसियों अनुयायियों को बंदी बना कर रखा गया है। जॉर्जिया में राजनीतिक विरोधियों की जगह बस जेल ही है। कजाकिस्तान

में अनिवार्य सैनिक सेवा का विरोध करने पर लम्बी जेल सजा दी जाती है। 'जिहवा'ज विटनेस' सम्प्रदाय के बहुत-से लोग इस मद में सजा भुगत रहे हैं। अल्बानिया में भी राजनीतिक प्रतिवादियों को यातनाएँ देना आम घटना बन गया है। रूस में सरकार और माफिया के सशस्त्र लोग आम लोगों के जीवन और दूसरे अधिकारों से बराबर खिलवाड़ कर रहे हैं। चैचन गणराज्य में रूसी सैनिकों के हस्तक्षेप के बाद वहाँ के लोगों के नरसंहार की सूचनाएँ लगातार आती रही हैं।

पुराने समाजवादी खेमे में सबसे खतरनाक और नाजुक स्थिति उस क्षेत्र की है, जहाँ पुराना युगोस्लाविया हुआ करता था। युगोस्लाविया में अल्बानियाई और स्लेव राष्ट्रीयताओं के मुसलमानों पर बड़े पैमाने पर अत्याचार ढाये गये हैं। बोस्निया और हरजेगोबिना में सर्ब सैनिकों ने मुसलमानों, क्रोट और रोमा लोगों पर इस तरह के अत्याचार किये हैं कि मुसोलिनी और हिटलर भी शरमा जायें। हजारों पुरुषों को मार कर सामूहिक कब्रों में दफनाया गया है। इस कत्लेआम में छोटी उम्र के लड़कों को भी नहीं बख्शा गया। महिलाओं के साथ सामूहिक बलात्कार किये गये हैं। सर्ब सैनिकों ने इतने जुल्म ढाये हैं कि राष्ट्र संघ को कातिलों को सजा देने के लिए युद्ध अपराध आयोग गठित करना पड़ा है।

विश्व के मुसलमान देश भी हिंसा, अत्याचार तथा मानव अधिकारों के हनन का केन्द्र बन कर उभरे हैं। इस्लामी देशों में किस तरह से मानव अधिकारों का हनन हो रहा है, इसके कई आयाम उभर कर सामने आये हैं। कुछ देश ऐसे हैं, जैसे ईरान, सऊदी अरब और पाकिस्तान, जहाँ सत्तासीन इस्लामी कठमुल्लावाद मानव अधिकारों का हनन कर रहा है। कुछ ऐसे भी राज्य हैं, जिन्होंने इस्लामी कठमुल्लावाद के खिलाफ मोर्चा लिया हुआ है और इस लड़ाई में मानव अधिकारों को भारी कीमत चुकानी पड़ रही है। इस श्रेणी में अल्जीरिया, मिस्र इत्यादि देश आते हैं। अफगानिस्तान एक ऐसा देश है, जहाँ कई मुस्लिम कठमुल्लावादी गुट सत्ता हथियाने के लिए पूरे देश को लहूलुहान किये हुए हैं। मलयेशिया, इंडोनेशिया बाँग्लादेश, ईराक, तुर्की, संयुक्त अरब अमीरात इत्यादि वे देश हैं, जहाँ अल्पसंख्यक समुदायों को तो हर प्रकार के अधिकारों से तो वंचित रखा ही गया है, साथ ही इन देशों के शासक किसी भी प्रजातांत्रिक संस्था, संगठन या व्यक्ति को बरदाश्त नहीं कर पा रहे हैं। ईरान में ईसाई और सुन्नी मतों के धार्मिक नेताओं की षड्यंत्रकारी हत्या एक आम बात बन गयी है। ईसाई पादरी महर, सुन्नी मौलवी हाजी मुहम्मद, जिआई यहूदी नेता मैचूबाद और कवि एवं व्यंग्यकार अली अकबर सईदी सिरजानी अलग-अलग हालात में मरे पाये गये। ईरानी सरकार ब्रिटिश लेखक सलमान रुश्दी की हत्या का बीड़ा अभी भी उठाये हुए है। ईरानी कठमुल्लावाद अल्पसंख्यक समुदाय के अलावा सबसे ज्यादा अत्याचार प्रगतिशील

लेखकों, किसानों, मजदूर नेताओं और महिलाओं पर ढा रहा है। कम्युनिस्ट होने के शक में छह साल से 90 साल के बूढ़ों तक को फाँसी पर चढ़ाया गया है। महिलाएँ किस धार्मिक पागलपन का शिकार हो रही हैं, इसका अंदाजा तेहरान विश्वविद्यालय की लोकप्रिय अध्यापिका और बाल मनोविज्ञानिक डॉ. हुमा दाराबी की 21 फरवरी 1994 को तेहरान के ताजरिश चौक में आत्मदाह की घटना से लगाया जा सकता है। डॉ. हुमा औरतों के खिलाफ रोज-रोज लागू किये जा रहे अमानवीय और दकियानूसी नियमों और कानूनों का लगातार विरोध करती रहती थीं। मई 1993 में तेहरान विश्वविद्यालय ने एक आदेश निकाला कि महिलाएँ चलते हुए बात न करें। इससे पहले औरतों के लिए हिजाब पहनना अनिवार्य कर दिया गया था। वे इन आदेशों के खिलाफ न्यायपालिका में जीतती भी रहीं, लेकिन न्यायपालिका के फैसलों को भी अनसुना किया जाता रहा। मजबूर हो कर उन्होंने इस सबके प्रतिरोध में आत्मदाह का निर्णय लिया। आत्मदाह करने से पहले उन्होंने उन वस्त्रों को उतार फेंका जो औरतों को सर की चोटी से एड़ी तक ढकने के लिए अनिवार्य कर दिये गये थे। लगभग पाँच सौ गज तक वे चिल्लाते हुए दौड़ती रहीं—'तानाशाही का नाश हो। स्वतंत्रता अमर रहे। ईरान जिंदाबाद।' इससे पहले कि मुल्ला और उनकी पुलिस उन तक पहुँचते, हुमा ने पेट्रोल छिड़क कर आग लगा ली। सऊदी अरब में सैकड़ों ईसाइयों को इसलिए बंदी बना कर रखा गया है क्योंकि उन्होंने वहाँ पूजा-उपासना करने की कोशिश की थी। पाकिस्तान में किस तरह ईसाइयों, अहमदियों और शियाओं को नम्बर दो का नागरिक बना दिया गया है, यह किसी से छिपा नहीं है। कानूनी तौर पर औरतों की हैसियत मर्दों से आधी है। 'रसूल की शान में गुस्ताखी' कानूनों के तहत बीवी से छुटकारा पाना और किसी से भी जाती दुश्मनी निकालना बहुत आसान हो गया है।

अल्जीरिया, मिस्र और सूडान जैसे देशों में सरकारों और इस्लामी कट्टरपंथियों के बीच युद्ध चल रहा है, हत्याएँ की जा रही हैं। सूडान में तो बरसों से आपातकालीन स्थिति घोषित है। मजदूर आंदोलनों के नेताओं को जेल में सड़ा कर मारा जा रहा है। अफगानिस्तान एक ऐसा देश है, जहाँ इस्लाम के ठेकेदार विभिन्न गुट ही अफगानिस्तान को नेस्तनाबूत करने पर तुले हैं। लाखों लोग मारे जा चुके हैं। औरतों और बच्चों को हर प्रकार के कुकर्म के लिए मजबूर किया जा रहा है। बहरीन, इंडोनेशिया और मलयेशिया उस श्रेणी के देश हैं, जहाँ राजनैतिक विरोधियों का जबरदस्त दमन किया जा रहा है। बाँग्लादेश में सरकार और धार्मिक कट्टरवादी तत्वों ने तसलीमा नसरीन को अपना देश छोड़ कर भाग जाने के लिए मजबूर किया है। भारत के हिंदू कट्टरवादी तत्व मुस्लिम देशों के धार्मिक कट्टरवाद की मिसालों को आत्मसात करने के लिए लालायित हो रहे हैं।

एकमात्र हिन्दू राष्ट्र नेपाल में 11 ईसाई और एक नेपाली नागरिक सिर्फ इस वजह से जेल में हैं क्योंकि उन्होंने अपना धर्म बदलने की हिम्मत की थी। नेपाल और सऊदी अरब की इस एकता को हिंदू और मुसलमान दोनों ही तरह के कठमुल्लावादी छिपाना चाहते हैं।

इस रोंगटे खड़े कर देनेवाले विश्वव्यापी परिदृश्य को देख कर कई बार ऐसा लगता है कि मानो राज्य और राजसत्ता इंसानी समाज का सबसे बड़ा अभिशाप हैं। शायद इन स्थितियों की कल्पना प्रसिद्ध बहुलवादी विचारक हेराल्ड जे. लास्की ने इस शताब्दी के दूसरे दशक में ही कर ली थी, जब उन्होंने कहा था कि अगर मानवीय समाज को बचाना है, तो प्रभुसत्ता के विचार को नष्ट कर देना होगा।

भारत का अपना किस्सा है

सत्येंद्र रंजन

भारत में मानवाधिकारों के सम्मान की संस्कृति अभी विकसित नहीं हो पायी है। न ही इसके लिए उपयुक्त सामाजिक-आर्थिक-सांस्कृतिक पृष्ठभूमियाँ हैं। इस कारण देश में विभिन्न स्तरों पर मानवाधिकारों का घोर उल्लंघन होता है। व्यक्ति की गरिमा की संवैधानिक गारंटी तथा लोगों को न्याय दिलाने के अनेक कानूनी प्रावधानों के बावजूद सामाजिक प्रभु वर्ग तथा राज्य मशीनरी लगभग निर्भय हो कर और खुल्लमखुल्ला आम लोगों के अधिकारों का हनन करते हैं। इसका निहितार्थ यह कतई नहीं है कि दुनिया के अन्य हिस्सों में मानवाधिकारों का उल्लंघन नहीं होता। इसके पीछे मकसद सिर्फ अपने देश की वस्तुगत स्थिति का वर्णन करना है।

भारत में मानवाधिकारों के उल्लंघन के क्या स्वरूप हैं और यह किन स्तरों पर होता है, इसे एक साथ विस्तार से प्रस्तुत करने का प्रयास अभी नहीं हो पाया है। लेकिन छिटपुट रूप से घटनेवाली घटनाओं, उनके बारे में मानवाधिकार संगठनों की जाँच-रिपोर्टों तथा समाचार माध्यमों की रिपोर्टों से इनकी एक तस्वीर उभरती है। जाहिर है, यह तस्वीर चिंताजनक है और भारतीय व्यवस्था के लोकतांत्रिक होने के दावे पर सवाल खड़े करती है। जितने बड़े स्तर पर नागरिकों के अधिकारों का उल्लंघन होता है, जितनी बड़ी संख्या में लोग इससे पीड़ित होते हैं, उसकी तुलना में उन्हें राहत दिलाने तथा दोषियों को सजा देने के उपक्रमों का अस्तित्व नहीं है। राहत पाने की एक मात्र उम्मीद अब तक न्यायपालिका रही है, जो स्वयं मुकदमों की संख्या के बोझ से दबी है। फिर न्यायपालिका का दृष्टिकोण आम तौर पर अभिजात वर्गीय होने के कारण सामान्य लोगों के लिए तुरंत एवं उचित न्याय पाना कठिन रहा है। दो वर्ष पहले (अक्टूबर 1993 में) बना राष्ट्रीय मानवाधिकार आयोग अभी तक कोई उम्मीद नहीं जगा सका है। आयोग के पास एक तो अधिकार एवं जाँच करने की सुविधाएँ सीमित हैं। दूसरी तरफ इतने बड़े

देश से आनेवाली बड़ी संख्या में शिकायतों के कारण उसके सामने भी काम के बोझ की वही समस्या पैदा हो गयी है, जो न्यायपालिका के सामने है।

बहरहाल, इस व्यावहारिक स्थिति की चर्चा से पहले हमें मानवाधिकारों के हनन की ऐतिहासिक पृष्ठभूमि पर विचार कर लेना चाहिए। निःसंदेह भारत में मानवाधिकारों के हनन की सबसे गहरी जड़ें हमारी सामाजिक व्यवस्था, आर्थिक संरचना और सांस्कृतिक मान्यताओं में हैं। सामाजिक वर्ण व्यवस्था समाज में जन्म से ही लोगों का दर्जा एवं सामाजिक परिपाटी में उनके कर्तव्य तय कर देती है। जाति के आधार पर ऊँच-नीच की मान्यता तथा आज भी प्रचालित छुआछूत सबसे घोर किस्म की असमानता एवं मानवाधिकारों के उल्लंघन का कारण है। जाति व्यवस्था जनसंख्या के ज्यादातर हिस्से को समान अवसर के सिद्धांत से वंचित कर देती है। जाति का प्रभाव आज भी न सिर्फ नौकरशाही और राजनीति में है, बल्कि न्यायपालिका को भी इससे मुक्त नहीं कहा जा सकता। यह कोई संयोग नहीं है कि पुलिस उत्पीड़न और सामूहिक बलात्कार जैसी घटनाओं के ज्यादातर शिकार दलित-पिछड़ी जातियाँ एवं अल्पसंख्यक समुदाय के लोग होते हैं। यह दरअसल समाज की सवर्ण संरचना की ही एक अभिव्यक्ति है। जातिवादी आग्रहों के कारण समाज के पिछड़े एवं दलित वर्ग एवं धार्मिक अल्पसंख्यक निर्णय की प्रक्रिया एवं सत्ता में साझेदारी के स्तरों पर आज भी हाशिये पर हैं। इससे समाज के लोकतंत्रीकरण की प्रक्रिया अवरुद्ध हो रही है।

आर्थिक संरचना पूँजी एवं संसाधनों के कुछ हाथों में केंद्रीकरण पर आधारित है। शहरी और बड़े उद्योग क्षेत्र में मजदूर वर्ग की स्थिति फिर भी कुछ बेहतर है, क्योंकि वहाँ ट्रेड यूनियनों के प्रयासों से मजदूर संगठित हैं। पर छोटे उद्योगों के क्षेत्र में यही बात नहीं कही जा सकती। वहाँ श्रम कानूनों का उल्लंघन तथा मजदूरों को डराने-धमकाने की घटनाएँ आम बात हैं। पर इससे भी बुरी स्थिति कृषि क्षेत्र में है। कृषि क्षेत्र की संरचना आज भी सामंती है। जिन क्षेत्रों में जन संगठनों ने मजदूरों के बीच संगठन और चेतना लाने का काम किया है, वहाँ विभिन्न वर्गों के अंतस्संबंधों में कुछ फर्क पड़ा है। पर जहाँ जन संघर्ष तेज होते हैं, वहाँ राज्य मशीनरी के सहयोग से दमन तेज हो जाना भी एक आम प्रवृत्ति रही है।

कृषि क्षेत्र में आर्थिक शोषण की स्थिति आज भी लगभग मध्ययुगीन परंपरा में ही है। इसकी सबसे महत्वपूर्ण मिसाल बँधुआ मजदूरी प्रथा का अस्तित्व है। करीब 50 लाख बँधुआ मजदूर आज भी देश में हैं। ग्रामीण इलाकों में मजदूर एवं भूमिहीन वर्ग के शोषण-उत्पीड़न की और भी कई प्रवृत्तियाँ आम हैं। इनमें स्त्रियों का यौन शोषण, बलात्कार और बच्चों से जबरन काम लेना प्रमुख है। बाल मजदूरी वैसे पूरे देश में ही प्रचलित है। खासकर पटाखा जैसे खतरनाक उद्योगों

में बच्चों को बहुत कम पैसा दे कर काम पर लगा दिया जाता है। घरेलू तथा होटल-ढाबों में काम करनेवाले नौकर भी आम तौर पर बच्चे होते हैं, जहाँ उनसे अमानवीय श्रम करवाया जाता है।

सामाजिक और सांस्कृतिक रूप से स्त्रियों की जो पुरुषों के सामने अधीनता है, उससे उनका सबसे घोर किस्म का मानवाधिकारों का उल्लंघन होता है। स्त्रियों की इज्जत एवं यौन संबंधों को ले कर जो मान्यताएँ एवं मूल्य समाज में प्रचलित हैं, उनके बीच किसी युवती या स्त्री के लिए अपने व्यक्तित्व का पूर्ण विकास तथा व्यक्ति स्वांतत्र्य को प्राप्त करना अत्यंत कठिन तथा यंत्रणामय बन जाता है। पारंपरिक सांस्कृतिक मान्यताओं के तहत सदियों से जारी स्त्री स्वतंत्रता के इस उल्लंघन को आधुनिक उपभोक्तावादी आग्रहों ने और गहरा ही किया है, हालाँकि शिक्षा, मानव सभ्यता के क्रमिक विकास के प्रभावों तथा अस्मिता के लिए स्त्रियों के अपने संघर्षों से शहरी समाज की उच्च एवं उच्च-मध्यमवर्गीय महिलाओं के लिए आज स्वतंत्रता एवं अपनी पहचान बनाने के अपेक्षाकृत अधिक अवसर पैदा हुए हैं।

बहरहाल, उपर्युक्त मानवाधिकारों के उल्लंघन व्यवस्था में निहित हैं। आम तौर पर जब मानवाधिकारों के उल्लंघन का जिक्र होता है, तो वह इन उल्लंघनों का नहीं होता है। यह नागरिक अधिकारों के उल्लंघन के संदर्भ में होता है। अर्थात जनता के किसी हिस्से को शांतिपूर्ण विरोध, सभा, संगठन आदि के अधिकार से वंचित करने, बिना अदालती कार्रवाई के नजरबंदी, पुलिस और सुरक्षा बलों द्वारा फर्जी मुठभेड़ों में लोगों को मार डालने, न्यायेतर कार्रवाइयों में नागरिकों की हत्या, जेलों में कैदियों की अमानवीय दशा तथा उनके अधिकारों का हनन, उग्रवाद-विरोधी कार्रवाइयों के नाम पर लोगों का दमन तथा महिलाओं से बलात्कार आदि जैसी घटनाओं के संदर्भ में होता है।

बेशक इस तरह की घटनाएँ पिछले दशकों में भारत में बढ़ती गयी हैं। राजनीतिक स्तर पर बढ़ी दायित्वहीनता तथा निरंकुशता के कारण पुलिस एवं सुरक्षा बलों में भी निरंकुशता बढ़ी है। उग्रवाद और अलगाववाद प्रभावित इलाकों में पुलिस और सुरक्षा बलों की ऐसी कार्रवाइयों को माफ करने और यहाँ तक कि उनका बचाव करने की प्रवृत्ति भी राजनीतिक सत्ता एवं प्रशासन के सभी स्तरों पर बढ़ती गयी है। इन परिस्थितियों के बीच न्यायपालिका ने पिछले वर्षों में जरूर सकारात्मक हस्तक्षेप किये हैं और मानवाधिकारों के घोर उल्लंघनों के कई मामलों में दोषी लोगों को सजा तथा पीड़ित लोगों को राहत दिलवायी है, लेकिन जिस व्यापक पैमाने पर ये उल्लंघन हो रहे हैं, उसे देखते हुए यह नाकाफी ही है।

मानवाधिकारों के ऐसे उल्लंघन आज किस रूप में हो रहे हैं, इसका अंदाजा लगाने के लिए कुछ घटनाओं पर ध्यान देना ही शायद पर्याप्त हो। आइए, सबसे

पहले पंजाब की कुछ घटनाओं की चर्चा करें। ये घटनाएँ यह दिखाती हैं कि पंजाब में किस तरह वस्तुतः पुलिस राज कायम है। पुलिसकर्मियों पर वहाँ कोई नियंत्रण नहीं है। 1994 में वलतोह हत्याकांड खासा चर्चित हुआ। वहाँ पुलिस दो शवों को पोस्टमार्टम के लिए ले गयी। जब डॉक्टरों ने पाया कि उनमें एक व्यक्ति जीव्रित है, तो पुलिसवालों ने कहा कि वे उसे उपचार के लिए ले जा रहे हैं। एक घंटा बाद वे उस व्यक्ति को मृत अवस्था में ले कर आये और डॉक्टरों से कहा कि अब पोस्टमार्टम कर दीजिए।

मई 1994 में पुलिस ने लुधियाना शहर के पास ही बरेवाल से 60 वर्षीय जीत सिंह का अपहरण किया और कहा कि बैंक से रकम निकाल कर दो, वरना बुरे नतीजे होंगे। पुलिसवाले जीत सिंह और उनके बेटों को बैंक ले गये और उन्हें अपने खाते से सवा सात लाख रुपये पुलिसवालों के खातों में हस्तांतरित करने को मजबूर किया । मई 1994 में ही संगरूर जिले के मेहलान गाँव से पुलिस 30 लड़कों को ले गयी। उनके बारे में पूछताछ करने गये उनके घरवालों की पुलिसवालों ने पिटाई की। उन लड़कों में से तीन साल के अंत तक लापता थे।

दरअसल, पंजाब में ऐसी घटनाओं की कोई सीमा या अंत नहीं है। एक पत्रिका को दिए इंटरव्यू में 'मूवमेंट अगेंस्ट स्टेट रिप्रेशन' के संयोजक इंदरजीत सिंह जैजी ने कहा है, 'मुझे लगभग रोज ही किसी-न-किसी ग्रामीण के लापता हो जाने की खबर मिलती है। ऐसा वर्षों से चल रहा हैं।' इसी पत्रिका को पी.यू. सी. एल., पंजाब के महासचिव वेद प्रकाश गुप्त ने बताया है 'निर्दोष पुरुषों, महिलाओं और बच्चों से पंजाब पुलिस जिस क्रूरता और बर्बरता से पेश आ रही है, लोग इसकी कल्पना भी नहीं कर सकते ।'

खुद श्री गुप्त की पुत्री और पी. यू. सी. एल. की राष्ट्रीय परिषद की सदस्य डॉ. विनीता गुप्त को पंजाब में फैली इस बर्बरता का निशाना बनना पड़ा। अप्रैल 1994 में राष्ट्रीय मानवाधिकार आयोग के सदस्यों के चंडीगढ़ दौरे के समय डॉ. गुप्त ने एक महिला अधिकारी से राज्य के एक मंत्री द्वारा छेड़छाड़ की शिकायत दर्ज करायी। इसके बाद उन्हें फोन पर धमकियाँ दी जाने लगीं। उन्होंने इसकी शिकायत आयोग से की और आयोग ने इस मामले को पंजाब के तत्कालीन मुख्यमंत्री बेअंत सिंह के सामने उठाया। पर डॉ. गुप्त के उत्पीड़न का अंत नहीं हुआ। 1995 के मध्य में पुलिसवालों ने उन्हें झूठे मामले में फँसा देने की धमकी दी।

असम में मानव अधिकार परिषद ने वहाँ हिरासत में हुई कई मौतों के बारे में एक रिपोर्ट प्रकाशित की। ये हत्याएँ लगभग पूर्व नियोजित ढंग से की गयीं। इनमें से एक घटना इस प्रकार हुई। 16 फरवरी 1995 की आधी रात मंगलदोई थाने के कुछ पुलिसवाले सिपाझार थाने के नायकपाड़ा गाँव आये। वे 26 वर्षीय

रिपुंजय आचार्य के घर गये। दरवाजा रिपुंजय के भाई निपन ने खोला, तो उससे रिपुंजय को बुलाने को कहा गया। परिवारवालों को पुलिसकर्मियों ने बताया कि रिपुंजय को वे सिर्फ एक रात के लिए ले जा रहे हैं। अगली सुबह जब रिपुंजय नहीं लौटा, तो परिवारवाले पता करने सिपाझार थाने गये। वहाँ पुलिसवालों ने कोई जानकारी होने से इन्कार किया और मंगलदोई थाने जाने को कहा। मंगलदोई पुलिस ने उन्हें कुछ नहीं बताया। लेकिन वहाँ के सिविल अस्पताल में भर्ती एक मरीज की देखभाल कर रहे एक व्यक्ति ने उन्हें बताया कि तड़के तीन बजे दो शव अस्पताल लाये गये थे। बाद में पुष्टि हुई, उनमें एक शव रिपुंजय का और दूसरा हेमचंद्र शर्मा नाम के युवक का था।

उसी रात सिपाझार थाने के पुलिसवाले रिपुंजय के साथ हेमचंद्र के घर आये थे। पहले उन्होंने हेमचंद्र के घरवालों को यातना दी। हेमचंद्र के पिता की उन्होंने पिटाई की । वे हेमचंद्र डेका के बारे में पूछताछ कर रहे थे, जिसके बारे में माना जाता है कि यह यूनाइटेड लिबरेशन फ्रंट ऑफ असम (उल्फा) का कार्यकर्ता है। तब हेमचंद्र के पिता पुलिसवालों को उस चावल मिल के पास ले गये, जहाँ 27 वर्षीय हेमचंद्र पढ़ता और सोता था। वहाँ से हेमचंद्र को पुलिसवाले अपने साथ ले गये। उसके पिता से उन्होंने कहा कि इन दोनों युवकों की उन्हें खंदाजन तक पहुँचने के लिए जरूरत है, जहाँ हेमचंद्र डेका के छिपे होने का शक है। रात करीब ढाई बजे हेमचंद्र के पिता और दूसरे ग्रामीणों ने तीन गोलियाँ चलाये जाने की आवाज सुनी। अगली सुबह हेम के पिता से भी पुलिसवालों ने कोई जानकारी होने से इन्कार किया, पर रिपुंजय के साथ हेम का शव भी उसके परिवारवालों को मिला।

आंध्र प्रदेश में नक्सलवादी कार्यकर्ताओं को फर्जी मुठभेड़ों में मार डालना आम बात रही है। पुलिस की निरंकुशता का निशाना नागरिक अधिकार कार्यकर्ता और पत्रकार भी बने हैं। पर स्थिति कितनी खतरनाक है, यह तब और स्पष्ट हुआ, जब 1994 में राष्ट्रीय मानवाधिकार आयोग ने नक्सलवाद प्रभावित इलाकों का दौरा किया। उस समय आयोग के सामने पुलिस अत्याचार एवं फर्जी मुठभेड़ों के सबूत पेश करने जा रहे पी.यू. सी. एल. के अध्यक्ष के.जी. कन्नाबिस तथा आंध्र प्रदेश सिविल लिबर्टीज कमेटी (ए. जी. सी. एल. सी.) के दूसरे सदस्यों पर हमला किया गया। बाद में स्पष्ट हुआ कि हमलावर सादे पोशाक में पुलिसवाले ही थे। इस घटना पर राष्ट्रीय मानवाधिकार आयोग के अध्यक्ष न्यायमूर्ति रंगनाथ मिश्र भी सकते में रह गये।

बहरहाल, 1995 में सकते में डालनेवाली एक और घटना हुई, जब आयोग का दल छह फर्जी मुंठभेड़ों के मामले की सुनवाई करने हैदराबाद गया। तब गवाही से रोकने के लिए एक गवाह का ही कथित अपहरण कर लिया गया। यह महिला

गवाह 21 अगस्त को कोनसमंदर गाँव से बस से हैदराबाद रवाना हुई। पर वह पहुँची नहीं। इससे पहले आयोग को दी अर्जी में इस गवाह लक्ष्मी ने कहा था कि उसके पति तिम्मन्ना को पुलिसवाले 5 सितंबर 1993 को घर से खींच कर ले गये और खुलेआम हत्या कर दी। आयोग की सुनवाई के दौरान पुलिस की खुफिया शाखा ने गवाहों के फोटो खींचे। ये फोटो गवाहों की इच्छा के खिलाफ खींचे गये। इस पर न्यायमूर्ति मिश्र ने नाराजगी जाहिर करते हुए कड़ी टिप्पणी की और तब खुफिया शाखा के पुलिस अधीक्षक को लिखित माफी माँगनी पड़ी।

देश के तीन विभिन्न हिस्सों के ये उदाहरण कमोबेश देश में मानवाधिकारों की वास्तविक स्थिति को बयान कर देते हैं। पर जम्मू-कश्मीर की घटनाओं के जिक्र के बिना यह कहानी पूरी नहीं होती। कश्मीर तो पिछले पाँच-छह वर्षों से मानवाधिकारों के घोर उल्लंघन की भूमि बना रहा है। सोपोर, कुपवाड़ा, लाल चौक और चरारे-शरीफ की घटनाएँ वहाँ ठीक उसी प्रकार प्रतिनिधि मात्र हैं, जैसे देश भर के प्रतिनिधि के रूप में ऊपर हमने तीन राज्यों की अलग-अलग घटनाओं का जिक्र किया है। पंजाब में जैसे वस्तुतः पुलिस राज कायम हो गया है, वैसे ही वहाँ सुरक्षा बलों और उग्रवादियों का शासन है। इसके बीच नागरिकों के अधिकार तो दूर की बात हैं, उनकी सामान्य सुरक्षा की भी गारंटी नहीं है।

हिरासत में मौत पूरे भारत में आम बात है। किसी गिरफ्तार या कागजी तौर पर बिना गिरफ्तार किये सिर्फ पूछताछ के लिए लाये गये व्यक्ति की पिटाई और उसे यातना देना आम बात है। उस दौरान मौत हो जाने पर उसे सामान्य एवं प्राकृतिक मौत बता दिया जाता है। 1993 में ऐसे 415 मामलों की रिपोर्ट एमनेस्टी इंटरनेशनल ने जारी की थी। भारतीय मानवाधिकार संगठन जब-तब ऐसी रिपोर्ट जारी करते रहते हैं। इन ज्यादातर मामलों में किसी पुलिस कर्मी को सजा नहीं होती। सजा तो शायद दूर की बात है, कार्यवाही भी नहीं चलती है।

देश में जेलों की जो दुर्दशा है, उसे राष्ट्रीय मानवाधिकार आयोग भी स्वीकार कर चुका है। जेलों में कैदी लगभग अमानवीय स्थिति में रहते हैं और उन पर विभिन्न गैर-कानूनी जुल्म ढाये जाते हैं। मुकदमों के लंबा खिंचने के कारण अनेक निर्दोष लोग वर्षों तक जेल में सड़ते हैं और तब बरी होते हैं। लेकिन उन्हें हुए नुकसान की क्षतिपूर्ति करने के कोई प्रावधान प्रचलन में नहीं हैं।

भारत में मौत की सजा आज भी कानून की किताब का यह हिस्सा है। अपराध के क्षेत्र में हुए अनेक शोध यह स्पष्ट कर चुके हैं कि मौत की सजा समाज में अपराध कम करने में कहीं सहायक साबित नहीं हुई है। यह सजा 'खून के बदले खून' की बर्बर एवं असभ्य मान्यताओं पर आधारित है। इसे जितनी जल्दी कानून की किताब से विदाई दी जाये, एक मानवीय सभ्य और समाज के निर्माण की संभावना उतनी प्रबल होगी। इसके अलावा निवारक नजरबंदी, मजदूरों को

उनके सामूहिक सौदे बाजी के अस्त्र हड़ताल से वंचित करनेवाले आवश्यक सेवा निर्वहन अधिनियम (एस्मा) जैसे कानून और संविधान में आपातकाल के प्रावधान आदि से भी नागरिकों की स्वतंत्रता सीमित होती है। अशांत क्षेत्र कानून, सशस्त्र बल (विशेष अधिकार) कानून, कई राज्यों के ऐसे अपने विशेष कानून तथा हाल तक लागू रहा आतंकवादी एवं विध्वंसकारी गतिविधि निरोधक कानून (टाडा) मानवाधिकारों के व्यापक रूप से हनन के स्रोत एवं साधन रहे हैं।

विकास की मौजूदा नीति भी मानवाधिकारों के हनन का कारण बन गयी है। इस नीति के तहत बड़ी परियोजनाएँ लाखों की संख्या में लोगों के विस्थापन का कारण बनी हैं। इन लोगों का कहीं भी उचित पुनर्वास नहीं हुआ है। अधिकांश विस्थापित गरीब और आदिवासी समुदाय के लोग रहे हैं। विस्थापन सम्मान के साथ जीवन और आजाविका की स्वतंत्रता के मूल अधिकारों का हनन कर ही होता है। पिछले एक दशक में, जब से विस्थापन के खिलाफ चेतना फैली है, परियोजनाओं के इलाकों में जन प्रतिरोध तेज हो गया है। लेकिन साथ ही दमन भी तेज हो गया है। सरदार सरोवर परियोजना और बिहार में नेतरहाट फायरिंग रेंज के विस्थापितों के संघर्ष और उनका दमन इसकी उत्कृष्ट मिसाल है। यह दमन अन्य स्थलों पर भी इतना ही गंभीर है।

मानवाधिकारों के लिए एक अन्य खतरा पिछले वर्षों में बढ़ी सांप्रदायिकता एवं विभिन्न समुदायों में कट्टरपंथी प्रवृत्तियों के मजबूत होने से पैदा हुआ है। बाबरी मस्जिद के ध्वंस के बाद पुलिस का सांप्रदायिक चेहरा विभिन्न राज्यों में देखने को मिला। यह चेहरा पहले जमशेदपुर और मलियाना जैसे दंगों के समय भी देखने को मिला था। 1984 के सिख विरोधी दंगों के समय जैसे पूरा राज्य तंत्र फासीवादी हो गया था। ये स्थितियाँ यह स्पष्ट करती हैं कि हम किन आसन्न खतरों के बीच जी रहे हैं।

भारत में राजनीतिक लोकतंत्र बेशक कायम है और चल रहा है। लेकिन इसका स्वरूप बहुत सीमित है। आम जनता के लिए नागरिक स्वतंत्रता अब भी कायम और सुरक्षित नहीं हो सकी है। शासक वर्ग और उसके सहयोगी उच्च और उच्च-मध्यम वर्ग के दायरे से बाहर के व्यक्तियों को आज भी हर स्तर पर व्यवस्था की निरंकुशता का सामना करना पड़ता है। कुल मिला कर सम्मान की और इन्सान की तरह की जिंदगी उनसे कोसों दूर है।

स्त्रियाँ मानो मनुष्य न हों

शालिनी कंचन

तेहरान विश्वविद्यालय की डॉ. हेमा दरेजी ईरान में स्त्रियों पर लादे गये ड्रेस कोड का विरोध करती हैं, तो उन्हें नौकरी से बरखास्त कर दिया जाता है। इसके बावजूद वे अपना विरोध जारी रखती हैं। लेकिन तंत्र उन्हें इतना ज्यादा परेशान करने लगता है कि उन्हें आत्मदाह का रास्ता अपनाना पड़ता है। तिब्बत की आजादी के लिए काम करनेवाली दावा लैंगजोम को 1989 में पुलिस पकड़ कर ले जाती है और व्यवस्था का विरोध करने की सजा के रूप में बड़ी बर्बरता से उनके स्तन काट दिये जाते हैं। ऐसी ही एक और आंदोलनधर्मी सोनम डोलकर को नंगा करके पीटा जाता है और उनके गुप्तांगों में बिजली की छड़ें डाल कर उन्हें क्रूर यातनाएँ दी जाती हैं।

'मानवाधिकार स्त्री अधिकार हैं'—इस नाम से जारी एमनेस्टी इंटरनेशनल की 1995 की रपट में ऐसी बेशुमार घटनाओं का दस्तावेज पेश किया गया है। ये सभी घटनाएँ और इनके साथ ही भारतीय समाज में लौट-लौट कर आती शिवपति देवी, ऊषा धीमान और भँवरी देवी की कहानियाँ उस अनाचारी व्यवस्था का चेहरा दिखाती हैं, जो स्त्री को मनुष्य मानने से इन्कार करती हैं।

संयुक्त राष्ट्र संघ का नेक इरादा है कि सन 2000 तक दुनिया से गैर-बराबरी का खात्मा और एक समतापरक समाज की स्थापना हो सके। इसके लिए मनुष्य के विचार और अभिव्यक्ति की स्वतंत्रता, नाइंसाफी से सुरक्षा और इच्छानुसार विकास के अधिकार को सुनिश्चित किये जाने का आदर्श निर्धारित किया गया है। सन 2000 आने में कुछ ही वर्ष बचे हैं और अगर बराबरी और समता को दुनिया की औरतों के संदर्भ में जाँचा जाये, तो यह जान कर निराशा ही होगी कि इस दिशा में चार कदम का सफर ही तय किया जा सका है। अंतर्राष्ट्रीय सहमति के एक बड़े हिस्से में आज भी स्त्रियों के प्रति किसी सुलझे दृष्टिकोण का चिंताजनक अभाव बना हुआ है। भौतिक और वैज्ञानिक विकास की चमत्कारी

ऊँचाइयाँ तय कर रहे विश्व में ज्यादातर स्त्रियाँ अब भी स्वविकास के मूल मानवीय अधिकार से कोसों दूर हैं। मानवाधिकार के मायने प्रायः पुरुषों तक ही सीमित हैं और विडम्बना यह है कि इसे स्वाभाविक भी मान लिया गया है। मानवाधिकारों से जुड़ी दूसरी बड़ी विडम्बना यह है कि मानवाधिकार की जिस अवधारणा का जन्म मनुष्य की गरिमा, अस्मिता और स्वाधीनता की रक्षा के लिए और उसकी बुनियादी आजादी बचाने के लिए हुआ था, वह आज ज्यादातर राजनैतिक अधिकारों या आत्मनिर्णय की माँगों पर ही ठिठक कर रह गयी है। यही वजह है कि कश्मीर की आजादी के नाम पर जहाँ अंतर्राष्ट्रीय मंचों पर शोर और दबाव बनाया जाता है, वहीं दूसरी ओर उत्तराखंड की महिलाओं पर बरपाये गये राज्य-प्रायोजित आतंक के लिए सरकार को किसी राष्ट्रीय-अंतर्राष्ट्रीय मंच पर कोई जवाबदेही महसूस नहीं होती। यह महज एक उदाहरण है। क्योंकि जवाबदेही नहीं है, इसलिए आज दुनिया के सभी मुल्कों में स्त्रियों के मानवाधिकारों की बेशर्म और बर्बर तरीके से अवहेलना की जाती है। बल्कि उन्हें मानवाधिकारों के दायरे से ही बाहर रखा जाता है।

संयुक्त राष्ट्र विकास कार्यक्रम (यू.एन.डी. पी.) की मानव विकास रिपोर्ट-1995 में पहली बार मानव विकास सूचकांक में महिला विकास के मानक भी जोड़े गये हैं। मानव विकास के तीन सूचकों—जीवन प्रत्याशा, साक्षरता और आय का स्तर में स्त्री की प्रगति के अलावा संसद और विधानमण्डलों तथा फैसला लेने की प्रक्रिया में स्त्रियों के प्रतिनिधित्व का 116 देशों में आकलन किया गया है। इस रिपोर्ट से यह बात मजबूती से उभर कर आयी कि आर्थिक विकास और स्त्री-पुरुष समानता में वैसा सापेक्ष संबंध नहीं है, जैसा आम तौर पर समझा जाता है। क्यूबा और चीन जैसे देशों में, जहाँ स्त्रियों को शिक्षा और स्वास्थ्य के क्षेत्रों में समान अवसर सुलभ हुए, प्रतिव्यक्ति आय कम होने के बावजूद स्त्रियों के समग्र विकास की गति संतोषजनक रही है। वास्तव में किसी समाज में स्त्रियों की दशा शक्ति-संरचना और प्रभु वर्गों की मनोवृत्ति पर निर्भर करती है। जब तक सामंती प्रवृत्तियों को तोड़ कर सामाजिक ढाँचे को लोकतांत्रिक नहीं बनाया जायेगा, स्त्री के लिए एक खुला जीवन सुनिश्चित नहीं किया जा सकता।

यह एक जानी-मानी बात है कि अत्याचार—वे चाहे राज्य की ओर से हों या संपन्न प्रभुत्वशाली वर्गों की ओर से या फिर सामाजिक शक्तियों की टकराहट की वजह से—सबसे ज्यादा और प्रत्यक्ष रूप में स्त्रियों के जीवन में ही दिखाई देते हैं। विश्व स्तर पर मानवाधिकारों के उल्लंघन के सबसे ज्यादा मामले यौन भेद और यौन हिंसा से जुड़े हैं। यूनिसेफ की एक रिपोर्ट बताती है कि हर साल 10 लाख से ज्यादा बालिकाएँ सिर्फ इसलिए मर जाती हैं या मारी जाती हैं कि वे उस वर्ग में जन्म ले रही हैं जिसे मनुष्य से एक दरजा नीचे का माना जाता है। एमनेस्टी

की रिपोर्ट के मुताबिक ही अफ्रीका के लगभग 20 देशों, मध्य-पूर्व एशिया और यूरोप के निकटवर्ती इलाकों में सुन्नत की तर्ज पर लड़की के गुप्तांगों को विकृत कर देने की प्रथा आज भी जारी है। स्त्री के शरीर के साथ किये जानेवाले इस क्रूर बरताब के पीछे तर्क यह दिया जाता है कि इस्लाम में धार्मिक कारणों से इसे जरूरी माना गया है। स्त्रियों को यौन सुख से वंचित करने के लिये अथवा उनका कौमार्य बनाये रखने के लिए इन देशों में हर साल लगभग 20 लाख बच्चियों या स्त्रियों को इस यातना से गुजरना होता है। चिंताजनक बात तो यह है कि आज के डॉक्टर और नर्स भी इसमें शामिल हैं, जबकि स्वयं विश्व स्वास्थ्य संगठन एक लंबे अरसे से इसके खिलाफ मुहिम चला रहा है। औरत के साथ किये जानेवाले भेदभाव की गंभीरता देखने के लिए विश्व-परिदृश्य पर एक उड़ती नजर डालें, तो पता चलता है कि समानता और स्वतंत्रता की सुनहरी शब्दावलियाँ गढ़ने में माहिर संयुक्त राष्ट्र संघ के प्रशासन तंत्र में भी स्त्रियों की भागीदारी सिर्फ 15 फीसदी ठहरती है। साथ ही दुनिया के अव्वल माने जानेवाले 96 देशों के विधानमण्डलों में उन्हें अभी तक सिर्फ 10 फीसदी जगह ही मिल पायी है।

इन सभी घटनाओं का संबंध मानवाधिकारों के उस पक्ष से है, जो बेशुमार आँकड़ों में नजर आता है। शोषण और भेदभाव का भीतरी और खतरनाक रूप समाज की शक्ति-संरचना से उपजता है, जो कदम-कदम पर औरत के आत्मविश्वास को हिलाने की कोशिश करती है। उसे हीन बनाने पर तुली रहती है। घरेलू मोर्चे पर देखें तो भारत और बाँग्लादेश से ले कर दुनिया के सबसे अगड़े माने जानेवाले अमेरिका जैसे देश में भी औरतें हमेशा घरेलू पिटाई का शिकार होती हैं या उसकी आशंका से आतंकित रहती हैं। पारिवारिक और सामाजिक सत्ता हर छोटे-बड़े मसले में औरत के सोच की उपेक्षा करती है। इसके साथ ही राज्य के अधिकारी वर्ग, पुलिस और कानून द्वारा भी स्त्री के साथ जो भेदभाव और दुर्व्यवहार किया जाता है, वह औरत को सभी प्रकार के अपमान और अनाचार को चुपचाप सहने के लिए विवश करता है। सवाल पूछने और गलत चीजों का विरोध करने के सहज मानवीय हक पर पाबंदी लगा कर स्त्री की सामान्य बुद्धि को इतना कुंठित कर दिया जाता है कि जरा-सा भी साहस कर सकनेवाली स्त्री को अन्य स्त्रियाँ ही हिकारत की नजर से देखने लगती हैं। और, इन सबके बीच बालिका भ्रूण हत्या, सती प्रथा, दहेज, बाल विवाह, विधवाओं से दुर्व्यवहार, लड़कियों की शिक्षा, स्वास्थ्य और पोषण की उपेक्षा, बलात वेश्यावृत्ति और यौन शोषण के अन्य रूप स्त्री के जीवन को अभिशप्त बनाये रहते हैं।

संतुलित मानवीय जीवन के लिए जरूरी पोषण, स्वास्थ्य और शिक्षा के संदर्भ में स्त्रियों के प्रति उपेक्षा और दोयम दरजे का व्यवहार किया जाता है। इन सब मामलों में बेटा, पति और पिता की अधिकतम जरूरतों को पूरा करने के बाद

जो कुछ बचता है, वह स्त्री के हक में आता है। हालाँकि पिछले 30-40 साल में स्त्रियों को शिक्षित करने के लिहाज से समाज थोड़ा आगे बढ़ा है, लेकिन दृष्टिकोण यह रहता है कि स्त्री की शिक्षा स्वयं उसके लिए नहीं, पुरुष के लिए जरूरी है। अगर स्त्री उच्च शिक्षा प्राप्त कर अपने पैरों पर खड़ी हो जाती है, तब भी ठीक है, वरना उसे उतना ही पढ़ाना चाहिए जितना कि पुरुष सदस्य जरूरी समझें। शिक्षा और स्त्री को नौकरीपेशा बनने की स्वीकृति भी शायद नहीं मिलती, अगर आधुनिक जीवन के आर्थिक और अन्य दबावों ने अकेले पुरुष के लिए घर चलाना मुश्किल न कर दिया होता।

यह एक साथ वैज्ञानिक विकास और सांस्कृतिक दरिद्रता का युग है। मनपसंद संतान, जो कि अनिवार्यतः लड़का चाहने की लालसा होती है, को संभव बनानेवाले उत्तर-आधुनिक तरीकों की जानकारी घर-घर पहुँच चुकी है। इसने भारत, पाकिस्तान और बाँग्लादेश जैसे विकासशील देशों में बालिका भ्रूण की हत्या जैसे अमानवीय कृत्य को बेतहाशा बढ़ा दिया है। पाकिस्तान नाभिकीय अस्त्र बना लेने का दावा करता है। इस तरह वह उच्च तकनीक संपन्न होने का दंभ कर सकता है। लेकिन उसी समाज में शरीअत के कबायली कानून भी सरकारी संरक्षण में जिंदा हैं। वहाँ आज भी दो महिलाओं की गवाही एक पुरुष के बराबर मानी जाती है। पाकिस्तानी जेलों में 70 फीसदी महिला कैदी ऐसे अपराधों के लिए सजा काट रही हैं, जिन्हें पुरुषों के संदर्भ में अपराध ही नहीं माना जाता । विज्ञान और तकनीकी के अपरिमित विकास और उसके सापेक्ष सामाजिक ढाँचे के बीच की इस खाई का स्त्री के जीवन अधिकारों से सीधा संबंध है। गर्भ की पूर्व-जाँच की जिस तकनीक का उद्देश्य चिकित्सीय पूर्वोपाय था, भारतीय समाज उसका दुरुपयोग अपने सामंती मूल्यों को मजबूत करने के लिए कर रहा है। पुत्र पाने की आतुरता में बालिका भ्रूण की बेधड़क हत्या की जा रही है और परिणाम यह है कि भारत में स्त्री-पुरुष अनुपात बड़ी तेजी से घट रहा है। आज प्रति हजार पुरुषों पर भारत में सिर्फ 928 स्त्रियाँ हैं।

सूचना परिदृश्य में भी यही प्रवृत्ति देखी जा सकती है। सूचना का फैलाव तो बढ़ा है, लेकिन उसके रूप और गुण पर सामंती प्रवृत्तियों की ही जकड़ है। हमारे टेलीविजन पर व्यवस्था से सवाल करनेवाली गार्गी और मैत्रेयी नहीं, बल्कि चुपचाप रह कर समर्पण करनेवाली सीता का महिमामंडित रूप आता है। टीवी विज्ञापन उपभोक्तावादी समाज को जिंदा रखने के सफल टॉनिक हैं। इन विज्ञापनों में स्त्रियों को अत्यंत सक्रिय और सुंदर-सुगढ़ रूप के साथ पेश किया जाता है। सफल पत्नियाँ, गृहिणियाँ, कैरियरिस्ट, सुंदर-सैक्सी आदि-आदि कुल मिला कर उन्हें किसी न किसी कंपनी की एजेंट की भूमिका में ही पेश किया जाता है। इससे आम स्त्रियों पर एक किस्म का सामाजिक दबाव बनता है कि वे अपनी पहचान

विज्ञापन में दिखायी जानेवाली उसी वस्तुरूपी स्त्री से करें। बंबइया फिल्में भी स्त्री की जो छवि पेश करती हैं, वह अलोकतांत्रिक और पितृसत्तावादी मूल्यों पर आधारित होती है, जिसमें या तो वह नायक के जीवन की सजावटी वस्तु की तरह होती है या फिर उसकी सार्थकता उसके मिटने में ही दिखाई जाती है—भले ही वह शारीरिक स्तर पर हो या मानसिक स्तर पर हो। इस तरह स्त्री के प्रति वर्तमान समय और समाज की जीवन दृष्टि में कोई बुनियादी फर्क नहीं आया है। एक ओर तो उससे अपेक्षाएँ बदली नहीं हैं और दूसरी ओर आर्थिक जीवन पर पड़नेवाले निरंतर दबावों और बढ़ती हुई भौतिकता की माँग यह है कि स्त्री भी अनिवार्यतः उत्पादक व्यवस्था का अंग बने ही। इन अंतर्विरोधों और दोहरे पैमानों के दबाव में स्त्री आत्महत्या का रास्ता भी चुनती है। भारत में ही हर 20 वीं औरत जीवन की किसी न किसी अवस्था में आत्महत्या करने की कोशिश करती है।

कहा जा रहा है कि भूमंडलीकरण की प्रक्रिया जिस तरह की समृद्धि को जन्म देगी, उससे अन्य कमजोर हिस्सों के साथ-साथ औरत की दशा में भी फर्क आयेगा। लेकिन भूमंडलीकरण के नारे के तहत तीसरी दुनिया के देशों में ढाँचागत समायोजन से जो आर्थिक मंदी और बेकारी बढ़ी है, उससे तो यही लगता है कि उसने इन देशों के कमजोर उपेक्षित समाज को और हाशिये पर धकेल दिया है। स्त्रियाँ भी इसी वर्ग में आती हैं। ढाँचागत समायोजन के तहत बहुराष्ट्रीय और निजी कंपनियों को मिली खुली छूट से मजदूरों की भारी छँटनी हुई है और कृषि, पशुपालन और मछली मारने जैसे प्राथमिक व्यवसायों पर आधुनिक तकनीकी और उपकरण हावी हो गये हैं। स्त्रियों पर इसका दोहरा असर पड़ा है। एक तो घर-परिवार के पुरुषों के बीच बेकारी बढ़ी है और दूसरे, अर्थव्यवस्था के जिस असंगठित क्षेत्र में स्त्रियों की अधिकतम भागीदारी थी, वहाँ अकुशल श्रम के लिए जगह लगातार कम होती गयी है।

आय और मुनाफे को अधिकतम करने की विश्वव्यापी जिद में प्राकृतिक संसाधनों के दोहन ने स्त्री और प्रकृति के पारस्परिक रिश्ते को बिगाड़ा है। विकास की भूलों को सुधारने के लिए क्या हमें एक ऐसा वैकल्पिक ढाँचा नहीं बनाना चाहिए, जो स्त्रीपरक हो, उनके साथ न्याय करता हो ? एक ऐसा ढाँचा, जिसमें बजट की प्राथमिकताएँ सेना और हथियार न हो कर स्वास्थ्य, शिक्षा और मानव विकास हो। बड़े-बड़े उद्यमों और नकदी खेती को बढ़ावा देनेवाले पूँजी-प्रधान नियोजन की जगह श्रम-प्रधान नियोजन हो। लघु और कुटीर उद्योगों और ऐसे सहकारी निकायों की स्थापना की जाये जिनके प्रबंधन में महिलाओं का बहुमत हो। सामाजिक सुरक्षा कार्यक्रमों गरीबी, बेकारी-उन्मूलन, आवास, साफ-सफाई और बीमा जैसे मदों में ज्यादा निवेश किये जायें। इस तरह से छोटे-छोटे स्तरों, स्थानीय आवश्यकताओं के अनुरूप योजना बना कर, उत्पादन के साधनों के संतुलित

उपयोग द्वारा ही विकास का एक सर्वस्वीकृत और टिकाऊ आधार खड़ा किया जा सकता है। इसमें शायद स्त्री अपने अधिकतम मानवाधिकारों के साथ उपस्थित दिखाई दे।

इस बात का समर्थन नृजातीय अध्ययन भी करते हैं कि जहाँ-जहाँ स्त्री के हाथ में संसाधन-प्रबंधन है और विकास के साधनों पर उसका अधिकार है, वहाँ की विकास-संरचना पर्यावरण के साथ साहचर्य बनाये हुए है। अफ्रीका के जिन कबायली समाजों में कृषि और खाद्य संग्रहण महिलाओं की जिम्मेदारी है, वहाँ की जैव विविधता बनी हुई है और पर्यावरण को विनाश नहीं पहुँचा है। हमारे देश का चिपको आंदोलन भी यही सबक देता है। गढ़वाल क्षेत्र की स्त्रियों ने पेड़ों को बचाने और साधनों के स्थानीय उपयोग के लिए लड़ाई लड़ी। वहाँ न तो नारी मुक्ति और न ही अंतर्राष्ट्रीय बहनापे का नारा पहुँचा था, फिर भी अगर एक स्त्रीपरक आंदोलन सफल हो सका, तो इस वजह से कि वह स्थानीय मसलों को ले कर चला।

यह तर्क दिया जा सकता है कि समग्रता और अंतर्राष्ट्रीय मनुष्य बिरादरी के संदर्भ में स्थानीयता की बात करना और स्त्रियों के अधिकारों के सवाल को एक पृथक मानवीय मुद्दा मानना मानवाधिकार संघर्ष को कमजोर करना होगा। लेकिन देशज संदर्भों की अवहेलना कैसे की जा सकती है ? उदाहरण के लिए अमेरिका में पुरुषवादी वर्चस्व को तोड़ने के लिए साक्षरता कोई चुनौती नहीं होगी, जबकि भारत के पितृसत्तावादी ढाँचे को तोड़ने के लिए शिक्षा का प्रसार पहली शर्त है। इसी तरह जाति प्रथा और ब्राह्मणवाद के मुद्दे भी हैं। नारी मुक्ति आंदोलन के सीमित रूप में प्रभावशाली रहने की बुनियादी वजह यही रही कि वह स्थानीय संदर्भों से नहीं जुड़ सका। भारत जैसे देश के गाँव-देहातों और आदिवासी समाज की औरतों के लिए दांपत्य संबंधों में समानता का कथित संघर्ष, उतना जरूरी नहीं था, जितना कि शिक्षा, स्वास्थ्य, पोषण, उत्पादक साधनों तक पहुँच और वित्तीय अधिकार से संबंधित रोजमर्रा के मसले। इसके लिए जातिवाद और परिवारवाद के दुराग्रहों को दूर करना जरूरी था। नारी मुक्ति आंदोलन की पकड़ में ये बुनियादी मुद्दे नहीं आये।

अमेरिका में कुछ समय से 'जड़ों की ओर लौटने' का आग्रह जारी है। 60-70 के दशक का उग्र और पुरुष विरोधी नारीवाद घर-वापसी का पक्षधर है। उनका कहना है कि घर से बाहर निकल कर काम करने की जोखिम उठाने के बावजूद उन्हें मुक्ति नहीं मिली और दूसरी ओर उन्हें मातृत्व जैसे सहज स्त्री सुखों से वंचित होना पड़ा है। औरत की स्थिति की बेहतरी के लिए शुरू हुई यह लड़ाई उसे एक प्रति-पुरुष बनाने की राह पर ले गयी। घर से बाहर भी पुरुषों का वर्चस्ववादी ढाँचा इतना कठोर था कि उसने औरत को बराबर नहीं माना । इससे सबक लेते

हुए यह जरूरी है कि स्त्री के विकास की लड़ाई को सामाजिक सरोकारों से जोड़ा जाये।

समाज में फैल रहा सभी प्रकार का आतंक, दहशत, भय, दंगे और जातीय संघर्ष स्त्रियों को और बेबस और असहाय बना देता है। किसी भी किस्म का संघर्ष हो, आक्रमणकारी सदैव प्रतिरोधी समाज की स्त्री पर हमले करता है, जिससे कि उसके मूल को ही नष्ट किया जा सके। हर्जेगोबिना और रवांडा से आ रही खबरें स्त्रियों के यौन शोषण के चौंकानेवाले आँकड़े दे रही हैं। न केवल आततायी, बल्कि सुरक्षा सैनिक भी उन्हें अपनी हवस का शिकार बना रहे हैं। इन देशों की स्त्रियों ने अन्य जिन देशों में शरण ली है, वहाँ भी उनका उतना ही खुला यौन शोषण हो रहा है। यह बेबसी सिर्फ रवांडा और हर्जेगोबिना की स्त्रियों की नहीं है, बल्कि उन सभी स्त्रियों की है, जो शरणार्थी हैं। समस्या की गंभीरता इस बात से भी समझी जा सकती है कि युद्ध से होनेवाले विस्थापन के शिकार दुनिया भर के शरणार्थियों में 80 फीसदी औरतें और बच्चे हैं। बलात्कार स्त्री के खिलाफ इस्तेमाल किया जानेवाला सबसे क्रूर हथियार है। अवांछित गर्भाधान, शारीरिक पीड़ा के साथ इसका परिणाम मृत्यु तक हो सकता है। यह स्त्री को आजीवन हीनता और कुंठा का पात्र बना कर उसके आत्मविश्वास को पूरी तरह तोड़ देता है।

स्त्री अधिकारों को ले कर सुलझे हुए चितंन और ठोस काम किये जाने की जरूरत हे। असंगत भूमंडलीकरण की कोशिशों के मद्देनजर स्थानीय अस्मिता के सवाल को और मजबूती से उठाया जाना चाहिए। स्त्री अधिकार का सीधा संबंध जीने के अधिकार से है, इसलिए इसे खेत-जमीन, पर्यावरण संरक्षण तथा मजदूर आंदोलनों से जोड़े जाने की जरूरत है। साथ ही नाइंसाफी से सुरक्षा के लिए स्त्री को एक अलग वर्ग के रूप में माना जाये तथा नीति निर्माण तथा नियोजन में इसका ध्यान रखा जाये। अंतर्राष्ट्रीय और स्थानीय स्तरों पर एक गैर-सरकारी स्त्री आयोग बने, जो निगरानी और दबाव-समूह का काम करे। प्रशासन और पुलिस जहाँ न्याय दिलाने में अक्षम साबित हों, वहाँ यह आयोग न्याय प्रक्रिया में सीधा हस्तक्षेप कर सके। इसके साथ ही राजनीतिक और आर्थिक फैसलों की प्रक्रिया में औरत की भागीदारी को सुनिश्चित करना बहुत जरूरी है। पुरुष की सत्तावादी मनोवृत्ति के खिलाफ स्त्री को मनुष्य का दरजा दिलाने की इस लड़ाई में अनेक जटिलताएँ होंगी, क्योंकि यह समाज और व्यवस्था से बाहर आ कर नहीं लड़ी जा सकती, बल्कि इसे व्यवस्था के भीतर रह कर ही लड़ा जाना है। स्त्री के मानवाधिकारों की लड़ाई का लक्ष्य स्त्रियों को प्रति-पुरुष में तब्दील करना नहीं, बल्कि स्त्री और पुरुष के बीच अधिकतम समानता पर टिके ऐसे समाज की रचना करना है, जहाँ स्त्री पुरुष से एक दरजा नीचे रहने के दर्द से स्थायी रूप से मुक्त हो सके।

अस्पृश्य किस देश के नागरिक हैं

धर्मवीर

एक

संयुक्त राष्ट्र संघ की महासभा ने 'मानव अधिकारों की सार्वभौम घोषणा' करते हुए उसकी उद्देशिका लिखने के बाद उसके अनुच्छेद 4 में लिखा था—'किसी भी व्यक्ति को दास या गुलाम नहीं रखा जायेगा, सभी प्रकार की दासता और दास-व्यापार प्रतिषिद्ध होगा।'[1] महासभा ने ऐसा उद्घोषित कर मानव जाति में पुराने जमाने से चली आ रही एक बड़ी बुराई के खिलाफ जिहाद छेड़ा है। वास्तव में दास प्रथा में मनुष्य का मनुष्य द्वारा उत्पीड़न होता है तथा दास व्यापार में मनुष्य का मनुष्य पर अत्याचार होता है। महासभा ने इसके रक्षा-उपाय में यह चेतावनी भी दी थी कि यदि मनुष्य के इन अधिकारों की कानून द्वारा प्राप्ति नहीं करायी गयी, तो इसके भयंकर परिणाम निकल सकते हैं। उसने इन 'मानव अधिकारों की सार्वभौम घोषणा' की उद्देशिका में लिखा था—'यदि मनुष्य को अत्याचार और उत्पीड़न के विरुद्ध अन्तिम अस्त्र के रूप में विद्रोह का अवलम्ब लेने के लिए विवश नहीं किया जाना है, तो यह आवश्यक है कि मानव अधिकारों का संरक्षण विधि सम्मत शासन द्वारा किया जाना चाहिए।'[2] साथ ही, महासभा ने मानव अधिकार अन्तर्राष्ट्रीय प्रसंविदा में अपने संकल्प को अंगीकृत करते हुए तथा उसमें आर्थिक, सामाजिक और सांस्कृतिक पहलुओं का उपबन्ध जोड़ते हुए उसकी उद्देशिका में इसका तर्क बताया था कि 'इस प्रसंविदा के पक्षकार राज्य...यह मान कर कि ये अधिकार मानव देह की अन्तर्निहित गरिमा से व्युत्पन्न है',[3] इन अनुच्छेदों का करार करते हैं। देखा जा सकता है कि 'मानव अधिकारों की सार्वभौम घोषणा' के अनुच्छेद 4 के नजदीक भारत के संविधान में भी मूल अधिकारवाले अध्याय के अनुच्छेद 23(1) में इस प्रकार प्रावधान रखा गया है—'मानव का दुर्व्यापार और बेगार तथा इसी प्रकार का अन्य बलात श्रम प्रतिषिद्ध किया जाता है और इस उपबन्ध का कोई भी उल्लंघन अपराध होगा जो विधि के अनुसार दंडनीय होगा।'[4]

हुआ यों था कि तब तक दास प्रथा और दास व्यापार विश्व की समस्या

बन चुके थे। विश्व की कई नस्लें और राष्ट्र दास प्रथा के विरोध में लड़ रहे थे। अमेरिका में इस प्रथा को समाप्त करने के लिए गृहयुद्ध भी लड़ा जा चुका था। इस पृष्ठभूमि और उसकी जानकारी के कारण मानव समाज का यह एक खास मुद्दा था। लेकिन भारतीय समाज में एक इससे भी ज्यादा घिनौनी प्रथा कायम थी, परन्तु उसकी अन्तर्राष्ट्रीय स्तर पर पहचान नहीं हो सकी थी। यहाँ जो स्वतंत्रता के लिए आन्दोलन चल रहा था। वह अंग्रेजों से राजनीतिक स्वतंत्रता हासिल करने के लिए था।उस समय तक विश्व समुदाय को यही पता था कि भारत ब्रिटेन से अपनी राजनीतिक आजादी की लड़ाई लड़ रहा है। उस समय के मानव चिन्तकों को यह पता नहीं था कि भारत में ब्रिटेन की गुलामी से स्वतंत्र होने के बाद भी एक और सामाजिक गुलामी बची रह सकती है, जो दास व्यापार से भी अधिक खतरनाक है।

भारत में यह कौन-सी बुराई है, जो दास प्रथा से भी अधिक खतरनाक और घिनौनी है ? एक शब्द में बताया जाये कि यह अस्पृश्यता है। असल में भारत के तत्कालीन हिन्दू राजनीतिक योद्धा और वेदान्त के दार्शनिक विद्वान विदेशी मंचों पर अपनी इस बुराई को छिपाया करते थे। वे विदेशों में अपनी स्वतंत्रता की लड़ाई पर क्रान्तिकारी और गंभीर भाषण दिया करते थे, लेकिन मन में इस बात से डरे रहते थे कि कोई उनसे हिन्दुओं में फैली हुई अस्पृश्यता के बारे में सवाल न पूछ बैठे। इस सवाल के पूछे जाने पर उन्हें बेहद बेचैनी होती थी, क्योंकि इसका उनके पास कोई जवाब नहीं था। एक केवल बाबा साहेब डॉ. आम्बेडकर थे, जिन्होंने अवसर मिलने पर इस समस्या को अन्तर्राष्ट्रीय मंच पर उठाया था। संयोग से उन्हें 1942 में इन्स्टीट्यूट ऑफ पैसिफिक रिलेशन्स के चेयरमैन की तरफ से भारत के अछूतों की समस्या पर कनाडा के क्यूबेक के मान्ट ट्रमबलेन्ट में होनेवाली कान्फ्रेंस में एक पेपर पढ़ने के लिए आमंत्रित किया गया था। बाद में उन्होंने अपना यह पेपर 'मिस्टर गांधी एण्ड दि एमेन्सिपेशन ऑफ दि अनटचेबल्स' शीर्षक से पुस्तिका के रूप में अलग से छपवाया था। इसमें बाबा साहब ने विश्व समुदाय को बताया था कि भारत में अछूतों की मुसीबतें विश्व में अन्यत्र नीग्रो और यहूदियों की मुसीबतों से कम कठिन नहीं हैं। उन्होंने चाहा था कि साम्राज्यवाद और नस्लवाद से लड़ते समय विश्व के चिन्तक अस्पृश्यता से लड़ना न भूल जायें।[5] इधर बाबा साहब ने भारत में भी अस्पृश्यता की इस समस्या को पूरे राजनीतिक स्तर पर उठा दिया था। उन्होंने एक तरह से अछूतों की माँ बन कर शोर मचा दिया था कि मेरे बेटे खा लिये गये हैं। उनकी आवाज को दबाने के लिए उस समय के कट्टरपंथी और उदारवादी हिन्दुओं के दोनों वर्गों ने पूरी कोशिश की थी, लेकिन बाबा साहब अपने काम में सफल हो कर रहे। उनके इसी दबाव के कारण भारत के संविधान के अनुच्छेद 17 में 'मानव अधिकारों की सार्वभौम घोषणा' से

अधिक और अलग तथा उनमें एक नया आयाम जोड़ते हुए लिखा गया, जो इस प्रकार है—' 'अस्पृश्यता' का अन्त किया जाता है और उसका किसी भी रूप में आचरण निषिद्ध किया जाता है। 'अस्पृश्यता' से उपजी किसी निर्योग्यता को लागू करना अपराध होगा, जो विधि के अनुसार दंडनीय होगा।'[6]

यहाँ बताया जा सकता है कि अस्पृश्यता का नाश मानव अधिकारों से जुड़ा हुआ है। इसे भारत के संविधान के 'मूल अधिकार' वाले अध्याय में रखा गया है। साथ ही अस्पृश्यता का भुक्तभोगी हमेशा व्यक्ति होता है, लेकिन उसके साथ ऐसा बरताव उसकी व्यक्तिगत बुराइयों के कारण नहीं, बल्कि उसके अछूत समुदाय का सदस्य होने के नाते किया जाता है। और चूँकि किसी व्यक्ति का अपने जन्म पर अधिकार नहीं है, इसलिए एक अछूत का द्विज हिन्दुओं की कुदृष्टि से बचना संभव नहीं है। साथ ही हर दृष्टि से अस्पृश्यता मनुष्य की अन्तर्निहित गरिमा के खिलाफ पड़ती है। जो लोग भगवान को मानते हैं, अब वे इसे भगवान का अपमान मानने पर मजबूर हुए हैं; जो खुद को धार्मिक कहते हैं, वे इसे अब पाप कहने लगे हैं; और जिन्हें अछूतों की बजाय हिन्दू धर्म को बचाने की ज्यादा चिन्ता रहती है, वे लोग इसे हिन्दू धर्म पर कलंक कहने के लिए विवश हुए हैं। लेकिन द्विजों में कई लोग ऐसे हैं, जो अस्पृश्यता के व्यवहार को आज भी जायज मानते हैं और पुस्तकों में लिख कर इसकी खुली वकालत करते हैं। एक तरह से, उनके लिए इसके प्रचार पर कोई रोक नहीं है।

दो

समस्या को सही-सही समझने के लिए अस्पृश्यता की परिभाषा पर आया जाये। अस्पृश्यता की यह परिभाषा बाबा साहब डॉ. आम्बेडकर के समय में तय की गयी थी। मुश्किल यह रही थी कि उस समय के दिग्गज द्विज चिन्तकों द्वारा इसकी एक स्पष्ट और निश्चित परिभाषा भी नहीं बनने दी जा रही थी। सच्चाई यह थी कि अस्पृश्यता के बारे में डॉ. आम्बेडकर के लिए कुछ भी नया और अजाना नहीं था और जो अछूतों के प्रति छुआछूत बरतते थे, उनके लिए भी इसमें कोई नयी बात नहीं थी। हिन्दू समाज के मन-मस्तिष्क और व्यवहार में अस्पृश्यता की पहचान बड़ी सीधी-सादी थी। लेकिन डॉ. आम्बेडकर को एक राजनेता के रूप में अस्पृश्यता की परिभाषा निश्चित करवाने में अपने विरोधियों के कड़े विरोधों और चेतावनियों का सामना करना पड़ा। जब डॉ. आम्बेडकर ने अछूतों के प्रतिनिधित्व की बात राजनीति और प्रशासन के स्तर पर हिन्दुस्तान और विश्व भर में उठायी, तो उनके विरोधी राजनेताओं ने अस्पृश्यता की एक सर्वमान्य परिभाषा खड़ी करने में अनेक रुकावटें खड़ी कर दीं। विरोधियों का तर्क था कि वही व्यक्ति पूर्ण रूप

से अस्पृश्य माना जाये, जो छुआ न जा सके, देखा न जा सके और जिसके नजदीक तक पहुँचा न जा सके। अस्पृश्यता की ऐसी कठिन परिभाषा बना कर उनके विरोधी अछूतों की जनसंख्या कम करना चाहते थे, ताकि कम जनसंख्या के कारण प्रतिनिधित्व का प्रतिशत भी कम रह जाये। लेकिन डॉ. आम्बेडकर ने साउथबोरो समिति के सामने अपना लिखित साक्ष्य प्रस्तुत करते समय 1919 में ही अस्पृश्यता की परिभाषा देते हुए लिखा था—'निर्वाचन के उद्देश्य के लिए 'अछूत' की यह परिभाषा कि यह वह व्यक्ति है, जिसके छूने से धर्म भ्रष्ट हो जाता है, पर्याप्त रूप से एक संतोषजनक परिभाषा है।'[7] इसकी अधिक विस्तृत परिभाषा के लिए उन्होंने 1901 की जनगणना में उत्तर प्रदेश की जनगणना रिपोर्ट को भी आधार माना था। उन्होंने इस रिपोर्ट के निम्न वाक्य अपने पक्ष में उद्धृत किये थे—'अस्पृश्य जातियों के साथ जुड़ी सामाजिक अशुचिता का अर्थ यह निकलता है कि उच्च जाति का आदमी किसी अस्पृश्य से भोजन या पानी नहीं लेगा और यदि वह ऐसे व्यक्ति से छू जाता है या उसके निकट सम्पर्क में आ जाता है, तो उसे भोजन लेने से पहले उच्च जातियों के अन्य लोगों से मिलने से पहले अपने हाथ अवश्य धोने चाहिए।'[8]

डॉ. आम्बेडकर के अनुसार अस्पृश्यता का मनु के धर्म से गहरा संबंध है। वे बताते हैं कि मनु ने अपनी सामाजिक व्यवस्था में केवल चार वर्ण ही माने हैं। ये ब्राह्मण, क्षत्रिय, वैश्य और शूद्र हैं। इनमें मनु ने पाँचवें किसी भी वर्ण के होने की मनाही की है। डॉ. आम्बेडकर मनु के बारे में लिखते हैं—'मनु अस्पृश्यों को हिन्दू सामाजिक व्यवस्था से बाहर रखना चाहते हैं। यह इसी बात से सिद्ध हो जाता है कि उन्होंने अस्पृश्यों को किस नाम से पुकारा है। उन्होंने अस्पृश्यों को 'वर्ण-बाह्य' कहा है।[9]' यह केवल डॉक्टर आम्बेडकर थे, जो हिन्दुओं के प्राचीन धार्मिक साहित्य में से पहली बार यह खोज कर सामने लाये कि उसमें अस्पृश्यता का जन्म किस जगह है। इसके लिए उन्होंने मनुस्मृति में से 8 और विष्णु स्मृति में से 2 श्लोक विशेष रूप से उद्धृत किये हैं। ये 10 श्लोक वर्ण व्यवस्था से बाहर अस्पृश्यों के जन्म और उनके पेशों के बारे में बताते हैं। ये इस प्रकार हैं [10]:

1. ब्राह्मण, क्षत्रिय, वैश्य और शूद्र—इन चार वर्णों से बाहर जितने लोग हैं, वे चाहे म्लेच्छ भाषा बोलते हों या आर्य भाषा बोलते हों, वे सब दस्यु कहलाते हैं।[11]
2. ये गाँव की सीमा पार के वृक्ष समूहों के नीचे, श्मशानों में, पर्वतों और वनों में अपने अलग-अलग पेशों के अनुसार जीवन निर्वाह करते हैं।[12]
3. लेकिन चाण्डाल और श्वपच, ये दोनों गाँव के बाहर बसें। ये बरतन आदि से वंचित हैं और इनका धन कुत्ते और गधे हैं।[13]

4. उनके कपड़े मुर्दों के हों, वे टूटे-फूटे बरतनों के भोजन करें, उनके आभूषण लोहे के हों और वे सदा घुमक्कड़ जीवन व्यतीत करें।[14]
5. धर्मात्मा पुरुष इन लोगों के सम्मुख न पड़ें। इनका विवाह इन्हीं के परस्पर होता है और ये आपस में ही संबंध रखें।[15]
6. इनका भोजन दूसरों के अधीन है। इन्हें फूटे बरतन में अन्न दिया जाना चाहिए और ये लोग रात के समय गाँवों और शहरों में घूमने न आयें।[16]
7. ये लोग राजा की आज्ञा से अपनी जाति के चिह्न के सहित दिन में अपने कार्य के लिए जायें और जिस मृतक का कोई संबंधी न हो उस शव को ले जायें, यह शास्त्र का नियम है।[17]
8. ये लोग राजा की आज्ञा से शास्त्र विधि के अनुसार वध योग्य पुरुषों का वध करें और उन्हीं वैश्य पुरुषों के वस्त्र, शय्या और आभूषण ग्रहण करें।[18]
9. जो निम्न जाति की स्त्री के साथ संबंध रखता है, वह वध्य है।[19]
10. यदि कोई अस्पृश्य जानबूझ कर किसी सवर्ण को छूता है, तो ऐसा अस्पृश्य वध्य है।[20]

इस प्रकार के धार्मिक अध्ययन के बाद डॉ. आम्बेडकर अस्पृश्यता की और बारीक परिषाभा में चले जाते हैं। अब वे अस्पृश्यता की बाहरी परिभाषा भर नहीं देते जो उन्होंने 1919 में दी थी। अपनी बाद की पुस्तकों में उन्होंने अस्पृश्यता की भीतरी परिभाषा इस प्रकार दी है—'अस्पृश्यता आन्तरिक तिरस्कार की बाहरी अभिव्यक्ति है जो एक हिन्दू किसी निश्चित व्यक्ति के बारे में महसूस करता है।'[21] इस परिभाषा से हिन्दू का व्यवहार नहीं, बल्कि उसकी मानसिकता पकड़ी जाती है। व्यवहार में चालाकी भी खेली जा सकती है, लेकिन मानसिकता में छल-कपट के लिए ज्यादा स्थान नहीं रह जाता। मानसिकता में कोई व्यक्ति उसके छल-कपट समेत पकड़ा जाता है।

डॉ. आम्बेडकर ने अस्पृश्यता को अच्छी तरह से समझने के लिए इसकी अन्य समाजों में फैली इस तरह की प्रथाओं से तुलना भी की है। विश्व समाज में इस प्रकार के दों अन्य वर्ग गुलाम और यहूदी के हैं। परन्तु डॉ. आम्बेडकर ने स्पष्टता के लिए अपनी तुलना में इन दोनों वर्गों से अस्पृश्य के अन्तर बताये हैं। उन्होंने अस्पृश्य की गुलाम से तीन प्रकार से तुलना कर सिद्ध किया है कि अस्पृश्यता गुलामी से ज्यादा बुरी चीज है—

1. गुलामी कभी भी बाध्यकारी नहीं रही। लेकिन अस्पृश्यता हमेशा बाध्यकारी रही है। दासता में एक व्यक्ति दूसरे व्यक्ति को गुलाम बना कर रखने के लिए अनुमत रहता है। यदि वह ऐसा न करना चाहे, तो

उस पर कोई पाबन्दी नहीं है। लेकिन एक अस्पृश्य के पास कोई अन्य विकल्प नहीं है।

2. गुलामी के कानून ने गुलाम कों उसकी मुक्ति की स्वीकृति दी है। ऐसा नियम नहीं था कि कोई व्यक्ति यदि एक बार गुलाम हो गया, तो सदा गुलाम ही बना रहेगा। लेकिन अस्पृश्यता में इससे कोई बचाव नहीं है। मनुष्य एक बार अछूत पैदा हुआ, तो सदा के लिए अछूत हो जाता है।
3. अस्पृश्यता अप्रत्यक्ष है, इसलिए यह गुलामी का सबसे निकृष्ट रूप है। किसी मनुष्य की आजादी का खुला और प्रत्यक्ष हनन गुलामी का चिह्न है। इसमें गुलाम को अपनी गुलामी की याद रहती है और गुलामी के प्रति जागरूक रहना आजादी की लड़ाई में सबसे पहला और महत्त्वपूर्ण कदम है। लेकिन यदि एक व्यक्ति की स्वतंत्रता का हनन अप्रत्यक्ष रूप से किया जाता है, तो वह अपनी गुलामी के बारे में जानकार तक नहीं रहता। एक अछूत से यह कहना–'तुम स्वतंत्र हो, तुम एक नागरिक हो, तुम्हारे पास एक नागरिक के सारे अधिकार हैं' और उसके बन्धन इस प्रकार कसना कि वह इनमें से किसी एक की भी प्राप्ति न कर सके, एक खतरनाक और क्रूर धोखा है। यह अछूत को बिना उसकी गुलामी के प्रति जागरूक बना कर उसकी गुलामी है। यह गुलामी है, यद्यपि यह अस्पृश्यता है। यह वास्तविक है, लेकिन अप्रत्यक्ष है। यह सतत है और सह्य है, क्योंकि यह अचेत है।[22]

यहूदी से तुलना करने पर डॉ. आम्बेडकर ने बताया कि यहूदी समाज के दुःख अपने द्वारा पैदा किये हुए दुःख हैं, लेकिन अछूत समाज के सामाजिक दुःख ऐसे नहीं हैं।[23] वे लिखते हैं–'यहूदियों ने जन समुदाय के सदस्य बनने के बजाय अजनबी रहना पसन्द किया था।'[24] वे मानते हैं कि यहूदियों के समान अछूत भी हिन्दुओं से अलग हैं, लेकिन उनका यह अलगाव उनकी अपनी चाह नहीं है। डॉ. आम्बेडकर लिखते हैं–'अछूतों की यह पृथकता और अलगाव उनकी अपनी चाहत का परिणाम नहीं है। वे इसलिए दण्डित नहीं किये जाते कि वे मिलना नहीं चाहते। उलटे वे इसलिए दण्डित किये जाते हैं, क्योंकि वे हिन्दुओं के साथ एक रहना चाहते हैं।'[25] पहले देखा जा चुका है कि मनु के धर्म में इस बात के प्रत्यक्ष प्रमाण उपलब्ध हैं कि अछूतों को कोशिश कर हिन्दुओं से अलग रखा गया है। धर्मशास्त्रों के इन स्पष्ट आदेशों के सामने किसी प्रकार के सुधार की कोई गुंजाइश नहीं रह जाती। अछूतों को हिन्दुओं से पृथक रखने की सख्त धार्मिक हिदायतें दी गयी हैं। डॉ. आम्बेडकर लिखते हैं–'अछूत हिन्दू समाज के अंग नहीं हैं। यदि वे अंग भी हैं, तो एक अलग ही अंग हैं और किसी पूर्ण का कोई हिस्सा नहीं हैं।'[26]

तीन

दलितों की तरफ से अस्पृश्यता के नाश के लिए यह बात बहुत महत्वपूर्ण है कि अस्पृश्य कहे जानेवाले एक कौम के रूप में कौन हैं। उनकी नस्ल क्या है और उनका धर्म क्या है ? स्वयं बाबा साहब डॉ. आम्बेडकर को इस प्रश्न ने बहुत परेशान किया था। उन्होंने साइमन कमीशन के सामने अपने साक्ष्य में यह बात तोल कर कही थी कि 'हमें हिन्दू समुदाय का अंग नहीं समझा जाना चाहिए।'[27] एक जगह वे लिखते हैं—'अछूतों के लिए हिन्दू इस प्रकार के विदेशी लोग हैं जैसे उनके लिए यूरोप के लोग विदेशी हैं।'[28] उन्होंने इसी विचारधारा में आगे लिखा है—'ब्राह्मण हिन्दू समाज में एक विदेशी तत्व है। ब्राह्मण शूद्र और अछूत के सामने इस प्रकार विदेशी है, जैसे जर्मन फ्रांसीसियों के लिए, यहूदी गैर-यहूदियों के लिए और श्वेत लोग नीग्रो के लिए हैं। उसके तथा शूद्रों और अछूतों के दरम्यान एक वास्तविक गहरी खाई है।'[29] उन्होंने अपने विचारों को सार रूप देते हुए लिखा था—'हिन्दुओं ने आज तक अछूतों का तिरस्कार और अनादर किया है और उन्हें कभी अपना नहीं बनाया और यदि वे भिन्न नस्ल के नहीं हैं तो कम से कम भिन्न समाज के और घृणित तबके के लोग जरूर हैं।'[30] बाबा साहब ने गोल मेज सभा में अपने समुदाय के साथ हानेवाले हिन्दुओं के दुर्व्यवहार की भर्त्सना करते हुए कहा था—'हमारे साथ हिन्दुओं ने जो सलूक किया है, वह ऐसा सलूक है जो उन्होंने अन्य अहिन्दुओं के साथ भी नहीं किया है।'[31]

डॉ. आम्बेडकर द्विजों और दलितों के इस अन्तर के बारे में बताना जारी रखते हुए कहते हैं—'दलित वर्गों का अपना एक अलग समूह है, जो मुसलमानों से भिन्न और पृथक है और यद्यपि वे हिन्दुओं में शामिल किये जाते हैं, परन्तु वे हिन्दुओं में उस समुदाय के अभिन्न अंग नहीं हैं'[32] उन्होंने अपनी माँग इन जोरदार शब्दों में रखी थी—'हमारी माँग है कि हमें हिन्दू समुदाय से अलग और स्वतंत्र अल्पसंख्यक माना जाना चाहिए। हिन्दू समुदाय में सम्मिलित करने के कारण अब तक हमारा अल्पसख्यंकवाला चरित्र छिपाया गया है, लेकिन सच्चाई यह है कि दलित वर्गों और हिन्दू समाज में कोई संबंध नहीं है।'[33]

इसी कारण उन्होंने विश्व समुदाय के सामने अपनी आवाज इन सशक्त शब्दों में उठायी थी—'अछूत हिन्दुओं से अपने संबंध खत्म करने के लिए कृतसंकल्प हैं। वे हिन्दुओं से अपने किसी भी संबंध को तोड़ना चाहते हैं तथा हिन्दुओं से अपना पूर्ण विच्छेद चाहते हैं।'[34] इसे उन्होंने 'कम्प्लीट पार्टीशन' कहा था।

यहाँ कोई कह सकता है कि बाबा साहब डॉ. आम्बेडकर ने शूद्रों की उत्पत्ति के बारे में लिखा है कि 'शूद्र आर्य समुदायों के सूर्य वंश में से एक थे'[35] तथा

उन्होंने अछूतों की खोज करते हुए लिखा है कि 'हिन्दुओं और अछूतों में नस्लगत कोई भेद नहीं है।'[36] लेकिन उनकी इस बात को काटने की नहीं, बल्कि इसकी सम्यक व्याख्या करने की जरूरत है। बाबा साहब ने जो ये दो ऐतिहासिक खोजें की हैं, उन्हें तथ्य मानते हुए उनकी एक और नयी व्याख्या की जा सकती है। उस खोज में बाबा साहब डॉ. आम्बेडकर की पुस्तक 'हू वर दि शूद्राज ? हाउ दे केम टु बी दि फोर्थ वर्ण इन दि इन्डो-आर्यन सोसायटी' में आर्यों के जारपन की तथा उनकी दूसरी पुस्तक 'दि अनटचेबल्स : हू वर दे एण्ड व्हाइ दे बिकेम अनटचेबल्स ?' में आर्यों के बलात्कार की कहानियाँ हैं। इस जारपन और बलात्कार में यह और भी दुखदायी वास्तविकता है कि आर्यों ने अपनी वर्णसंकर और नाजायज जायज सन्तानों को आज तक नहीं अपनाया है। उनके शास्त्रों और स्मृतियों में बाकायदा अनुलोम और प्रतिलोम सन्तानों के नाम दिये गये हैं, लेकिन उन्हें प्यार और सम्मान नहीं दिया गया है। सच्चाई यह है कि शूद्रों में से कोई आर्य नहीं है और अछूतों में से कोई बौद्ध नहीं है, बल्कि ये दोनों ऐतिहासिक मुसीबतों के मारे हुए लोग हैं। इन्होंने आर्यों की नाजायज संतानें अपने घरों में अपनी कह कर पाली हैं। ये समुदाय आर्यों के जारपन और बलात्कार के जुल्म के सताये हुए हैं। इसी कारण नस्लों की मिलावट हो गयी है, जो अब बाबा साहब को या किसी अन्य विद्वान को खोपड़ियों की या दाढ़ी-मूँछों की नृवंशशास्त्रीय तुलना करने से अलग-अलग नहीं दीखती तथा इनके 'ए' और 'बी' के रक्त-समूह आपस में मिल गये हैं।

अगला प्रश्न यह है कि अस्पृश्यता के नाश को एक बार संविधान के अनुच्छेद 17 में लिख कर आगे क्या किया जा सकता है—अर्थात इसके लिए संघर्ष कैसे किया जाये ? उपाय में दलितों और द्विजों के दो रास्ते हैं और दोनों अलग-अलग रास्ते हैं। असल में, द्विजों के भी दो भाग हैं और वे दोनों अलग-अलग हैं। उनमें एक कट्टरपंथी है और दूसरा उदारवादी है। कट्टरपंथी इस बात को मानता ही नहीं कि अस्पृश्यता कोई बुरी चीज है। कट्टरपंथी चोर नहीं है, बल्कि खुले में कहता है कि अस्पृश्यता का बरताव उसके धर्मग्रन्थों में अनुमत है, इसलिए जरूरी है। लेकिन उदारवादी हिन्दू अस्पृश्यता को बुरी चीज कहता है और दलितों को आश्वासन देता है कि वह इसे समाप्त करवा देगा। ऐसी हालत में दलित व्यक्ति उदारवादी द्विज से कह सकता है कि पहले आप अपने कट्टरपंथी भाई को समझा लो, उसके बाद मुझसे कोई बात करना। यहाँ बताया जा सकता है कि गांधी जी स्वामी करपात्री को अस्पृश्यता के विरोधवाली अपनी बात समझा नहीं पाये थे तथा स्वामी करपात्री द्वारा पत्रों के माध्यम से बहस को जारी रखने के आग्रह के बाद भी वे बीच में मैदान छोड़ कर भाग गये थे।

यहाँ थोड़ा जाना जा सकता है कि हुआ क्या था। गांधी जी ने 24 जुलाई

1947 को स्वामी करपात्री को सम्बोधित अपने पत्र में लिखा था—'सनातन धर्म में अस्पृश्यता को कुछ भी स्थान नहीं है। अगर वह रही, तो मैं धर्म का नाश देखता हूँ।'[37] इसके उत्तर में स्वामी करपात्री ने दिनांक 25 जुलाई 1947 को गांधी जी को लिखे अपने पत्र में जवाब देते हुए लिखा था—'अनादि वेदशास्त्र सम्मत वर्ण व्यवस्था, विवाह संस्था, मंदिर मर्यादा और स्पर्शास्पर्श विवेक को कलंक कर कानून से नष्ट करना आवश्यक समझना...कितने आश्चर्य की बात है ?'[38] स्वामी करपात्री ने अपने इस पत्र में यह बात बहुत साफ कही थी कि 'पूर्वोक्त सिद्धान्तानुसार आप यह सब न मानें, तो भी जो मानें, उन्हें अपने विश्वासानुसार स्वतंत्रता होनी चाहिए।'[39] लेकिन गांधी जी ने स्वामी करपात्री के इस पत्र का कोई उत्तर नहीं दिया था।जतब उन्हें स्वामी करपात्री की ओर से चन्द्रशेखर शास्त्री के द्वारा पुनः याद दिलाया गया, तो गांधी जी ने 29 जुलाई 1947 को यह लिख कर अपना पीछा छुड़ाया था—'श्री गोस्वामी जी महाराज, आपके अगले खत का जवाब नहीं दिया, क्योंकि उसमें बोध ही था। मुझे ज्यादा कहने जैसा न था।'[40]

जहाँ तक संवैधानिक उपायों का रास्ता है, उसमें बाबा साहब डॉ. आम्बेडकर ने अस्पृश्यों की हालत को अल्संख्यकों की हालत से भी बदतर माना था। उन्होंने मात्र नागरिकों को मिलनेवाले मूल अधिकारों को अछूतों की समस्या का हल निकालने के लिए अपर्याप्त माना था। उन्होंने अल्पसंख्यकों को मिलनेवाले विशेष अधिकारों को भी अछूतों के लिए काफी नहीं माना था। उन्होंने अछूतों के लिए विशेष कानूनी सुरक्षा-उपायों की माँग की थी, जो नागरिकों और अल्पसंख्यकों के अधिकारों से आगे और अलग होने चाहिए। उन्होंने अपनी पुस्तक 'स्टेट्स ऐण्ड माइनॉरिटिज' की प्रस्तावना में लिखा था—'अनुसूचित जातियों की सामाजिक, आर्थिक और शैक्षिक स्थिति अन्य नागरिकों और अल्पसंख्यकों की तुलना में इतनी खराब है कि उन्हें उस संरक्षण के अलावा, जिसे वे नागरिकों तथा अल्पसंख्यकों के नाते प्राप्त करेंगे, बहुसंख्यकों के अत्याचार और भेदभाव के विरुद्ध विशेष सुरक्षा उपायों की जरूरत होगी।'[41] उन्होंने इस प्रस्तावना में आगे लिखा था—'अनुसूचित जातियों के लिए मेरी यह माँग औचित्यपूर्ण है कि इन्हें नागरिकों के मूल अधिकारों की समस्त सुविधाएँ, अल्पसंख्यकों के रक्षण संबंधी समस्त सुविधाएँ दी जाएँ और साथ ही उनके लिए विशेष सुरक्षा उपाय किये जायें।'[42]

यह अच्छा रहा कि अब अस्पृश्यता को द्विज हिन्दुओं द्वारा मात्र हिन्दू धर्म पर कलंक न मान कर इसे संविधान में स्थान दे कर कानूनन अपराध माना गया है। अब अस्पृश्यता का व्यवहार करनेवाले द्विज हिन्दू को समझाया नहीं जायेगा और न ही उसके हृदय परिवर्तन के इन्तजार के भरोसे बैठा जायेगा, बल्कि उसे जेल में रखा जायेगा। लेकिन डॉ. आम्बेडकर की माँग इससे भी गहरी है कि दलितों को सामाजिक अल्पसंख्यकों का दरजा दिया जाये, जो अभी तक नहीं दिया गया

है। अल्पसंख्यक माने जाने पर वे भारत के संविधान के अनुच्छेद 29 के दायरे में आ कर अपनी विशेष 'दलित संस्कृति' को बचाये और बनाये रखने का अधिकार प्राप्त कर लेंगे। वास्तव में, उनकी पहचान ही उनकी समस्या है। न उनकी पहचान मिटती है और न उनकी पहचान बनती है। जब हिन्दू धर्म पर कोई आफत नहीं है, तो वे अछूत हैं और जब हिन्दू धर्म पर कोई आफत आती है, तो वे हिन्दुओं के अभिन्न अंग हो जाते हैं। वे अपने विरोधियों की इसी कथनी और करनी के अन्तर तथा उनकी इस 'हिप्पोक्रेसी' से जूझ रहे हैं। मुश्किल यह है कि उनका विरोधी बहुत ही चालाक है, जो उन्हें बहकाने में भी सफल हो जाता है। यहाँ सुकरात और ईसा के बजाय बुद्ध पैदा हो जाते हैं, जो बात दलितों के हित में कभी नहीं रही। बुद्ध को पैदा हुए ढाई हजार वर्ष गुजर गये, लेकिन इस देश में अस्पृश्यता ज्यों की त्यों बनी रही है। इसके लिए मानना पड़ता है कि चिन्तन में या रणनीति में कहीं न कहीं कमी रही है। विरोधियों का यह तर्क सत्य सिद्ध हो कर रह जाता है कि बुद्ध लोगों को भ्रमित करने आये थे, जिससे सामाजिक संघर्ष की धार कभी तेज नहीं हो सकी।

अब अस्पृश्यता को मिटाने के लिए बाबा साहब का पुनः बौद्ध धर्म ग्रहण करना दलित चिन्तन का सफर के बीच केवल एक रिटायरिंग रूम है। इस सुस्ताने के बाद दलित चिन्तन को अपनी यात्रा आगे जारी रखनी है। यह केवल पड़ाव भर है, जहाँ उसे ठहर कर बैठ जाना या सो जाना नहीं है। इस रूप में बौद्ध धर्म को इतिहास में पहले भी आजमा कर देख लिया गया है। लेकिन दूसरी तरफ उदारवादी द्विज हिन्दुओं को भी अस्पृश्यता को मिटाने की जिम्मेदारी नहीं सौंपी जा सकती। कारण यही है कि जब तक अस्पृश्यता को मिटाने की जिम्मेदारी द्विज हिन्दू लेते रहेंगे, तब तक अस्पृश्यता पिछले तीन हजार वर्षों की तरह आगे भी समाप्त नहीं हो सकती। द्विजों के हाथ में इसका चिन्तन और नेतृत्व रहने के कारण इस कार्य के प्रति उनके द्वारा पूरी ईमानदारी नहीं बरती जा सकती। ज्यादा गहराई से देखा जाये तो जो उदारवादी द्विज हिन्दू इसे मिटाने के लिए सच में कमर कसे हुए हैं, वे खुद इतिहास के गर्त में धोखे खा रहे हैं। आखिर पिछले तीन हजार वर्षों से इसे मिटाने का नेतृत्व उन्हीं के हाथों में रहा है, पर उन्होंने इसे मिटाया क्यों नहीं ? उलटे हुआ यह है कि इतिहास में उनकी पहचान मिटी है और वे खुद कई बार कट्टरपंथी बन गये हैं। आखिर आर्य समाज और रामकृष्ण मिशन जैसे सुधारकों के जन्म उस खास समय में क्यों होते हैं, जब हिन्दू धर्म खतरे में पड़ता है ? जब हिन्दू धर्म पर कोई बहारी खतरा नहीं रहता, उस समय ये सुधारक सनातनियों और कट्टरपंथियों में क्यों खप और गुम हो जाते हैं ? क्या उस समय अस्पृश्यता मिट गयी होती है या और अधिक बढ़ गयी होती है ?

चार

कहा जा सकता है कि अस्पृश्यता की जड़ में ब्राह्मणों की मानसिक ग्रंथि है। वर्ग-विशेष में हीनता की ग्रंथि समाप्त होनी चाहिए, लेकिन ब्राह्मण समुदाय का काम हो गया है कि वह दूसरों से तुलना करके खुद को सर्वोपरि घोषित अवश्य करेगा। मेरठ के ब्राह्मण समाज का एक ताजा उदाहरण दिया जा सकता है, जिसमें 3 मई 95 के 'दैनिक जागरण' के मेरठ संस्करण में एक खबर छपी है। इसमें 2 मई 1995 को मेरठ के लालकुर्ती के बड़े बाजार में स्थित श्रीराम संकीर्तन मंदिर में परशुराम जयन्ती के अवसर पर माछरा डिग्री कॉलेज के अंग्रेजी के प्रोफेसर पंडित रविदत्त शर्मा ने अपने भाषण में कहा है–'ब्राह्मणों में जन्मजात बुद्धि होती है। लेकिन दूसरी जातियों को बुद्धि का विकास करना पड़ता है।'[43]

ब्राह्मणों के ऐसे चिन्तन के विरोध में बीसवीं शताब्दि के मानववादी चिन्तक एम. एन. राय ने अपने तर्क बड़े अच्छे ढंग से रखे थे। उन्होंने लिखा था–'जटिल मानव प्राणी जैविक पदार्थ के विकास का सबसे उत्कृष्ट रूप है, जो स्वयं निर्जीव पदार्थ में एक विशेष शारीरिक-रासायनिक प्रक्रिया का परिणाम है। बुद्धि शरीर-विज्ञान की क्रिया है : मस्तिष्क विचार का यन्त्र है तथा विचार मस्तिष्क का कृत्य है।'[44] उन्होंने एक अन्य स्थान पर लिखा था–'नियम-शासित भौतिक जगत की पृष्ठभूमि से उद्‌भूत होने के कारण तथा विवेक के एक जैविक गुण होने के कारण मानव प्राणी आवश्यक रूप से बौद्धिक है।'[45] एम. एन. राय ने इसे मानववादी दर्शन की व्याख्या करते हुए सामान्य मनुष्य और महापुरुष के बीच अन्तर करते हुए लिखा था–'एक सामान्य मनुष्य और एक महापुरुष में जो अन्तर है, वह मात्र डिग्रियों का अन्तर है। यह अन्तर इस कारण भी खड़ा हो सकता है कि महापुरुष के पास सामान्य मनुष्य के मुकाबले में अपनी सम्भावनाओं को विकसित करने के लिए ज्यादा अवसर प्राप्त होते हैं।'[46] यहाँ जन्मवादी ब्राह्मणों को मानव अधिकारों की सार्वभौम घोषणा के अनुच्छेद-1 को पढ़वाया जा सकता है, जिसमें लिखा गया है–'सभी मनुष्य जन्म से ही गरिमा और अधिकारों की दृष्टि से स्वतंत्र और समान हैं। उन्हें बुद्धि और अंतश्चेतना प्रदान की गयी है। उन्हें परस्पर भ्रातृत्व की भावना से कार्य करना चाहिए।'[47]

बताया जा सकता है कि इस अनुच्छेद-1 की बात मानते हुए ऐसे ब्राह्मणों को गैर-ब्राह्मणों के साथ भाईचारे की भावना से रहने की कला सीखनी चाहिए। जहाँ तक बुद्धि के जन्मजात होने और अर्जित करने के अन्तर की बात है, तो उसमें यही कहा जा सकता है कि कई हजार साल से लगातार हिन्दू समाज में राज करते रहने के कारण ब्राह्मण के बच्चे को जन्म से ही धर्मग्रन्थ, मंदिर, सम्मान, आवास और रोटी के रूप में बने-बनाये मंच मिलते हैं, जिसमें उसकी उलटे-सीधे

हाथ-पाँव हिलाने की बेहूदगी को भी महान नृत्य घोषित कर दिया जाता है, जबकि बिना इन सुविधाओंवाले मंच के कारण एक दलित समुदाय के नटराज को भी घृणा और हास्य का पात्र बनना पड़ता है।

एक बात हिन्दुओं के उदारवाद के बारे में पुनः कही जा सकती है, जो एक ताजा घटना को ले कर है। यह खबर 8 अगस्त 95 के 'नवभारत टाइम्स', नयी दिल्ली के संस्करण में 'दलित छात्रा की आँख फोड़े जाने की लोकसभा में निन्दा' शीर्षक से छपी है। पूरी खबर इस प्रकार है—

'लोक सभा में आज एक स्वर से तमिलनाडु के सलेम जिले के कानीचनपट्टी गाँव में पानी खुद पीने के कारण पाँच साल की एक दलित लड़की की स्कूल के शिक्षक द्वारा आँख फोड़ दिये जाने की घटना की तीव्र भर्त्सना की गयी। शून्य काल के दौरान यह मामला जनता दल के श्री रामविलास पासवान ने अन्ना द्रमुक सदस्यों की टोकाटोकी के बीच उठाया। श्री पासवान द्वारा उठाये गये मामले का समर्थन सदन के सभी पक्षों के सदस्यों ने किया और माँग की कि इस घटना के लिए जिम्मेदार शिक्षक के विरुद्ध कड़ी से कड़ी कार्रवाई की जाये।

'भारतीय जनता पार्टी के श्री अटलबिहारी वाजपेयी ने कहा कि यह सवाल सिर्फ एक प्रदेश का नहीं है। कई प्रदेशों के सचिवालयों, पंचायतों आदि में भी दलितों के लिए पीने का पानी अलग रखा जाता है। मार्क्सवादी कम्युनिस्ट पार्टी के श्री सैफुद्दीन चौधरी ने कहा कि इस घटना की रिपोर्ट राज्य सरकार से हासिल करके सदन में रखी जाये। कांग्रेस के श्री सोनकर शास्त्री ने घटना की जाँच के बाद सरकार से सदन में विस्तृत वक्तव्य देने की माँग की। अन्ना द्रमुक के श्री अशोक राज ने कहा कि तमिलनाडु सरकार ने जिलाधीश से घटना की जाँच करने को कहा है। प्रभावित बालिका को 25 हजार रुपये भी दिये गये हैं तथा उसका इलाज भी अस्पताल में किया जा रहा है। संसदीय कार्य मंत्री श्री विद्याचरण शुक्ल ने सदन में कहा है कि निश्चय ही यह निन्दनीय कार्य है। वे तमिलनाडु सरकार से सम्पर्क कर विस्तृत रिपोर्ट सदन में रखेंगे।'[48]

पूछा जा सकता है कि यहाँ एक उदारवादी क्या सलाह देगा ? क्या वह अभी भी शिक्षक के हृदय परिवर्तन का इन्तजार करता रहेगा ? इसके उत्तर में वह ठाले बैठ कर कुछ भी कहता रहे, लेकिन सुना गया है कि कठोर कानून ने अपने पहले चरण के कार्य में उस शिक्षक को निलम्बित कर दिया है। हाँ, सुधारवादी इतना भी नहीं कर सकते कि अस्पृश्यता बरतनेवाले अपने ऐसे जाति-भाई-शिक्षक के परिवार के समूह के रूप में अपना रोटी-बेटी का रिश्ता तोड़ लें। लेकिन नहीं, वहाँ बिना सुधारवाद और कट्टरपंथ के भेदभाव के उस शिक्षक परिवार की बेटियाँ सुधारवादी घरों के लड़कों के साथ पूर्ववत मांगलिक बन्धनों में बँधती रहेंगी।

संदर्भ

1. मानव अधिकारों की सार्वभौम घोषणा, भारत सरकार, विधि और न्याय मंत्रालय, राजभाषा खंड, विधायी विभाग, प्रकाशन-नियंत्रक, सिविल लाइन्स, दिल्ली-110054,1988,पृष्ठ 3
2. वही, पृष्ठ 1
3. वही, पृष्ठ 10-11
4. भारत का संविधान, 1 सितम्बर 1991 को यथाविद्यमान, भारत सरकार, विधि, न्याय और कम्पनी कार्य मंत्रालय, विधायी विभाग, राजभाषा खण्ड, तीसरा संस्करण, 1991, पृष्ठ 8
5. डॉ. बाबा साहब आम्बेडकर : राइटिंग्स एण्ड स्पीचेज, वॉल्यूम 9, एजुकेशन डिपार्टमेंट, गवर्नमेंट ऑफ महाराष्ट्र, प्रथम संस्करण, 1991, पृष्ठ 397-98
6. भारत का संविधान, तीसरा संस्करण, 1991, पृष्ठ 6
7. डॉ. बाबा साहब आम्बेडकर : राइटिंग्स एण्ड स्पीचेज, वॉल्यूम 2, पृष्ठ 275
8. वही, खंड 2, पृष्ठ 496
9. वही, खंड 5, पृष्ठ 169
10. वही, खंड 5, पृष्ठ 74
11. मुखबाहूरुज्जानां या लोको जातयो बहिः। म्लेच्छवाचश्चार्यवचः सर्वे दस्यवः स्मृता।। (मनुस्मृति, 0-45)
12. चैत्यद्रुमश्मशानेषु शैलेषु पवनेषु च। वसेयुरेते विज्ञातो वर्तयन्तः स्वकर्मभि।। (वही, 10-50)
13. चाण्डालश्वपचानां तु बहिर्ग्रामात्प्रतिश्रयः। अपपात्राश्च कर्तव्या धनमेषां श्वगर्दभम्।। (वही, 10-51)
14. वामांसि मृतचैलानि भिन्नाभाण्डेषु भाजनम्। कार्ष्णायमलंकारः परिवृज्जा च नित्यशः।। (वही, 10-52)
15. न तेः तमयमन्विद्देत्पुरुषो धर्ममाचरन्। व्यवहारो मिथस्तेषां विवाहः सदृशैः सह।। (वही, 10-53)
16. अन्नमेषां पराधीनं देवं स्याद्भिन्न भाजने। रात्रो न विचरेयुस्ते ग्रामेषु नगरेषु च।। (वही, 10-54)
17. दिवा चरेयुः कार्यार्थ चिह्निता राजशासने। अबान्धवं शवं चैव निर्हरेयुरिति स्थितिः।। (वही, 10-55)
18. बध्यांश्च हन्यु सततं यथाशास्त्रं नृपाज्ञया। वध्यवासांसि गृहणीयुः शय्याश्चाभरणानि चे।। (वही, 10-56)
19. अन्त्यागमने बध्यः (विष्णु स्मृति, 5-43)

20. अस्पृश्यः कामकारेण स्पृशन् स्पृश्यं त्रैवार्णिकं बध्यः (वही, 5-104)
21. डॉ. बाबा साहब आम्बेडकर : राइटिंग्स एण्ड स्पीचेज, खंड 5, पृष्ठ 169
22. वही, खंड 5, पृष्ठ 15
23. मिस्टर गांधी एंड दि एमेन्सिपेशन ऑफ दि अनटचेबल्स, बी. आर. आम्बेडकर, थेकर एण्ड कंपनी लिमिटेड, बम्बई, 1943, पृष्ठ 12
24. डॉ. बाबा साहब आम्बेडकर : राइटिंग्स एंड स्पीचेज, खंड 5, पृष्ठ 5
25. वही, खंड 5, पृष्ठ 5
26. वही, खंड 5, पृष्ठ 169
27. वही, खंड 2, पृष्ठ 465
28. मिस्टर गांधी एंड दि एमेन्सिपेशन ऑफ दि अनटचेबल्स, बी. आर. आम्बेडकर, थेकर एंड कम्पनी लिमिटेड, बम्बई, 1943, पृष्ठ 56
29. डॉ. बाबा साहब आम्बेडकर : राइटिंग्स एंड स्पीचेज, खंड 9, पृष्ठ 216
30. मिस्टर गांधी एंड दि एमेन्सिपेशन ऑफ दि अनटचेबल्स, बी. आर. आम्बेडकर, पृष्ठ 57
31. डॉ. बाबा साहब आम्बेडकर : राइटिंग्स एंड स्पीचेज, खंड 2, पृष्ठ 533
32. वही, खंड 2, पृष्ठ 503
33. वही, खंड 2, पृष्ठ 465
34. मिस्टर गांधी एंड दि एमेन्सिपेशन ऑफ दि अनटचेबल्स, बी. आर. आम्बेडकर, पृष्ठ 50
35. डॉ. बाबा साहब आम्बेडकर : राइटिंग्स एंड स्पीचेज, खंड 7, पृष्ठ 11
36. वही, पृष्ठ 242
37. स्वामी करपात्री जी और उनका राजनीतिक दर्शन, डॉ. रामजी मिश्र, आचार्य प्रकाशन, 190 बी/10, राजरूपपुर, इलाहाबाद, प्रथम संस्करण, 1992, पृष्ठ 169
38. वही, पृष्ठ 170
39. वही, पृष्ठ 170
40. वही, पृष्ठ 171
41. बाबा साहब डॉ. आम्बेडकर ; सम्पूर्ण वाङ्मय, खण्ड 2, डॉ. आम्बेडकर प्रतिष्ठान, 25, अशोक रोड, नयी दिल्ली-110001, संस्करण 1993, पृष्ठ 169
42. वही, पृष्ठ 170
43. दैनिक जागरण, मेरठ संस्करण, 3 मई 1995
44. साइंस एंड फिलासॉफी, एम. एन. राय, रेनेसाँ पब्लिशर्स, कलकत्ता, अक्टूबर 1947, पृष्ठ 130-131

45. प्रिंसिपुल्स ऑफ रेडिकल डेमोक्रेसी, चौथी थीसिस, एम. एन. राय
46. पॉलिटिक्स, पावर एंड पार्टीज, एम. एन. राय, रेनेसाँ पब्लिशर्स कलकत्ता, अपैल 1960, पृष्ठ 138
47. मानव अधिकारों की सार्वभौम घोषणा, राजभाषा खंड, विधायी विभाग, विधि और न्याय मंत्रालय, भारत सरकार, सिविल लाइन्स, दिल्ली-110054, 1988, पृष्ठ 2
48. नवभारत टाइम्स, नयी दिल्ली, 8 अगस्त 1995

सामाजिक संरचना का संदर्भ

पुरुषोत्तम अग्रवाल

मानवाधिकार का विचार ऐतिहासिक और दार्शनिक दोनों अर्थों में ठेठ आधुनिक विचार है। किसी चुने हुए (ईश्वर द्वारा या इतिहास द्वारा) समुदाय, राष्ट्र, जाति, लिंगपरक अस्मिता से जुड़ाव के कारण कुछ लोगों को 'अधिकार' प्राप्त हैं—यह एक धारणा है। इस तरह के जुड़ाव पर निर्भर किये बगैर हर मनुष्य के कुछ न्यूनतम अधिकार हैं या होने चाहिए—यह मानवाधिकारवादी धारणा है। मानवाधिकार के समकालीन विमर्श में असहमति और अभिव्यक्ति के अधिकार पर जो विशेष बल दिया जाता है—उसका कारण है। वस्तुतः मानवाधिकार की समकालीन धारणा व्यक्तित्व के दार्शनिक विमर्श पर आधारित है। इसका अर्थ समाज की अवहेलना नहीं, बल्कि यह है कि किसी भी सामाजिक या राजनीतिक पहचान से परिभाषित होने के पहले हर मनुष्य 'व्यक्ति' है और इस व्यक्तित्व की असहमति या अभिव्यक्ति के अंधाधुंध दमन का अधिकार किसी भी पहचान के राजनीतिक या सामाजिक सत्ता तंत्र को नहीं होना चाहिए। इसी की एक परिणति यह है कि सत्ता तंत्र चाहे समतामूलक हो चाहे विषमतामूलक, लोकतंत्र हो या राजतंत्र, राजनीतिक असहमति और सांस्कृतिक विशिष्टता के दमन का अधिकार उसे नहीं दिया जा सकता। यह भी गौरतलब है कि मानवाधिकार की धारणा और उसके उत्स—व्यक्तित्व विमर्श—का मूल तर्क इहलौकिक ही हो—यह जरूरी नहीं है, हालाँकि आम तौर से ऐसा होता है।

बहरहाल, व्यक्तित्व की आधुनिक अवधारणा का संदर्भ औद्योगिक समाज के विकास और पारंपरिक समाज के विघटन से जुड़ता है। पारंपरिक समाज के संस्कार व्यक्ति की संभावित और वास्तविक विशिष्टता पर कम, सामाजिक संरचना की समग्रता पर अधिक बल देते हैं। जाहिर है कि 'समग्रता' पर बल बड़ी सहूलियत से असहमति और विशिष्टता की उपेक्षा या दमन की ओर भी जा सकता है। इस बल का प्रकट राजनीतिक रूप साम्यवादी और दीगर एक-पार्टी राज्यों की विशेषता

ही बन गया है। ऐसे शासन तंत्र व्यापक सामाजिक हित, राष्ट्र की सुरक्षा, राष्ट्रीय अस्मिता की सुरक्षा आदि के नाम पर मानवाधिकारों का उल्लंघन करते रहे हैं।

लोकतांत्रिक विवेक और विशुद्ध तर्क की दृष्टि से देखें तो व्यक्तित्व की विशिष्टता और संरचना की समग्रता के बीच कोई शत्रुतापूर्ण अंतर्विरोध होना नहीं चाहिए। लेकिन एक ओर 'विशिष्टता' की स्थापना अबाध पूँजीवाद के विचारबोध के संदर्भ में हो गयी है, दूसरी ओर 'समग्रता' पारंपरिक सत्ता तंत्र की यथास्थिति से जुड़ गयी है। पारंपरिक समाजों में दार्शनिक धरातल पर व्यक्ति की प्रतिष्ठा नहीं हो पायी है और आधुनिक समाजों में व्यक्तित्व समाज-स्वायत्त, परंपरा-निरपेक्ष मान लिया गया है। स्वाभाविक ही है कि उपर्युक्त दोनों तरह के समाजों का परस्पर अपरिचय इस संदर्भ में कुछ ज्यादा ही गहरा हो उठता है। पारंपरिक समाज आधुनिकता मात्र को संदिग्ध मानने लगता है और आधुनिक औद्योगिक समाज परंपरा को जड़ता का पर्याय मान लेता है। इस अपरिचय का लाभ उठा कर दोनों प्रकार के समाजों के सत्ताधारी मानवाधिकार के सवाल का अत्यंत स्थूल और तात्कालिक राजनीतीकरण कर डालते हैं। अमेरिका और अन्य पश्चिमी देशों के लिए मानवाधिकार का मुद्दा अंतर्राष्ट्रीय दादागीरी दिखाने का बहाना बन जाता है और भारत या चीन की सरकारें मानवाधिकार के सवालों को राष्ट्रद्रोह का रूपक घोषित कर देती हैं। कुल मिला कर समकालीन विमर्श में मानवाधिकार की चर्चा का संदर्भ राजसत्ता ही है। राजसत्ताओं के परस्पर संबंध और राजसत्ता के अपने देश के जनसमूहों के साथ संबंध ही के संदर्भ में मानवाधिकार की चर्चा होती है। चर्चा संदर्भ के इस तरह सीमित हो जाने का ही परिणाम है कि मानवाधिकार की चर्चा एक तरफ तो हिंसा की व्यापक चिन्ता के कट जाती है, दूसरी तरफ समाज सत्ता के व्यापकतर संदर्भ की व्यवहार में उपेक्षा होने लगती है। दूसरे शब्दों में, मानवाधिकार समर्थक संगठनों और समाजकर्मियों के लिए आतंकवादी हिंसा रणनीति चुप्पी का विषय बन जाती है। दूसरी ओर हमारे जैसे पारंपरिक समाजों में भी मानवाधिकार की चर्चा में इस बात की उपेक्षा कर दी जाती है कि मानवाधिकार विषयक चेतना समूची सामाजिक संरचना की आलोचना किये बिना विकसित नहीं की जा सकती।

मानवाधिकार संबंधी विमर्श का मूल स्रोत है : व्यक्तित्व की स्वीकृति और प्रतिष्ठा और हमारी सामाजिक संरचना में यही स्रोत अत्यंत क्षीण है। महानगरीय आधुनिकता के समानांतर हमारे देश में ऐसी भी दुनिया है, जहाँ गाँव की इज्जत, जात-बिरादरी की मर्यादा और परिवार की नाक के नाम पर बाकायदा सामूहिक रूप से फैसला ले कर प्रेमियों को फाँसी पर लटका दिया जाता है, परिवारहीन विधवाओं को डाइन कह कर जिन्दा जला दिया जाता है, स्त्रियों से अपेक्षा की जाती है कि जिन्दा जलने से ले कर पाँव की जूती बनने तक की नियति को

खुशी-खुशी स्वीकार करें। मानवाधिकारों का यह संरचनागत उल्लंघन एक धरातल पर निस्संदेह परंपरा और आधुनिकता के गलत ढंग से हो रहे मुखामुखम का नतीजा है। लेकिन उससे कहीं ज्यादा यह हमारी पारंपरिक सामाजिक संरचना, उसके सांस्कृतिक तर्क और उससे उत्पन्न होनेवाले संस्कार का स्वाभाविक परिणाम है। यह एक वास्तविकता है (दुःखद या सुखद, यह आपके सोच पर निर्भर करता है) कि भारतीय समाज और पारंपरिक सांस्कृतिक सोच की मूल इकाई 'व्यक्ति' नहीं, बल्कि सामाजिक संबंधों की मर्यादा से परिभाषित होनेवाली उसकी 'स्थिति' है। आज भी गाँव-देहात में किसी अपरिचित से पूछा जानेवाला पहला (या दूसरा) सवाल उसकी जाति और गाँव के बारे में होता है। बल्कि कहना चाहिए कि कुछ समय पहले यह सवाल सहज, स्वाभाविक रूप से पूछा जाता था, 'कौन ठाकुर' या 'कौन निवास' और आजकल के संक्रमण काल में घुमा-फिरा कर पूछा जाता है या अंदाजा लगाया जाता है। बहरहाल, प्राथमिक महत्व व्यक्ति (नाम) का नहीं, बल्कि सामाजिक संरचना में उसकी स्थिति (जाति) का है और हम जानते ही हैं कि जाति में व्यक्त होनेवाली 'स्थिति' का व्यक्ति के गुण-अवगुण, श्रेष्ठता-नीचता से कुछ खास लेना-देना नहीं है। हमारी संस्कृति की वर्चस्वशाली धारा में एक जाति में जनमा व्यक्ति गुणज्ञानविहीन होने पर भी पूज्य ही है और एक अन्य जाति में जनमा व्यक्ति सकल गुण प्रवीण होने पर भी अपूज्य ही है। व्यक्ति की दार्शनिक अवधारणा के विकास में जाति व्यवस्था केवल सामाजिक संरचना के ही रूप में नहीं, बल्कि संस्कार और विचार के रूप में भी बाधक है—इस रूप में कुछ ज्यादा ही।

जाति व्यवस्था का दार्शनिक औचित्य निरूपण—वर्णाश्रम का विचार—हिन्दू धर्म की अपनी विशेषता है, लेकिन व्यक्ति की अवहेलना करनेवाले ऊँच-नीच के ढाँचे के रूप में जाति व्यवस्था भारतीय समाज मात्र की विशेषता है। इसका व्यक्तित्व विरोध (और इस कारण मानवाधिकार की अवधारणा से इसका विरोध) कुटुम्ब और गाँव की मर्यादा की धारणा से मिल कर और भी प्रबल हो जाता है। सिद्धांत और व्यवहार दोनों में 'अधिकार' की कल्पना विमर्श का विषय तक नहीं बन पाती। अधिकार परिवार से ले कर देश तक का हो सकता है—मनुष्य (व्यक्ति) के खाते में कर्तव्य ही आते हैं। कुछ लोग कह सकते हैं कि अधिकार चेतना का यह अभाव भारतीय समाज के समन्वयवाद का सुखद प्रमाण है और इसी के कारण हमारे समाज में अप्रिय संघर्ष नहीं हैं, अथवा कम हैं। वास्तविकता यह है कि भारतीय समाज (विशेषकर हिन्दू समाज) में सामाजिक पदानुक्रम से ले कर आध्यात्मिक साधना तक के क्षेत्र में 'अधिकार भेद' की बड़ी महिमा है—फर्क इतना है कि यह अधिकार 'व्यक्ति' के संदर्भ में कम, उसकी सामाजिक 'स्थिति' के संदर्भ में अधिक परिभाषित होता है।

सबसे बड़ी विडम्बना यह है कि व्यक्तित्व-विमर्श के अभाव में, इस सामाजिक संरचना के विरुद्ध उठनेवाली आवाजें भी अंततः इसी में अंतर्भुक्त होने के लिए विवश हुईं । निर्गुणपंथी संतों की बाणी में कौंधनेवाला 'मनुष्य सत्य' सामाजिक धरातल तक आते-आते एक और जाति के रूप में बदलने को बाध्य हुआ। यह विडम्बना और भी खटकती है जब हम पारंपरिक हिन्दू धर्म और उसके अनुकूल विकसित होनेवाली सगुण भक्ति की वर्णाश्रमबद्ध नैतिकता के साथ निर्गुण संतों द्वारा प्रस्तावित नैतिकता की तुलना करते हैं। वर्णाश्रम और सगुण भक्तों (सूरदास जैसे अपवादों को छोड़ कर) की विचार प्रणाली में नैतिकता का संदर्भ व्यक्ति इकाई नहीं, वर्णाश्रमगत स्थिति है। इसीलिए चरित्र का प्रतिमान वैयक्तिक गुण न हो कर वर्णाश्रम सम्मत 'स्वधर्म' का पालन है। इस स्वधर्म के पालन में मरण भी श्रेयस्कर है, परधर्म के पालन से प्राप्त होनेवाला निःश्रेयस भी भयावह है। गीता के इस प्रसिद्ध श्लोक में स्वधर्म-परधर्म का प्रयोग वर्णाश्रम के ही संदर्भ में किया गया है। वर्णाश्रम-सम्मत स्वधर्म के पालन के ही प्रसंग में धर्मबुद्धि बनाये रखने के उद्देश्य से ही तीर्थव्रतादि का विधान है और जाने-अनजाने विचलन हो जाने की स्थिति में प्रायश्चित्त भी सुलभ है। इस बात को ध्यान में रखें, तो निर्गुण संतों की बाह्याचार विषयक आलोचना का गहरा नैतिक और दार्शनिक अर्थ समझ में आता है। वर्णाश्रम की 'स्थिति' (जन्म से निर्धारित स्थिति) परक, 'स्वधर्म' परक नैतिकता के विपरीत निर्गुण संत सार्वभौम नैतिकता का प्रतिपादन करते हैं। इसमें वास्तविक सामाजिक संबंधों, अनुशासन और उनकी स्वाभाविक मर्यादा का कोई उल्लंघन नहीं है—जैसा कि आचार्य लोग आरोप लगाते रहे हैं। संत जिसे 'रहनी' कहते हैं, वह मनुष्य मात्र की न्यूनतम नैतिकता है, जिसका पालन करते ही आप गहरे दार्शनिक अर्थ में वर्णाश्रम के खिलाफ खुद को पाते हैं। वर्णाश्रम जन्म से ही सम्मान की पात्रता-अपात्रता निर्धारित करता है, निर्गुण रहनी कर्म और व्यवहार से इस पात्रता का निर्धारण करती है। वर्णाश्रम में 'स्वधर्म' (जो आपके अपने विवेक से स्वायत्त है) से विचलन को पाप माना जाता है, निर्गुण रहनी (जो पारखपद की परिणति है) में ऐसी न्यूनतम नैतिकता से विचलन पाप है, जिसका पालन सभी को करना चाहिए। ऐसी न्यूनतम नैतिकता को बनाये रखने में उपयोगिता तीर्थ, व्रत और प्रायश्चित्त की नहीं, बल्कि प्रेम और विवेक पर आधारित भक्ति की निरंतरता बनाये रखने की है। इस तरह देखने पर मालूम पड़ता है कि निर्गुण भक्ति का कितना जबरदस्त दार्शनिक महत्व है। यहाँ हम भारतीय चिन्तन के इतिहास में पहली बार 'व्यक्ति' के विकास की संभावनाओं को व्यवस्थित रूप लेने के लिए छटपटाता देखते हैं। स्वधर्म, कर्मकाण्ड, तज्जनित पापमुक्ति के विचारों पर आधारित मर्यादापरक धर्म के विपरीत भक्ति की निर्गुणपरक संवेदना नैतिक दायित्व बोध पर आधारित है और ऐसे दायित्व बोध का व्यक्तित्व की धारणा के

साथ अन्योन्याश्रित संबंध है। यही कारण है कि हम समूची निर्गुण संवेदना में—खासकर उसके सर्वाधिक प्रखर प्रवक्ता कबीर की चेतना में—कर्तव्य बोध के साथ-साथ अधिकार चेतना भी पाते हैं।

सो ऐसा नहीं है कि हमारे पारंपरिक समाज की संरचना में व्यक्तित्व एवं तज्जनित अधिकार चेतना का कोई पूर्वाभास है ही नहीं। लेकिन यह पूर्वाभास एक तो अभिजन सुलभ दार्शनिक व्यवस्था से उतना संपन्न नहीं है; दूसरे, इसका संदर्भ राजसत्ता नहीं, समाजसत्ता है। यही कारण है कि मानवाधिकार के समकालीन विमर्श को इस पूर्वाभास के साथ सर्जनात्मक संवाद कायम करने की जरूरत ही नहीं महसूस होती। जब विचार का संदर्भ राजसत्ता तक सीमित हो और 'दर्शन' का अर्थ सूक्ष्मता और व्यवस्था तक, तो ऐसा होना स्वाभाविक ही है। असल में जरूरत इस सवाल से टकराने की है कि व्यक्ति इकाई के दार्शनिक धरातल पर प्रतिष्ठित होने की यह संभावना वैचारिक और सामाजिक इतिहास की एक वास्तविकता क्योंकर न बन सकी ? आखिरकार आज 'आधुनिक' कहे जानेवाले समाजों में भी वैचारिक और सामाजिक इतिहास का संबंध एक-दूसरे को प्रभावित करने का रहा है। फिर हमारे यहाँ निर्गुण भक्ति में व्यक्त विचार 'भौतिक शक्ति' का रूप क्यों न ले सके ?

इस प्रश्न का उत्तर, असल में, वर्णाश्रमवादी विचार और जाति व्यवस्था की जीनियस का सबसे बड़ा प्रमाण है। एक तो ऐसा ढाँचा, जिसमें सर्वग्राही 'समग्रता' है, फिर ठेठ लौकिक सत्ता को परम अलौकिक ईश्वरेच्छा का रूप ही नहीं, बल्कि उसकी निरंतरता मनवा लेने में इस ढाँचे की सफलता। स्वयं इस व्यवस्था का विरोध कर रहे लोगों के संस्कार जगत में इस व्यवस्था के तर्क की मौजूदगी। 'पूरब जनम हम ब्राह्मण होते'—यह पंक्ति कबीर ने रची हो या न रची हो, लेकिन उनके अनुयायियों के बीच इसकी स्वीकृति प्रमाणित करती है कि उनकी चेतना में जन्मगत ऊँच-नीच का मूल तर्क जन्मांतरव्यापी कर्मफल-संस्कार का रूप धारण किये बैठा है। इस संस्कार का विकट सामाजिक रूप छत्तीसगढ़ के सतनाम पंथ में दीखता है। इस पंथ में धोबी, कसिया, मेहतर का प्रवेश वर्जित है—बल्कि अपने परवर्ती रूप में यह पंथ आत्मसजग रूप से 'रैदास के वंशजों' तक अपने आपको सीमित किये बैठा है। अन्य पंथों में ऐसी घोषित जातिपरक आत्मसजगता शायद नहीं है, लेकिन व्यवहारतः निर्गुणपंथी संतों के नाम पर चले पंथों के जातिपरक आधारों को अलग-अलग पहचानना मुश्किल नहीं है। इस विडम्बना का कारण संत कवियों का 'पंथनिर्माण' का शौक नहीं, बल्कि यह सामाजिक सत्य है कि कठोरतम आलोचना और विचित्रतम ज्ञान मीमांसा के बावजूद आप जाति व्यवस्था के किसी न किसी खाने में फिट हो जाने के लिए अभिशप्त हैं—यदि आप इसके मूल तर्क का समग्र विकल्प न प्रस्तुत कर सकें। फिर जाति समूह का पंथ में बदल

जाना कम से कम प्रतीकात्मक धरातल पर सामूहिक अवचेतना को आत्मसम्मान का कुछ आधार तो देता ही है। इसी कारण कविता का मनुष्य सत्य और अनुभव सत्य सामाजिक धरातल तक आते-आते तथाकथित नीच जातियों में से किसी एक (या अनेक) की सामाजिक अस्मिता का रूपक बन जाता है। यह वर्चस्वशील विचारधारा और सत्ता तंत्र की दुर्दान्त जीनियस है और यही प्रतिरोध की करुण सीमा भी।

व्यक्ति की अवहेलना करनेवाली, मनुष्य विरोधी 'मर्यादा' को लोकोत्तर धर्म का दरजा देनेवाली सामाजिक संरचना के खिलाफ अधूरी रह गयी इस जिरह की सीमा इसका महत्व घटा नहीं देती। उलटे, यदि मानवाधिकार चेतना को सीमित अर्थ में राजनीतिक न रख कर सामाजिक संस्कार का हिस्सा बनाना चाहें, तो इस जिरह की दार्शनिक भूमिका—व्यक्तित्व की प्रतिष्ठा—आज तक हमारे लिए महत्वपूर्ण है। मानवाधिकार चेतना सामाजिक संस्कार का हिस्सा तभी बन सकती है, जब समाज और व्यक्ति का परस्पर संबंध घुटन का नहीं, प्रशस्तता का हो। जिस सामाजिक संरचना में दर्शन के मूलभूत धरातल पर व्यक्ति की अवधारणा ही न हो, वहाँ मानवाधिकार की चेतना हाशिये पर ही रह सकती है। जाति विशेष में जन्म लेना पाप या पुण्य का परिणाम और प्रमाण नहीं है, न्यायपूर्ण सामाजिक संरचना व्यक्ति और समाज की न्यूनतम सार्वजनीन नैतिकता पर भी आधारित हो सकती है—यह मानवाधिकार चेतना का प्रस्थान बिन्दु है। निर्गुण भक्ति संवेदना इस प्रस्थान बिन्दु से ही आरम्भ होती है। इसकी सीमाओं को समझते हुए समकालीन संवेदना से इसका सार्थक संवाद कायम करना उनका प्राथमिक कर्तव्य है जो भारतीय सामाजिक संरचना को मानवाधिकारों के प्रति संवेदनशील बनाना चाहते हैं।

साम्यवाद की शर्म

यदुनाथ मुखर्जी

1977-80 के दौर में अमेरिकी राष्ट्रपति कार्टर ने साम्यवादी देशों में मानव अधिकार हनन के खिलाफ जिस प्रचार युद्ध की शुरुआत की थी, वह आज भी आक्रामक तेवरों में है। इधर साम्यवादी व्यवस्था के आधारस्तंभ सोवियत संघ और उसके आठ पूर्वी यूरोपीय उपग्रहों के ढह जाने के बाद साम्यवाद और मानवाधिकारों पर बहस अब चीन पर ही केन्द्रित होती जा रही है। अप्रैल-जून, 1989 के दौरान चीनी छात्र-युवाओं और बुद्धिजीवियों ने थ्येन आन मन चौक पर साम्यवादी चीनी शासकों और वहाँ की सत्ताधारी कम्युनिस्ट पार्टी को इस कदर नंगा कर दिया कि वहाँ के प्रशासन को एक तरफ व्यापक नरसंहार और दूसरी ओर चौतरफा मिथ्या प्रचार का सहारा लेना पड़ा। जनतंत्र और मानव अधिकार बहाली के उस विशाल जन आंदोलन को 'समाज की तलछटों के द्वारा संगठित आंदोलन (9 जून 1989) और 'हालोकास्ट' (24 अप्रैल 89) के रूप में परिभाषित करने के जरिये तंग श्याओ फिंग ने आंदोलनकारियों पर बर्बरतम सैनिक आक्रमण को सही ठहराने की कुचेष्टा की। लेकिन वे सफल नहीं हो सके। चंद अंध कम्युनिस्टों के अलावा किसी ने भी थ्येन आन मन चौक पर हुए नरसंहार को उचित मानने से इन्कार कर दिया। उस घटना के बाद के पिछले छह वर्षों में प्रकाशित तमाम दस्तावेजों से यह समझना अब आसान हो गया है कि थ्येन आन मन चौक के आंदोलन को व्यापक तौर पर चीनी बुद्धिजीवियों का समर्थन प्राप्त था चीनी कम्युनिस्ट पार्टी द्वारा संचालित पत्र-पत्रिकाओं से जुड़े एक हजार पत्रकारों द्वारा जारी अपील से यह साफ होता है कि चीन में मानवाधिकार की बहाली के लिए वहाँ के बुद्धिजीवी किस कदर बेचैन रहे होंगे। 26 अप्रैल 1989 को तंग श्याओ फिंग के हवाले से छात्र आंदोलन को 'हालोकास्ट' के रुप में चिह्नित करते हुए पार्टी मुखपत्र 'पीपुल्स डेली' में सम्पादकीय छापने के बाद उसी पत्रिका से जुड़े पत्रकार जुलूस बना कर थ्येन आन मान चौक पर पहुँचे। संघर्षस्त छात्र-युवाओं से उन्होंने कहा कि 26 अप्रैल 1989

को प्रकाशित सम्पादकीय से वे असहमति रखते हैं। उन्होंने यह भी कहा कि उक्त सम्पादकीय से 'पीपुल्स डेली' के सम्पादकीय विभाग का कोई ताल्लुक नहीं है। 'हम जो कहना चाहते हैं, वह हमें कहने नहीं दिया जाता और हम जो लिखना चाहते हैं, वह हमें लिखने नहीं दिया जाता'—के बैनर के साथ आये पत्रकारों के इस जलूस में एक और बैनर भी था, जिस पर लिखा हुआ था : 'उपग्रह भले ही स्वर्ग पर पहुँचने में समर्थ हो, हमारे यहाँ जनतंत्र तो नरक पर ही अटका हुआ है।'

लम्बे सात दशकों के दौरान साम्यवादी व्यवस्था से यही उम्मीद की जाती रही कि भौतिक रूप से भले ही न हो, लेकिन आजादी, जनतंत्र और मानवाधिकारों के संरक्षण और संवर्धन के मामलों में पूँजीवादी मुल्कों को पछाड़ते हुए साम्यवादी समाज एक अनोखी मिसाल कायम करेगा। करोड़ों 'नये इन्सानों' को जनम देने के साथ-साथ वह नये मानव समाज का सृजन करेगा। उम्मीद यह भी कि उस समाजवादी रौनक के सामने पूँजीवादी चमक-दमक फीकी पड़ती जायेगी और पूँजीवादी आजादी, जनतंत्र और मानव अधिकार के तमाम प्रपंचों को लोग साफ-साफ समझ सकेंगे।

पर न सिर्फ ऐसा नहीं हो सका, बल्कि सच तो यह है कि इसके ठीक विपरीत ही हुआ। 1989 में चीन में हुए नरसंहार ने और सोवियत संघ व पूर्वी यूरोपीय मुल्कों के लोगों द्वारा 'कम्युनिस्ट' शासकों और 'समाजवादी व्यवस्था' को उखाड़ फेंकने के लिए उठाये गये कदमों ने यह सिद्ध कर दिया कि साम्यवादी व्यवस्थाएँ जनता से किस कदर कट चुकी थीं। व्यवहार और सिर्फ व्यवहार के जरिये जिस मार्क्सवाद को परखने की लम्बी-चौड़ी बातें की गयी थीं, लम्बे सात दशकों के समाजवादी व्यवहारों के दौरान उसने यही सिद्ध किया कि विकसित पूर्वी जर्मनी हो अथवा अविकसित क्यूबा, कहीं भी मानव अधिकार के साथ खिलवाड़ को रोक पाना साम्यवाद के लिए संभव नहीं हो सका। स्तालिन के बाद सोवियत संघ में अथवा 'सांस्कृतिक क्रांति' और माओ के देहांत के बाद चीन में मानव अधिकार के रिकार्ड को देख कर यह नहीं कहा जा सकता कि नेताओं और नीतियों के बदलने से साम्यवादी व्यवस्था में कोई मौलिक सुधार हो सकता है। इसका अर्थ यह नहीं लगाया जाना चाहिए कि साम्यवादी व्यवस्था के तहत किसी भी तरह का कोई विकास नहीं हो सकता। थ्येन आन मन चौक पर हुए दुखद नरसंहार के बाबजूद चीन में जो भौतिक उन्नति हुई है, उसमें संदेह की कोई गुंजाइश नहीं है। अर्थात जनतंत्र, आजादी और मानवाधिकारों को पैरों तले रौंदते रहने के बावजूद माओ के बाद के चीन में भौतिक उन्नति हुई है। लेकिन भौतिक उन्नति को समाजवादी व्यवस्था के पैरोकारों ने कभी भी मुख्य उपलब्धि नहीं माना है। स्तालिन काल में हुई 'चौतरफा' भौतिक उन्नति के आँकड़े गिनाते हुए मुट्ठी भर जो लोग आज भी तत्कालीन सोवियत संघ में जनतंत्र आजादी और मानव

अधिकार के साथ हुए खिलवाड़ों को 'थोड़ी-बहुत ज्यादतियाँ' भर मानते हैं, वे जाने-अनजाने यही सिद्ध करना चाहते हैं कि भौतिक उन्नति ही वह मापदण्ड है, जिसके सहारे हमें समाजवाद का पक्षपोषण करना होगा। लेकिन ये लोग इस सवाल का कोई भी संतोषजनक उत्तर नहीं दे पाते कि पार्टी महासचिव के एकल नियंत्रण के अधीन संचालित एक व्यवस्था द्वारा प्रचारित भौतिक उन्नति संबंधी आँकड़ों पर यकीन करने का आधार क्या होगा ? सर्वशक्तिमान पार्टी सर्वाधिकनायक के सामने आखिर पार्टी में मौजूद तमाम नेता चुप्पी साध लेने पर मजबूर क्यों हो जाते हैं और अंततः षड्यंत्रपूर्ण तरीके से ही क्यों उन्हें अपनी प्रतिक्रियाएँ जतानी पड़ती हैं ? साम्यवादी व्यवस्थाओं का इतिहास इस बात का साक्षी है कि 'सर्वहारा की तानाशाही' के इस खौफनाक रूप के सामने नतमस्तक रहने के लिए मजबूर भक्तमंडली (यानी अधीनस्थ नेतागण) सिर्फ समय की तलाश में रही है। मौका पाते ही नेतागण ख्रुश्चेव की शक्ल अख्तियार कर लेते हैं और स्तालिन को इतिहास को कूड़ेदान में डाल देते हैं।

आज चीनी नेता 'सांस्कृतिक क्रांति' को सबसे घिनौनी घटना कहते हैं, जिसने करोड़ों चीनी सपूतों को जेल के सींखचों के भीतर और 'लेबर कैंप' में डाल दिया था। संस्कृति के खिलाफ उस क्रांति के दौरान लाखों को मौत के घाट उतार दिया गया था और असंख्य निर्दोष और अच्छे होनहार इन्सानों को आत्महत्या करने के लिए मजबूर कर दिया गया था। फिर भी इसे महज 'एक राजनीतिक गलती' कह कर छोड़ दिया जाता है। पार्टी, सेना और सरकार में सबसे ऊँचे ओहदे पर विशिष्ट व्यक्तियों के साथ माओ द्वारा निर्वाचित उनके उत्तराधिकारी लिन ने और बाद में माओ की पत्नी ने 'सांस्कृतिक क्रांति' के दौरान क्या किया था, इसका जिक्र करते हुए 'समाजवादी कानून-व्यवस्था से संबंधित कुछ प्रश्न' शीर्षक से छपे पेन झेन के लेख (नवंबर 1979) से यह समझने में देर नहीं लगती कि 'सांस्कृतिक क्रांति' के दौरान मानव अधिकार किस तरह दम तोड़ चुके थे। पेन लिखते हैं : 'उस दौर का मजा चखनेवाले तमाम साथियों को यह याद होगा कि उन दिनों किसी को भी गिरफ्तार कर लेना, किसी की भी जम कर ठुकाई कर देना, किसी पर कोई भी इल्जाम मढ़ देना अथवा हत्या कर देना बहुत मामूली घटनाएँ थीं।' लेख के अंत में पेन ने यह सवाल किया था कि 'एक कानूनी व्यवस्था के बिना जनतंत्र किस तरह कायम रह सकता है ?'

सच तो यही है कि साम्यवादी व्यवस्था में मानव अधिकार कभी थे ही नहीं—न स्तालिन के सोवियत संघ में और न ही माओ के लाल चीन में। न ख्रुश्चेव काल में और न ही तेंग के राज में। इस सच्चाई को समझने के लिए इतिहास के पन्नों से विस्तृत, लेकिन कुछ प्रमुख सनसनीखेज घटनाओं का जिक्र करना बहुत जरूरी है। समाजवादी समाज में मानव अधिकार पर सवाल उठाते ही अब तक

यह कहा जाता रहा कि 'किसके मानव अधिकार ?' जाहिर है, 'सर्वहारा तानाशाही' के अधीन समाजवादी व्यवस्था में 'आप समाजवाद के शत्रुओं के लिए 'मानव अधिकार' की उम्मीद नहीं करेंगे।' आज भी चीनी नेताओं के मुँह से यह जुमला हम सुन सकते हैं। यानी समाजवाद का पक्षपोषण करनेवालों के लिए ही समाजवादी व्यवस्था में 'मानव अधिकार' हासिल हो सकते हैं। गौरतलब है कि ठीक इसी मुद्दे पर रोज़ा लग्जमवर्ग ने लेनिन की जम कर आलोचना की थी। रोजा ने कहा था कि बुनियादी रूप से जनतंत्र का मतलब ही है आलोचकों के लिए, विरोधियों के लिए जनतांत्रिक माहौल मुहैया करना। सिर्फ व्यवस्था के पक्षधरों के लिए अधिकार उपलब्ध कराना और उसके विरोधियों को चुप कराना समाजवाद को कहाँ ले जायेगा—यह सवाल रोजा ने जोरदार तरीके से उठाया था।

दूसरे विश्व युद्ध के बाद 'विदेशी जासूस' बता कर विख्यात साम्यवाद-समर्थक पत्रकार अन्ना लुइसस्ट्रांग को पहले गिरफ्तार किया गया और बाद में उन्हें 'सोवियत संघ' से निकाल दिया गया। 26 अगस्त 1950 को लिखे एक पत्र में उन्होंने कुख्यात वीसीनेस्की से पूछा : 'क्या मेरे लिए कभी यह जान पाना संभव हो सकेगा कि मैंने सोवियत संघ के खिलाफ कौन-सा अपराध किया है ?' स्तालिन के नेतृत्व पर अडिग भरोसा रखनेवाली अन्ना लम्बे अर्से से सोवियत संघ में ही रही थीं। सोवियत नेताओं से उन्हें पता तक नहीं चल सका कि उनका अपराध क्या था। लेकिन वह भी और खासकर माओ भी यह अच्छी तरह जानते थे कि स्तालिन अन्ना को क्यों सहन नहीं कर सके। अन्ना से उनका नाराजगी का कारण यह था कि वे चीन में जा कर माओ से प्रभावित हो गयीं और 'महान माओ और चीनी क्रांति' पर किताब लिख डाली। यह सब तब हुआ, जब माओ पर 'अमार्क्सवादी' होने का आरोप खुद स्तालिन लगा रहे थे। यह वह दौर था, जब 'टीटोवादी' माओ से और माओ द्वारा 'मार्क्सवाद-लेनिनवाद के चीनीकरण' से नाराज स्तालिन माओ को उखाड़ने के जरिये एशियाई मार्क्सवादियों पर अपना प्राधिकार थोपने में व्यस्त थे। अन्ना का अपराध यही था कि समाजवाद का पक्षपोषण करने के बाबजूद वे समाजवादी ब्रांडों में अंतर न कर सकीं।

17 जून 1953 को पूर्वी जर्मनी की राजधानी बर्लिन में जनवाद के पक्ष में जब 50 हजार से ज्यादा मजूदर तथाकथित 'सर्वहारा की तानाशाही' के विरोध में उग्र हो उठे, तो सोवियत लाल सेनाओं ने प्रदर्शनकारी मजदूरों पर टैंक चढ़ा कर उन्हें कुचल दिया। फलस्वरूप 16 मजदूर घटनास्थल पर ही दम तोड़ गये और बहुत-से मजदूर घायल हो गये। कवि और नाट्यकार ब्रेख्त सोच में पड़ गये कि क्या करें! बहुत सोचने के बाद उन्होंने राष्ट्रप्रधान के नाम तीन वाक्यवाला एक पत्र लिखा। पहले वाक्य में उन्होंने मजदूरों से आग्रह किया वे संघर्ष के बजाय बातचीत के जरिये समस्याओं को हल करने में यकीन रखें। दूसरे वाक्य में उन्होंने

शासकों से कहा कि मजदूरों के विक्षोभ के कारणों का पता लगायें। और, अंतिम वाक्य में लिखा कि इस जटिल घड़ी में 'मैं दृढ़ता के साथ पार्टी और सरकार का पक्षपोषण करने का वचन देता हूँ।' फिर भी स्तालिनपंथी नेताओं का मन नहीं भरा। वह तो ब्रेख्त से पूर्ण वफादारी की उम्मीद रखते थे। जो भी हो, उन्होंने पार्टी द्वारा संचालित मीडिया प्रमुखों को यह निर्देश दिया कि वे प्रमुखता के साथ ब्रेख्त के अंतिम वाक्य को छाप दें और बाकी दो वाक्यों का जिक्र तक न करें। कहते हैं, 19 जून 1953 को प्रकाशित अपना बयान देख कर ब्रेख्त दंग रह गये। वे समझ गये कि स्थिति से समझौता किये बगैर गुजारा नहीं है। दूसरे ही दिन उन्होंने प्रेस में एक बयान के जरिये मजदूरों को जम कर कोसा और कहा : 'सोवियत लाल सेनाओं ने मजदूरों पर नहीं, बल्कि प्रलय मचानेवालों पर ही टैंक चढ़ाये थे और ऐसा करके उन्होंने बहुत ठीक किया है।' इस खुले बयान के जरिये नेताओं को खुश करने और खुद को सुरक्षित करने के बावजूद ब्रेख्त ने उसी दिन एक गुप्त बयान भी अपनी डायरी में लिपिबद्ध किया था, जिसमें उन्होंने यह आशा व्यक्त की थी कि 'तमाम दिशाहीनता और चरम असहायता के बावजूद मजदूरों का यह प्रदर्शन इस बात का सबूत है कि एक उदीयमान वर्ग सामने आ गया है। निम्न पूँजीवादी लोग नहीं, एकमात्र सर्वहारा ही प्रतिरोध कर सकता है।' (विस्तृत जानकारी के लिए देखें रोनाल्ड हेमैन की कृति 'ब्रेख्त : ए बायोग्राफी'।) 17 जनवरी 1930 को गोर्की को लिखे एक पत्र में स्तालिन को यह मानना पड़ा कि धर्म विरोधी प्रचार के मामले में 'व्यापक विभ्रांतियाँ मौजूद हैं।' उन्हें यह भी स्वीकार करना पड़ा कि इस प्रचार के दौरान 'असाधारण किस्म की मूर्खता' हुई है। दूसरी ओर खेती के सामूहिकीकरण के नाम पर जिस तरह चौतरफा दमन जारी था, उसे भी गोर्की पचाने में असमर्थ थे। गोर्की की मृत्यु बाद में संदिग्ध परिस्थितियों में हुई। उनके घनिष्ठ प्रियजनों (पुत्र, पुत्रवधू) की हत्या कर दी गयी। (देखें 'प्रसिक्यूटर एण्ड द प्रे', अर्केडी वैक्सबर्ग)।

चीन में लु शुन और उनकी मंडली के लेखकों से माओ की पटरी कभी नहीं बैठ सकी। 'चीनी परंपरा से जुड़ कर साहित्य रचना' संबंधी माओ की हिदायतों को लु शुन मंडली ने यह कह कर मानने से इन्कार कर दिया कि चीनी साहित्यिक परंपरा में सामंती अंधविश्वास के अलावा और कुछ भी नहीं है, जिससे प्रेरणा लेने का कोई मतलब ही नहीं है। 1942 में लु शुन के सबसे घनिष्ठ साथी वांग सी-हुई मुक्त इलाकों के कम्युनिस्ट शासन की खामियों के बारे में लिख रहे थे। 1926 से कम्युनिस्ट पार्टी का सदस्य होने के साथ-साथ वांग चीन के सबसे साहसी और विवादास्पद व्यंग्य रचनाकार रहे हैं। विख्यात लघु कथा लेखक और अनुवादक के रूप में भी उन्हें जाना जाता था। वांग ही वह चीनी लेखक हैं, जिन्होंने सर्वप्रथम इस सिद्धांत का प्रतिपादन किया था कि कम्युनिस्ट सरकारी प्रतिनिधि और

सृजनशील कम्युनिस्ट लेखकों के बीच फर्क को समझना बेहद जरूरी है। उनके अनुसार सरकारी प्रतिनिधि को सामाजिक व्यवस्था में सुधार लाना है, जबकि लेखकों की प्राथमिक जिम्मेदारी यह है कि वे लोगों की मानसिकता में सुधार लाने के लिए प्रयास करें। वांग उन लोगों के घोर विरोधी रहे हैं, जिनका कहना था कि 'हमारी खुद की कमजोरियों का जिक्र इसीलिए नहीं करना चाहिए, क्योंकि शत्रुओं को हम पर प्रहार करने का मौका मिलेगा।' 17 फरवरी 1942 को उन्होंने इस माओवादी विचारधारा के प्रचारकों पर जम कर प्रहार किया और दृढ़तापूर्वक यह दोहराया कि सच्चाई को छिपाते रहने से कोई लाभ नहीं होगा। 13 और 23 मार्च 1942 के 'लिबरेशन डेली' में दो किस्तों में उन्होंने पार्टी नेताओं पर प्रहार करते हुए जो व्यंग्य रचना लिखी, उसका शीर्षक था 'जंगली लिली'। उस रचना के जरिये उन्होंने मुक्त इलाके की आम जनता व साधारण पार्टी सदस्यों तथा पार्टी के कर्ता-धर्ताओं के बीच मौजूद विशाल खाई को स्पष्ट रूप से रेखांकित करते हुए यह लिखा कि 'आम जनता व साधारण पार्टी सदस्य भुखमरी के शिकार हैं और नेतागण जरूरत से ज्यादा खाने-पीने में लगे हुए हैं।' उन्होंने यह भी लिखा कि आम जनता और साधारण पार्टी सदस्यों की नजर में नेतागण 'एक अलग किस्म के जीव बन गये हैं।' इस सबका अंजाम ठीक नहीं हुआ। अगस्त 1942 में माओ के निर्देश पर वांग को गिरफ्तार कर लिया गया और मुक्त इलाके के एक कारखाने में काम करने के लिए भेज दिया गया। मानसिक रूप से अस्वस्थ वांग को 1947 में गोली मार कर उड़ा दिया गया। 1962 में माओ को स्वीकार करना पड़ा कि वांग के संबंध में पार्टी का निर्णय गलत रहा है। लु शुन के ही अन्य एक प्रिय शिष्य विख्यात उपन्यासकार सियाओ चुन की भी हत्या की गयी। 'भूमि सुधार' के नाम पर की गयी बर्बरता से नाराज चुन ने पार्टी नेताओं से यह पूछने की गुस्ताखी की थी कि 'लगातार जमीनों और सम्पत्ति के वितरण का यह नाटक क्या तब तक चलता रहेगा, जब तक लोग बेसहारा न हो जायें ?'

साहित्य जगत के महारथियों के साथ साम्यवादी मुल्कों ने जिस तरह का व्यवहार किया, उसे देख कर यह प्रश्न उठना स्वाभाविक है कि आखिर साम्यवादी मुल्कों में मानव अधिकार की दशा-दिशा क्या है ? पूँजीवादी अमेरिका के मुकाबले स्तालिन काल में 'सोवियत संघ' में मानव अधिकार बहुत सुरक्षित थे–'आँकड़ों' के सहारे इसे आसानी से प्रतिपादित करनेवालों में से एक हैं अलबर्ट जिमैन्सकी। 'सोवियत संघ में मानव अधिकार' नामक चर्चित किताब में इस मार्क्सवादी समाजशास्त्री ने काले आम आदमियों के साथ अमेरिका में बढ़ती गयी बर्बरता के साथ तुलना करते हुए यह प्रमाणित करने का प्रयास किया है कि उस बर्बरता की तुलना में सोवियत संघ में मानव अधिकार का रिकार्ड अच्छा था। लेकिन सोवियत संघ या चीन में जिन खास लोगों के मानव अधिकार छीने गये, वे लोग कौन

थे—इसे देखते ही यह साफ हो जायेगा कि साम्यवादी मुल्कों में समाज के सबसे होनहार, चिंतनशील लोगों का चुन-चुन कर सफ़ाया कर दिया गया ताकि एक विशेष व्यक्ति (स्तालिन, माओ आदि) को कोई चुनौती न दे सके। अमेरिका में वर्णविद्वेषी विचार के तहत काले आदमियों के साथ लम्बे अरसे से अब तक जो होता आ रहा है, उसके साथ साम्यवादी समाज में हुए मानव अधिकार हनन की तुलना करना बहुत हास्यास्पद लगता है। अलबर्ट द्वारा स्वीकार्य तथ्यों पर जरा गौर करें। वे लिखते हैं : 'लेनिन के नेतृत्व में गठित पार्टी के पोलिट ब्यूरो के सभी सदस्यों की स्तालिन ने हत्या करवायी थी। पार्टी की 17वीं कांग्रेस (1934) में चुने गये 139 केन्द्रीय कमेटी सदस्यों में से 110 को स्तालिन ने 1939 में गिरफ्तार करवाया और उनमें से 98 को मरवा दिया। 17वीं कांग्रेस में मौजूद 1966 प्रतिनिधियों में से 1108 को स्तालिन ने गिरफ्तार करवाया।' (पृष्ठ 241)। अलबर्ट ने यह तथ्य जान-बूझ कर छुपाया कि 17वीं कांग्रेस के जिन प्रतिनिधियों को गिरफ्तार किया गया था, उनमें से किसी को जिंदा नहीं रखा गया। अलबर्ट ने इस पर भी प्रकाश नहीं डाला कि आखिर 17वीं कांग्रेस के प्रतिनिधियों से और उनके द्वारा चुने गये केन्द्रीय कमेटी के सदस्यों के साथ ही स्तालिन ने इतनी कठोरता क्यों बरती ? मानव अधिकार उल्लंघन की इस बर्बर घटना से वह यह कह कर कन्नी काट गये कि 1937-39 के दौरान स्तालिन चारों तरफ 'शत्रु का एजेन्ट' देखते रहने के भ्रम का शिकार रहे हैं। यह सच नहीं है। 17 वीं कांग्रेस से संबंधित तथ्यों की कहानी एकदम अलग है। यही वह कांग्रेस थी, जिसमें स्तालिन को सबसे कम वोट मिले थे। यही वह कांग्रेस थी, जिसमें स्तालिन ने एक सर्वथा नया नियम लागू किया, जिसके अनुसार कांग्रेस में मौजूद प्रतिनिधियों के सामने केन्द्रीय कमेटी चुनते समय उनके पास कोई वैकल्पिक नाम न था। यानी सबसे कम वोट मिलने के बावजूद केन्द्रीय कमेटी में स्तालिन का चुना जाना तय था। अलबर्ट यह स्वीकार करते हैं कि 'लगभग बीस हजार से एक लाख निर्दोष लोगों को गलत इल्जाम लगा कर' स्तालिन काल में मार डाला गया। साथ ही वे यह भी कहते हैं कि 'इनमें से शायद ही कोई साधारण पार्टी सदस्य होंगे। इनमें से लगभग सभी लोग पार्टी और सेना के सबसे ऊँचे ओहदेदार रहे हैं।' संख्यात्मक रूप से अगर हम मान लें कि अमेरिका में काले लोगों की हत्या इससे ज्यादा ही हुई होगी, तो भी यह कोई नहीं कह सकता कि तुलनात्मक रूप से सोवियत संघ में मानव अधिकार की स्थिति बेहतर थी।

माओ के चीन में भी सूचना पाने के तमाम अधिकारों को छीनने में कोई कसर नहीं छोड़ी गयी। चीन का वर्तमान नेतृत्व यह मानता है कि माओ की 'सांस्कृतिक क्रांति' के कारण चीन को भयानक विपत्ति का सामना करना पड़ा। लेकिन 'सांस्कृतिक क्रांति' के नाम से खेले गये एक जघन्य खेल को वह महज

एक 'राजनीतिक गलती' कह कर वास्तविक स्थितियों पर परदा डालना चाहता है। 1958 में माओ के 'ग्रेट लीप फारवर्ड' के कारण तीन करोड़ लोग भूख से तड़प कर मरते हैं और चीनी मीडिया हमें बताता है कि 1935-57 के दौरान हुए चीनी औसत अनाज उत्पादन (18.2 करोड़ टन) की जगह 'कृषि में सामूहिकीकरण' (1958) संबंधी माओ की 'सही दिशा' के कारण 1958 में ही कुल अनाज उत्पादन 375 करोड़ टन का आँकड़ा पार कर गया यानी माओ टोटकों को लागू करते ही एक साल में उत्पादन दो गुने से ज्यादा हो गया। 1983 में आ कर यही चीनी स्टैटिस्टिकल ब्यूरो हमें सूचित करता है कि सच्चाई इसके एकदम विपरीत रही है। लेकिन 1959-62 के दौरान 'ग्रेट लीप फारवर्ड' संबंधी माओ की नीति को कठोर शब्दों में और सही रूप से आलोचना करनेवाले नेताओं के साथ बाद में माओ ने 'सांस्कृतिक क्रांति' का प्रपंच रच कर किस तरह बदला चुकाया, इस पर चीनी नेतृत्व चुप्पी साध लेता है।

पार्टी पोलित ब्यूरो की आसन्न-प्रसवा सदस्या लिरी गेगा और उनके पति को गोली मार कर हत्या कर अल्वानियाई कम्युनिस्ट शासकों ने मानव अधिकारों को जिस तरह से पैरों तले रौंद डाला, उसे सिर्फ एक मामूली गलती नहीं कहा जा सकता। 'जो भी व्यक्ति नेतृत्व से असहमत होगा, उसके चेहरे पर थूका जायेगा, उसका जबड़ा तोड़ दिया जायेगा और अगर जरूरी हुआ तो गोली से उसका सर उड़ा दिया जायेगा'– अल्बानियाई पार्टी ऑफ लेबर की चौथी कांग्रेस (फरवरी 1961) के मंच से अनवर हौजा के नंबर एक लेफ्टीनेंट रोहू की यह खुली घोषणा वह दर्पण है, जिसके सहारे साम्यवादी मुल्कों में मानव अधिकार की स्थिति को हम देख सकते हैं। स्मरणीय है कि मात्र 20 लाख आबादीवाले अल्बानिया के अलावा माओ के चीन का दुनिया भर में कोई मित्र नहीं था। 'सांस्कृतिक क्रांति' के शुरुआती दौर में (1966-67) विश्व भर में अल्बानिया के अलावा और कहीं भी चीनी राजदूत नहीं था।

कुल मिला कर स्थिति यही उभरती है कि साम्यवादी व्यवस्थाओं में मानवाधिकारों की स्थिति बहुत ही खराब रही है। 'नये इनसान' बनाने का सपना दिखानेवाली साम्यवादी व्यवस्थाओं ने इंसानियत के बुनियादी मूल्यों की लगातार हत्या की है। साम्यवादी व्यवस्थाओं में मानवाधिकारों का हनन एक तय नियति है, इसका अपवाद नहीं। रोजा लक्जमबर्ग ने वर्षों पहले प्रतिपादित किया था कि 'सर्वहारा की तानाशाही' अंततः व्यक्ति की तानाशाही में पतित होगी और व्यक्ति-केंद्रित सत्ताएँ मानवाधिकारों का सम्मान नहीं कर सकतीं, क्योंकि व्यक्तिगत तानाशाही और उसके दुष्परिणामों के खिलाफ तो स्वर उठेंगे ही। इन स्वरों को व्यक्ति-केंद्रित सत्ता बरदाश्त नहीं कर सकती। साम्यवादी व्यवस्थाओं में विरोध के स्वरों की चूँकि कोई संस्थागत जगह नहीं है, इसीलिए उनकी हत्या अवश्यंभावी है। साम्यवादी राजनीति अंततः मानवाधिकारों की हत्यारी होने के लिए अभिशप्त है।

मानवाधिकारों का अर्थनय

संजय अभिज्ञान

एक

देश और दुनिया की जिन घटनाओं पर अर्थशास्त्री फूले नहीं समाते, दर्शनशास्त्री अक्सर उन पर अपना माथा पीट लेते हैं। पूँजीवादी मॉडल का विरोध इसका सहजतम उदाहरण है। आर्थिक असमानता, श्रमिक शोषण, उपभोक्तावादी हवस और प्रकृति के अतिशय शोषण जैसी कीमतें चुका कर ऊँची प्रतिव्यक्ति आय और विकास दर हासिल करनेवाली अर्थनीति पर शुरू से प्रश्नवाचन हो रहा है। मानव मूल्यों और आर्थिक सिद्धांतों को एक-दूसरे से अलग करने पर आपत्तियाँ 200 साल पहले ही आरंभ हो गयी थीं, जब एडम स्मिथ, जे.एस. मिल, और मार्शल आधुनिक अर्थशास्त्र की नींव रख रहे थे। इंग्लैंड की औद्योगिक क्रांति के दौरान होनेवाली श्रमिकों की दुर्दशा तब तक अंतर्राष्ट्रीय ग्लानि की बात बन चुकी थी। इसलिए जॉन रस्किन 1860 में लिखी अपनी ऐतिहासिक पुस्तक 'अनटू दिस लास्ट' में उन सिद्धांतों को 'अमानवीय' करार दे चुके थे, जिन पर आज के पश्चिम प्रेरित खुले अर्थतंत्र अपनी गगनचुंबी इमारत के साथ खड़े हैं। रस्किन वस्तुतः जे.एस. मिल के मानवाधिकारी आलोचक थे, इसीलिए उन्होंने मिल की उपयोगिता (यूटिलिटी) की अवधारणा की धज्जियाँ उड़ायी थीं। 'अनटू दिस लास्ट' में रस्किन ने एलान कर दिया था कि जो अर्थशास्त्र 'निजी मुनाफे को अधिकतम करने की प्रवृत्ति' को आधारभूत मान्यता के रूप में स्वीकार करता हो और जो नागरिकों को असीमित आय और अंतहीन उपभोग की छूट देता हो, वह मानवीय नहीं हो सकता। रस्किन क्लासिकल अर्थशास्त्र की चीरफाड़ का यह काम मार्क्स और एंजिल्स के समांतर कर रहे थे, हालाँकि 'दास कैपिटल' में पूँजीवाद पर ज्यादा गंभीर आरोप लगाये जा रहे थे। मार्क्स पूँजीवाद में सिर्फ आर्थिक सिद्धांतों और मानव मूल्यों का तलाक ही नहीं देख रहे थे, उन्हें उसमें एक 'ऐतिहासिक भौतिकवाद'—वर्ग, संघर्ष, साम्राज्यवादी विस्तार और अंततः पूँजीवादी तंत्र का विनाश—भी नजर आ रहा था। मार्क्स के गरम पंथ के विपरीत रस्किन के नरम पंथ का सबसे सच्चा और

प्रखर प्रतिनिधित्व भारत के मोहनदास करमचंद गांधी ने किया, जो हालाँकि अर्थशास्त्री नहीं थे, मगर जिन्होंने मूल्य आधारित अर्थशास्त्र के कुछ अत्यंत व्यावहारिक उदाहरण विश्व के सामने रखे। गांधी की तुलना नव-क्लासिकल अथवा जॉन मेनार्ड कीन्स के समकालीन अर्थशास्त्रियों से कभी नहीं की गयी, मगर इस बात पर दोराय नहीं है कि उनका जो थोड़ा-बहुत आर्थिक चिंतन उपलब्ध है, उसमें एक अलग अंतर्राष्ट्रीय आर्थिक मॉडल के रूप में विकसित होने की संभावना आज भी है। क्लासिकल अर्थशास्त्रियों के समय से अर्थशास्त्र को मनहूस विज्ञान (डिस्मल साइंस) कहने का जो रिवाज चला था, उससे एक कदम आगे जा कर गांधी ने एक जगह लिखा कि 'जिस अर्थशास्त्र में नैतिक मूल्यों के लिए कोई जगह न हो, उसे मैं झूठा अर्थशास्त्र मानता हूँ।' इसी विचार को स्थापित करते हुए उन्होंने रस्किन की तरह प्रचलित अर्थशास्त्र की मूल मान्यताओं को चुनौती दी और निजी स्वार्थ की जगह 'आत्म-संयम', 'अधिकतम' को उन्मुख प्रवृत्ति की जगह 'आत्म-संतोष' और सीमांत उपयोगिता की जगह 'सेवाभाव' जैसे नैतिक विकल्प रखे। इस तर्क के साथ कि केवल जंगल का अर्थशास्त्र ही आत्मस्वार्थ को वैध मान्यता दे सकता है। 'कल्याणकारी अर्थव्यवस्था' की अवधारणा तो बाद में पुष्ट हुई, गांधी उससे पहले 'सर्वोदय' और 'अन्त्योदय' के लक्ष्य प्रतिपादित कर चुके थे। इस तरह आर्थिक विवेक (इकॉनामिक रेशनलेटी) के समूचे सिद्धांत को ही उन्होंने उलट कर रख दिया।

दो

आमुख थोड़ा लम्बा हो गया है, मगर इसके बिना मानवाधिकारों को अंतर्राष्ट्रीय अर्थनीति से जोड़ने के पाखंड का पर्दाफाश ठीक से नहीं हो सकता था। मकसद सिर्फ यह दिखाना है कि मानवाधिकार का नाजुक मुद्दा उस अर्थशास्त्र से जोड़ा जा रहा है, स्वयं जिसे विचारकों ने अमानवीय माना है। बिलकुल वैसे ही जैसे कोई हिटलर की दुहाई दे कर प्रजातंत्र की बात करे या नाथूराम गोडसे की मिसाल दे कर सांप्रदायिक सद्भाव का प्रचार किया जाये।

तुलनात्मक लाभ (कार्पेरेटिव एडवांटेज) के तहत होनेवाले प्रचलित अंतर्राष्ट्रीय व्यापार में राष्ट्रीय स्वार्थ की मूल भूमिका होती है। दूसरे राष्ट्रों पर एहसान करने या खैरात के मकसद से अंतर्राष्ट्रीय व्यापार नहीं किया जाता। बल्कि इतिहास गवाह है कि अंतर्राष्ट्रीय व्यापार की शालीन आड़ में ही कलुषित उपनिवेशवाद परवान चढ़ा। इसके लिए ईस्ट इंडिया कंपनी की मिसाल दोहराने की जरूरत नहीं। मगर मानवाधिकारों की सार्वभौमिक घोषणा करनेवाले राष्ट्रसंघ चार्टर और नागरिक व राजनीतिक अधिकारों पर ऐतिहासिक जिनीवा सम्मेलन के प्रारूप बनानेवालों को

शायद अंदाजा भी न होगा कि भविष्य में मानवाधिकारी सरोकार का इस्तेमाल अंतर्राष्ट्रीय व्यापार की कूटनीति में किया जायेगा। वरना वह नजारा देखने की नौबत न आती जो जनवरी 1995 में गुटनिरपेक्ष व अन्य विकासशील देशों के श्रम मंत्रियों के दिल्ली सम्मेलन में सामने आया। सामूहिक तौर पर इन श्रम मंत्रियों ने श्रम मानकों के क्रियान्वयन और अंतर्राष्ट्रीय व्यपार को एक-दूसरे से जोड़नेवाले 'सामाजिक प्रावधान' को अस्वीकार कर दिया। सम्मेलन के प्रारूप घोषणापत्र में कहा गया कि 'विश्व में एक नयी किस्म का संरक्षणवाद उभर रहा है, जिसके कारण अंतर्राष्ट्रीय बाजार में विकासशील देशों के मुनाफे घट रहे हैं। कुछ देश श्रम मानकों के नाम पर एकतरफा प्रतिबंधों की कार्रवाई पर उतर आये हैं।'

सम्मेलन में स्पष्ट तौर पर यह राय बनी कि चूँकि कालांतर में अंतर्राष्ट्रीय व्यापार की शैशवावस्था में रहनेवाले चीन और भारत अब बेहतर मुनाफा कमाने की स्थिति में आ गये हैं, इसलिए उनके विरुद्ध अप्रत्यक्ष व्यापारिक बाधाएँ खड़ी की जा रही हैं। यह आशंका भी दर्ज की गयी कि उरुग्वे दौर की व्यापार वार्ता से जो संभावित फायदे विकासशील देशों के हिस्से में आये हैं, इस नवसंरक्षणवाद की बदौलत वे छिन जायेंगे। विकासशील देशों की मुखरता का ही नतीजा है कि स्वयं विश्व व्यापार संगठन के महानिदेशक आर. रगेटियो व्यापार संधि वार्ता में विवादित सामाजिक प्रावधान जोड़ने की पूरे मन से वकालत नहीं कर पा रहे। हालाँकि वह कहते हैं कि संगठन के सभी सदस्य सहमत हों तो सामाजिक प्रावधान को स्वीकृति दी जा सकती है, मगर साथ ही अपने अनेक बयानों में वह यह स्वीकार करते हैं कि यह प्रावधान अंतर्राष्ट्रीय व्यापार में बाधक हो सकता है।

मानवाधिकारी मुहिम के गैर-मानवाधिकारी मंसूबे समझने के लिए तीन देशों की मिसाल काफी होगी। भारत, चीन और इराक के भीतर कथित मानवाधिकार उल्लंघन के आधार पर इन देशों के खिलाफ आंशिक और पूर्ण आर्थिक प्रतिबंध लगाने की बात अमेरिका और यूरोपीय बिरादरी करती रही है। खाड़ी युद्ध के समय से ही पूर्ण आर्थिक प्रतिबंध झेल रहे इराक के खिलाफ मानवाधिकार उल्लंघन का मुद्दा इन प्रतिबंधों को जारी रखने के लिए इस्तेमाल किया गया है। इनमें से प्रत्येक देश के मामले पर अलग से चर्चा की यहाँ जरूरत है।

सबसे पहले भारत को लें। वर्ष 1994 के दौरान दुनिया भर में मानवाधिकारों की दशा पर अमेरिकी प्रशासन में एक रिपोर्ट तैयार की है, जिसे अमेरिकी संसद के समक्ष रखा गया। इस रिपोर्ट में अमेरिका ने अपने अलावा दुनिया के किसी बड़े देश को नहीं बख्शा है। 1500 पृष्ठ की इस रिपोर्ट में 24 पृष्ठ भारत के बारे में हैं, जिनका सार यह है कि भारत में गैर-न्यायिक मंचों पर मृत्युदंड सुनाये जाने, यातना देने, राजनीतिक हत्याएँ, अपहरण, पुलिस हिरासत में हत्या व बलात्कार, फर्जी मुठभेड़ में लोगों को मारे जाने जैसी घटनाएँ आम हैं और उत्तर भारत व

कश्मीर में सुरक्षा बल अत्याचार कर रहे हैं। कालीन, हौजरी और काँच उद्योग में व्याप्त बाल मजदूरी को सबसे गंभीर क्षेत्र माना गया है। कश्मीर में सुरक्षा बलों की कार्रवाई का उल्लेख तो अक्सर राजनीतिक संदर्भों में होता है, मगर बाल मजदूरी का विशुद्ध आर्थिक आयाम विकसित हुआ है। इस सिलसिले में अमेरिकी संसद में मिर्जापुर, बेंगलूर और फिरोजाबाद सरीखे क्षेत्रों के बाल श्रमिकों की तस्वीरें दिखायी गयी हैं। अंतर्राष्ट्रीय श्रम अधिकार फंड नामक एक अमेरिका संस्था के कार्यकारी निदेशक फाटिस. जे. हार्वे ने सरकार से माँग भी है कि अगर भारतीय कालीन उद्योग बाल श्रम की अनुपस्थिति सुनिश्चित करनेवाला टगमार्क फाउंडेशन का लेबल नहीं लगाता, तो बाँग्लादेशी कालीन उद्योग की तरह उसे भी रास्ते पर लाना होगा। एक अन्य अमेरिकी मानवाधिकारी आंदोलनकारी ने अपनी सरकार से पूछा है कि जब अमेरिका में हाथीदाँत की चीजों, लुप्तप्राय जानवरों की हड्डियों व खालों के सामान तथा कारावास श्रम से बनी वस्तुओं के आयात पर प्रतिबंध है, तो भारत के बाल मजदूरों के उत्पादों के आयात को कैसे सहन किया जा रहा है ? उधर, अंतर्राष्ट्रीय श्रम संगठन (आइ एल ओ) के आँकड़े बताते हैं कि भारत में तकरीबन पौने दो करोड़ बाल मजदूर कारखानों में सड़ रहे हैं। ऐसे आँकड़ों से द्रवित हो कर जर्मनी और फ्रांस जैसे राष्ट्र भी भारतीय कालीनों के बहिष्कार का अभियान चला रहे हैं।

ये आँकड़े सचमुच शर्मसार करनेवाले हैं। पौने दो करोड़ बाल मजदूरों का तथ्य हृदयविदारक है। मगर जिन लोगों को इस जगजाहिर बात का इल्म है कि इसी भारत में 40 करोड़ लोग गरीबी रेखा के नीचे पशुओं के उपभोग स्तर के साथ जिदंगी जी रहे हैं, वे इस आँकड़े पर न तो चौंकने का स्वाँग और न ही उत्पादों का बहिष्कार करेंगे। पौने दो करोड़ अगर बाल मजदूर हैं, तो उससे तीन गुना संख्या वृद्ध मजदूरों की होगी, जो अशक्त और बीमार देह से ईंट-गारा ढोने तक का काम किये जाते हैं। लाखों हाथरिक्शा मजदूर, लाखों वेश्याएँ, लाखों मैला ढोनेवाले लोग भी हैं, जो मानवाधिकार की कसौटी पर किसी तरह उचित नहीं ठहराये जा सकते। मगर दुनिया के प्रबुद्धतम और प्राचीनतम राष्ट्रों में एक भारतवर्ष अगर इन नासूरों के बावजूद अपनी काया को घसीट रहा है, तो उसके पीछे सिर्फ इस ऐतिहासिक तथ्य का एहसास है कि बाल मजदूरी वास्तव में गरीबी, बेरोजगारी और कम मजदूरी की बड़ी आर्थिक समस्याओं का अनिवार्य सह-उत्पाद है और इसका निराकरण केवल दीर्घकालिक क्रमिक विकास से ही संभव है। दुनिया के श्रेष्ठ अर्थशास्त्रियों ने माना है कि आर्थिक उन्नति, लोकतंत्र और न्यायपालिका की गुणवत्ता और मानवाधिकारों की दशा एक-दूसरे पर निर्भर चीजें हैं। बाल मजदूरी भुखमरी के पेड़ पर उगा एक बदसूरत काँटा है। समस्या जब इस पेड़ की जड़ को बदलने की हो, तो डाली पर उगे किसी काँटे पर होनेवाला विलाप संदेह पैदा

करता है। इसीलिए बाल श्रम पर पश्चिमी देशों की आपत्ति को सम्मान के साथ नहीं देखा जाता। इसके कारण कई हैं। एक तो अभी यह स्पष्ट नहीं हुआ है कि इन देशों की रुचि किस चीज में ज्यादा है—बाल श्रम से बनी चीजों की खरीदारी पर प्रतिबंध लगाने में या बाल श्रमिकों की दशा सुधारने में। वस्तुओं का बहिष्कार बाल मजदूरी के अंत की गारंटी नहीं देता। वस्तुएँ नहीं बिकेंगी तो बाल श्रम सेवाओं के क्षेत्र में मुड़ जायेगा। होटलों व ढाबों में, घरों की नौकरियों में, खोमचे-छाबड़ी और पटरीवालों में। उनका निदान पश्चिम के मानवाधिकारी कैसे करेंगे ? इसलिए संरक्षणवाद के आरोप को छोड़ दें तो भी प्रतिबंध की भाषा से समस्या के प्रति आँखे मूँद लेनेवाले रवैये की गंध आती है। एशियाई हकीकत से अनजान कुछ धनाढ्य पश्चिमी लोगों के इस मानवाधिकारी भावुकतावाद की कलई बाँग्लादेश में खुल चुकी है। 'चाइल्ड लेबर कोएलिशन' सरीखी कुछ अमेरिकी संस्थाओं के तत्वावधान में बाँग्लादेश के बाल श्रम-बहुल गारमेंट उत्पादों का बहिष्कार करने की मुहिम चलायी गयी, जिसमें यूनिसेफ और अंतर्राष्ट्रीय श्रम संगठन की सहमति रही। नतीजतन ढाका में लगभग 75 प्रतिशत बाल मजदूरों की छँटनी कर दी गयी। बाद में स्वयं यूनिसेफ और अंतर्राष्ट्रीय श्रम संगठन ने सर्वेक्षणों के बाद निष्कर्ष निकाला कि इन बच्चों की हालत वास्तव में पहले से भी बुरी हो गयी। उपचार बीमारी से ज्यादा तकलीफदेह साबित हुआ। भारत के प्रकांड ग्रामीण इलाकों में दरिद्रता का चेहरा इससे कम भयावह नहीं है। विकास का यह स्तर है कि राजधानी दिल्ली में संसद भवन से बमुश्किल 30 किलोमीटर दूर स्थित बदरपुर खादर नाम का एक अंगूठाटेक गाँव है, जहाँ एक भी निवासी साक्षर नहीं। ऐसी सूरत में विकल्प के तौर पर सिर्फ मुखमरी और बीड़ी-नशे के व्यसन ही उपलब्ध हों, तो कोई अचरज नहीं कि कालीन कारखाने से छँटनी के बाद बाल मजदूर दो रोटी से भी हाथ धो बैठें। ऐसी गरीबी में जब मनोरंजन और शिक्षा चोंचले नजर आते हों, तब पश्चिम के जीवन मानक यहाँ लागू करने की बात ही हास्यास्पद है। सिर्फ एक कारखाने की नौकरी ही कई बार किशोर श्रमिकों को जिदंगी का आधार बननेवाले सपने और उम्मीदें दे देती है और अभाव से जूझते परिवार में थोड़ा सम्मान भी। चाँदी का चम्मच जो मुँह में ले कर नहीं पैदा होते, जिदंगी उनके लिए पहले दिन से एक संघर्ष है।

इधर मनोचिकित्सकों ने भी कुछ दिलचस्प सवाल उठाये हैं। फूल-से नाजुक बच्चों पर पाँच सेर का बस्ता तथा होम वर्क और ट्यूशन का बोझ लादनेवाली आधुनिक शिक्षा प्रणाली के खिलाफ वे मानवाधिकारी आपत्ति की गुंजाइश देख रहे हैं। साढ़े तीन साल के बच्चे को साक्षात्कार और परीक्षा की निष्ठुर प्रक्रिया से गुजारने के बाद उसके बचपन को नम्बरों की गलाकाट स्पर्धा और परीक्षाओं के आतंक में रेहन रखनेवाले शिक्षातंत्र की तुलना क्या कालीन उद्योग से की जानी चाहिए ?

दूसरे, क्या गर्भपात और भ्रूण-परीक्षण के बाद कन्याओं की हत्या के मुद्दों में भी मानवाधिकार हनन देखा जा सकता है ?

ऐसे तर्क देने के मगर खतरे बहुत हैं। पाठक फौरन आपमें बाल श्रम का समर्थन करनेवाले एक राक्षस की छवि देख सकते हैं। यथास्थितिवादी होने का आरोप भी आप पर लगाया जा सकता है। सबसे बड़ा खतरा यही है कि आपको विकासशील देशों की उन सरकारों का हिमायती समझ लिया जाये जो बाल श्रम के परिहार्य पहलुओं की तरफ भी पीठ किये बैठी हैं। दुनिया का कोई सभ्य आदमी बाल मजदूरी को उचित नहीं ठहरा सकता, यह बात निश्चित है। इतनी ही निश्चित बात यह है कि बाल मजदूरी जैसी व्याधियों से मुँह चुरा कर एशियाड और अपना उत्सव जैसे चोंचलों पर पैसा बहानेवाली सरकार की बेहूदा वरीयताओं को भी कोई सभ्य आदमी जायज नहीं ठहरायेगा। बेशक बाल श्रम विरोधी मुखरता का इतना लाभ हुआ है कि आम नागरिक की तकलीफों पर एक हद तक संवेदनहीन और काहिल रवैया रखनेवाली भारत सरकार ने सन 2000 तक 20 लाख बालकों को श्रममुक्त करने का लक्ष्य रखा है। लेकिन निवेदन यह भी है कि इसका सारा श्रेय पश्चिम के संदिग्ध मानवाधिकारी संगठनों को नहीं लूटने दिया जा सकता। भारत में भी श्रमिक शोषण विरोधी प्रतिबद्ध संगठन लम्बे समय से सक्रिय रहे हैं, हालाँकि उनकी ऊर्जा 'बँधुआ मजदूरी' जैसी एक ज्यादा गंभीर बीमारी के इलाज में खर्च होती रही है। मकसद सिर्फ यह कहने का है कि जो वांछित है, वह हमेशा संभव नहीं होता। 22 प्रतिशत वयस्क पुरुषों की बेरोजगारी और अल्परोजगारी जैसी ज्यादा गभीर समस्याएँ मौजूद हैं, इसीलिए तो भारत सरकार घोषणा भी करती है तो सन 2000 तक सिर्फ 20 लाख बाल मजदूरों को मुक्त करने का वादा करती है। अमल कहाँ तक हो पाता है, यह और भी संदिग्ध है। इस हिसाब से तो पौने दो करोड़ बाल मजदूरों को कारखानों से आजाद करने में आधी शताब्दी और लग सकती है। व्यावहारिक विवशता ही है कि इस कलंक को धोने के लिए सरकार बेशर्मी से पूरी आधी सदी की मोहलत माँग रही है। इस विवशता को देखते हुए भी पश्चिमी देश अगर प्रतिबंध की जल्दबाजी दिखाने लगें, तो उनके मंसूबों पर शक क्या स्वाभाविक नहीं।

उत्तर भारत के आदर्शवादी जब पहली बार कलकत्ता जाते हैं तो वहाँ हाथ रिक्शा मजदूरों को देख कर उनका कलेजा मुँह को आ जाता है। उनमें से अनेक हाथ रिक्शा पर सवारी नहीं करने का फैसला करते हैं और अपनी इंसानियत पर मुग्ध होते हुए लौट आते हैं। मगर हकीकत में यह नकारात्मक करुणा ही होती है। सवारी न करने के निर्णय से वे हाथ रिक्शा मजदूर को उसकी दिहाड़ी से भी वंचित कर आते हैं। रचनात्मक करुणा तब होती, जब वे बिना सवारी किये मजदूर को भाड़ा दे कर लौटते। ऐसे नकारात्मक दयालुओं की ही कृपा से हाथ रिक्शा का

प्रचलन आज तक खत्म नहीं हो पाया है। वेश्यावृत्ति फलने-फूलने का एक कारण यह भी होता है कि सभ्य समाज के बहिष्कार के कारण वैकल्पिक रोजगार अबलाओं को उपलब्ध नहीं होते। श्रम स्वाभिमान और स्वतंत्रता से वंचित कर दिये जाने के कारण बच्चे अक्सर अनाथालयों और सुधार गृहों से भाग जाते हैं। बाल मजदूरों के भोजन और शिक्षा के लिए पश्चिमी दयानतदार आर्थिक सहायता राशि मुहैया करायें, तो यह निश्चित तौर आर्थिक प्रतिबंधों से बेहतर होगा। सौ अच्छे इरादों की तुलना में एक अच्छा कर्म बेहतर होता है। इसलिए स्कूलों में दोपहर के भोजन की सरकारी योजना बाल मजदूरी की समस्या पर ज्यादा प्रभावी और निर्णायक प्रभाव डाल सकती है।

इसे समझने के लिए स्वयं किसी मानवाधिकार कार्यकर्ता की राय ज्यादा कारगर हो सकती है। अखबारी रिकार्ड के अनुसार जून 1995 में बाल श्रम पर आयोजित एक राष्ट्रीय सम्मेलन में 'बँधुआ मुक्ति मोर्चा' के शीर्षपुरुष स्वामी अग्निवेश ने बयान दिया—'आरंभ में उन्होंने (अमेरिका, जर्मनी और अन्य यूरोपीय राष्ट्र) बाल श्रम और बँधुआ श्रम के खिलाफ लड़ाई में हमारा साथ दिया, मगर जल्दी ही वे बाल श्रम के विरुद्ध आर्थिक प्रतिबंध की बात करने लगे। फिर अमेरिका और फ्रांस की सरकारों ने विश्व व्यापार संगठन के बैनर तले 'सामाजिक प्रावधान' में 'बलपूर्वक श्रम' के विरुद्ध विलाप का प्रायोजन आंरभ कर दिया। नतीजतन आसार ऐसे बन रहे हैं कि भविष्य में हम घास का एक तिनका भी नहीं निर्यात कर पायेंगे। कालीन, हीरे और हस्तशिल्प आदि तो बाद की बातें हैं। उनकी मानवीय चिंताएँ खास उद्देश्यों से प्रेरित हैं। ये वही देश हैं, जो पिछले 20 सालों से अपने सकल घरेलू उत्पाद का 0.7 प्रतिशत हिस्सा विकासशील देशों को बतौर 'आधिकारिक विकास सहायता' देने का विरोध कर रहे हैं। ये वे देश हैं, जो तीसरी दुनिया के देशों की ऋणमाफी में लगातार आनाकानी कर रहे हैं। हमारे देश में वे अपनी पूँजी का बेरोकटोक प्रवेश चाहते हैं। हमने अपने द्वार उनके लिए खोल दिये हैं, मगर हमारी श्रमशक्ति के लिए उन्होंने अपने द्वार नहीं खोले हैं...।'

तीन

चीन का उदाहरण ऐसा है, जिसने अमेरिका और उसके पिछलग्गू देशों के मानवाधिकारी संरक्षणवाद को रीढ़विहीन साबित कर दिया है। लम्बे समय से चीन पर जबरन गर्भपात और नसबंदी, कारावास श्रम तथा कैदियों को अपने अंग दान करने पर विवश करने जैसे आरोप लगते रहे हैं। थ्येन आन मन चौक पर लोकतंत्र समर्थकों के दमन के बाद मानवाधिकार के मोर्चे पर चीनी प्रशासन और बदनाम हुआ। अमेरिका की अगुआई में चीन के आर्थिक बहिष्कार का माहौल तैयार करने

की कार्रवाई शुरू हुई, जिसके पहले चरण के रूप में मई 1993 में राष्ट्रपति बिल क्लिंटन ने चीन का व्यापार में अति अनुकूल राष्ट्र (एम. एफ. एन.) का दरजा रद्द करने की चेतावनी दी। अमेरिका ने जिन देशों को यह दरजा दे रखा है, उन्हें अमेरिका में न्यूनतम आयात शुल्क दरों पर अपने माल को बेचने की आजादी होती है। अमेरिकी पत्र-पत्रिकाओं ने चीनी कारावासों के 'अमानवीय' नजारों के चित्र प्रकाशित किये और क्लिंटन की चेतावनी की जोरदार वकालत की। मगर एक साल बाद जून 1994 में, जब विवाद अपने चरम पर था, अमेरिकी राष्ट्रपति ने बाकायदा झुकते हुए एम. एफ. एन. दरजा बहाल करने की घोषणा की। जिस समय क्लिंटन ने यह रणछोड़ फैसला किया, उसके सिर्फ 72 घंटे पहले चीन ने एक ऐसी चालित अंतरमहाद्वीपीय बेलिस्टिक मिसाइल का परीक्षण किया था, जो अमेरिका के पश्चिमी तटों पर मार करने में सक्षम थी। यही नहीं, एक दिलचस्प संयोग दर्शाते हुए थ्येन आन मन दमन की छठी वर्षगाँठ की ऐन पूर्वसंध्या पर क्लिंटन प्रशासन ने यह काम किया। अंतर्राष्ट्रीय उपहास की वेला में शर्म से बचने के लिए व्हाइट हाउस ने उस समय यह बयान भी जारी कर दिया कि 'एम. एफ. एन. और मानवाधिकारों को जोड़ना ठीक नहीं है।'

मानवाधिकारी आग्रहों को ताक पर रख कर चीन से अच्छे व्यापारिक संबंध बनाये रखने का निर्णय अमेरिका ने क्यों किया—यह कोई अबूझ पहेली नहीं। अमेरिका का राष्ट्रीय आर्थिक स्वार्थ ही इसके पीछे था। वास्तव में मानवाधिकार के मुद्दे पर चीन से व्यापार घटाने की बात का अमेरिकी उद्योग जगत में कभी स्वागत नहीं किया गया। फोर्ड और बोइंग जैसे कम्पनी समूहों के मालिकों ने तो इस पर सार्वजनिक बयानों में आपत्ति भी की थी। इसकी वजह थी। चीनी व्यापार प्रतिनिधियों ने अप्रत्यक्ष तौर पर अमेरिकी उद्योगपतियों को चेता दिया था कि अगर अनुकूलतम राष्ट्र का दरजा वापस लिया गया तो उनकी कंपनियों को चीन से बोरिया-बिस्तर समेटने पर मजबूर कर दिया जायेगा। अमेरिकी कारों और पुर्जों पर भी प्रतिबंध की धमकी दी गयी। वैसे भी, 1980 के बाद चीन में 50 अरब डॉलर से अधिक विदेशी पूँजी निवेश हो चुका है, जिसका अधिकांश हिस्सा अमेरिकी उद्योगपतियों से संबंध रखता है। लिहाजा अपने उद्योगपतियों के मुनाफे घटने की चिंता (अथवा खौफ) राष्ट्रपति क्लिंटन के लिए मानवाधिकार की चिंता से बड़ी साबित हुई और उन्होंने झुकना कबूल किया। या, यों कहें कि अमेरिकी उद्योगपतियों के मानवाधिकार बचाने के लिए उन्होंने चीनी कैदियों के मानवाधिकार की फिक्र छोड़ दी। यह भी सर्वविदित है कि एम. एफ. एन. बहाली के बमुश्किल डेढ़ माह बाद अमेरिकी वाणिज्य मंत्री रोनाल्ड ब्राउन पेइचिंग गये और पाँच अरब डॉलर के निवेश की गारंटी दे आये।

सीधी-सी बात है, दुनिया का सबलतम राष्ट्र दुनिया के जनबहुलतम राष्ट्र

के साथ व्यापारिक संबंध तोड़ कर व्यवस्थित नहीं रह सकता था। चीन के जूतों और इलेक्ट्रॉनिक खिलौनों पर अमेरिका उपभोक्ता जान छिड़कते हैं। विश्व के ढाई प्रतिशत अंतर्राष्ट्रीय कारोबार पर चीन का कब्जा है। नतीजतन दुनिया का वह ग्यारहवाँ बड़ा व्यापारिक राष्ट्र है। 1993 में 1400 लाख टन तेल उत्पादन के बाद वह विश्व का पाँचवाँ बड़ा तेल उत्पादक राष्ट्र भी बन गया है। 10 प्रतिशत मुद्रास्फीति और 13 प्रतिशत सकल घरेलू उत्पाद वृद्धि दर के साथ चीन का विराट मध्य वर्ग पश्चिम के उद्योगपतियों के लिए बेहद ललचानेवाला बाजार है। अमेरिकी उपभोक्ता चीनी उद्योगों पर इतना आश्रित है कि चीन का 40 प्रतिशत निर्यात वही खरीद लेता है। नतीजे में चीन के साथ व्यापार में अमेरिका को 25 अरब डॉलर का व्यापार घाटा है। चीन का उदीयमान व्यापारिक व्यक्तित्व और बढ़ता व्यापार घाटा—ये दोनों चीजें अमेरिका को चीन पर प्रत्यक्ष-अप्रत्यक्ष व्यापारिक नियंत्रण बढ़ाने को उकसाती हैं, मगर उपभोक्ता का दबाव और यूरोपीय उद्योगपतियों के चीन में हावी होने का डर उसे चीन से व्यापार बरकरार रखने पर विवश करता है। व्यापारिक कूटनीति और व्यावहारिक विवशता का यह आंतरिक संघर्ष ही एम. एफ. एन. रद्द करने की धमकीवाले घटनाक्रम में प्रकट हुआ।

इराक की मिसाल अनोखी है। अमेरिका और उसके मित्र राष्ट्र वहाँ मानवाधिकार के नाम पर मानवाधिकार हनन को जारी रखे हुए हैं। 1990 में सद्दाम हुसेन के नेतृत्व में कुवैत पर कब्जे के बाद उसके खिलाफ आर्थिक प्रतिबंध लागू किये गये थे, जिनसे लगभग समूची अंतर्राष्ट्रीय बिरादरी सहमत थी। फरवरी 1991 में इराक की पराजय के बाद सुरक्षा परिषद ने अमेरिका के प्रभाव में तैयार किया गया एक प्रस्ताव पारित किया, जिसमें वे शर्तें गिनायी गयीं, जिनके तहत आर्थिक प्रतिबंध हटाये जाने थे। इन शर्तों में इराक के सभी जनसंहारक हथियारों का विध्वंस, कुवैत की संप्रभुता की बहाली और उसे युद्ध का हर्जाना दिया जाना प्रमुख थीं। अब आर्थिक प्रतिबंध झेलते हुए इराक पाँच वर्ष से ज्यादा समय गुजार चुका है। इस बीच राष्ट्र संघ के शीर्ष अधिकारियों तक ने राष्ट्रसंघीय प्रस्ताव की शर्तों की बाबत इराक का रिकार्ड अच्छा पाया है। कोई जैव हथियार या लम्बी दूरी की मिसाइल आदि भी इराक में नहीं खोजे जा सके। मगर चूँकि सद्दाम हुसेन लगातार सरकार में बने रहे, इसलिए अमेरिका ने आर्थिक प्रतिबंध ढीले करने में कोई रुचि नहीं दिखायी। अब इन प्रतिबंधों को जारी रखने के लिए कुवैती कैदियों की रिहाई और उनके मानवाधिकार तथा कुर्द व शिया आबादी पर अत्याचार के तर्क भी दिये जाने लगे हैं। इस बीच इराक को दो बार कुछ कड़ी निगरानी में कुछ तेल की बिक्री की छूट राष्ट्रसंघ ने दी, ताकि वह चिकित्सा सामग्री आदि जुटा सके, मगर दोनों बार सद्दाम और उनके मंत्रिमंडल ने प्रस्तावों की शर्तों को मुल्क के लिए नाकाबिले-बर्दाश्त बता कर ठुकरा दिया।

अब हालत यह है कि इराक में छह वर्ष से कम उम्र के दो लाख बच्चे दवाओं के अभाव में दम तोड़ चुके हैं। ऑपरेशन से पहले बेहोश करनेवाली दवाएँ तक वहाँ उपलब्ध नहीं। जो इराक प्रतिवर्ष लगभग 25 अरब डॉलर का तेल निर्यात करता था, आज उसके सभी विदेशी खाते बंद हैं। उसके करोड़ों लोग 2000 प्रतिशत की मुद्रास्फीति दर झेल रहे हैं। पाँच साल पहले एक इराकी दीनार के बदले तीन डॉलर मिलते थे, अब 200 दीनार दे कर भी एक डॉलर पाना मुश्किल है। दुग्ध पाउडर भारतीय दर के हिसाब से वहाँ 4000 रुपये प्रति किलो और दालें 3000 रुपये किलो के भाव पर बेची जा रही हैं। स्वयं यूरोप और अमेरिका के पत्र-पत्रिकाओं में इराक की इस हालत की रिपोर्टें लगातार छपती रही हैं। सबसे प्रमुख तथ्य यही है कि इराकी जनता को उसकी जरूरत की 45 प्रतिशत दवाओं से वंचित रहना पड़ रहा है।

सद्दाम हुसेन को उसके विस्तारवादी मंसूबों के लिए सबक सिखाने की बात पर बहुत कम लोगों को आपत्ति होगी। विडम्बना यह है कि एक नेता और उसकी सरकार को रास्ते पर लाने के लिए लाखों अबोध शिशुओं के मानवाधिकारों का हनन किया जा रहा है। अमेरिका को उम्मीद थी कि सशस्त्र सैनिक विद्रोह सद्दाम को अपदस्थ कर देगा। ऐसा नहीं हुआ। सद्दाम हुसेन को सजा देने में अमेरिका और अरब देश बुरी तरह विफल रहे । न सिर्फ उन्होंने इराक पर सद्दाम की पकड़ को समझने में गलती की, बल्कि बाद में उसे हटाने की कोई कारगर कार्यनीति नहीं विकसित कर पाये। इस तरह पश्चिमी पर्यवेक्षकों की गलती का खमियाजा इराकी जनता भुगत रही है। यह देखना भी दहशतअंगेज है कि इराक में कौन सरकार चलाये, इसका फैसला अमेरिकी सरकार ही करना चाहती है। कुछ विशेषज्ञ यह भी मान रहे हैं कि अगर क्लिंटन के कार्यकाल में सद्दाम सत्ताच्युत कर दिये जाते हैं, तो क्लिंटन वह काम करने का राजनीतिक श्रेय लूट लेंगे, जो काम जॉर्ज बुश नहीं कर पाये। मगर यह सारी कूटनीति, सारी राजनीति आर्थिक प्रतिबंधों की बिसात पर खेली जा रही है।

चार

यह निर्विवाद है कि प्रभावी लोकतंत्र और आजाद प्रेस के अभाव में स्वतंत्र मानवाधिकार संगठनों की जरूरत होती है। यह भी स्वीकार करने में ज्यादा आनाकानी नहीं करनी चाहिए कि अब हम उसी विश्व में रहते हैं जिसे पश्चिम परिभाषित करता है। पूर्वी देशों की मानसिकता का सबसे दुखद पक्ष ही यह है कि वे अपने गुणों के लिए पश्चिम से ही सर्टीफिकेट की माँग करते हैं। जब तक यह प्रवृत्ति सिर्फ राजनीतिक हलकों में रहती है, तब तक बहुत चिंता की बात

नहीं। मगर जब देश के प्रत्येक मजदूर और प्रत्येक उद्योग को प्रभावित करनेवाली अर्थनीति भी इस मानसिकता की चपेट में आने लगे, तो यह बताना जरूरी है कि स्वयं पश्चिमी देश कैसी दोमुँही नीतियाँ अपनाये हुए हैं। मानवाधिकार जब अर्थनीति और विदेश नीति का औजार बनने लगे, तो यह रेखांकित करना जरूरी है कि जिनीवा सम्मेलन के बाद भी दशकों तक पश्चिमी देश भारत और एशियाई देशों की सस्ती श्रम लागत का लगातार फायदा उठाते रहे। मानवाधिकारी तर्क से प्रेरित हो कर ऐसी दरियादिली उन्होंने कभी नहीं दिखायी कि भारत आ कर भारतीय मजदूरों को वे अपने देशों की दरों के हिसाब से मजदूरी दें। मानवाधिकार के नगाड़ा वादन के बावजूद 'न्यूनतम मजदूरी ' आज तक राष्ट्रीय सरकारों का विषय है, जबकि 1944 में अतंर्राष्ट्रीय श्रम संगठन के उद्देश्यों के घोषणापत्र में ही यह स्पष्ट कर दिया गया था कि न्यूनतम मजदूरी की अंतर्राष्ट्रीय दरों पर विचार किया जायेगा। '80 का दशक आते-आते जब भारत और चीन ने क्रमशः कालीन, वस्त्र और इलेक्ट्रॉनिक्स के क्षेत्र में अंतर्राष्ट्रीय चुनौती देना शुरू किया, तभी जा कर बाल मजदूरों और कारावास श्रमिकों की दुर्दशा पर उनकी आँख गीली हुई। इन देशों के मानवाधिकार संगठनों से सूडान के नेता हसन अल तूरेनी की यह शिकायत काबिले-गौर है कि वह सात वर्षों तक जेल में सड़ते रहे, मगर किसी संगठन ने उनकी सुध नहीं ली। यह देखना भी आश्चर्यजनक है कि व्यक्तिगत मानवाधिकार के हनन के मुद्दे पर दुनिया के देशों को कठघरे में खड़ा करनेवाले ये देश खुद सामूहिक मानवाधिकार हनन के दोषी हैं। मसलन पृथ्वी के गरम होते जाने के मुद्दे पर अमेरिका, कनाडा और आस्ट्रेलिया की चुप्पी देखने लायक है। ऐसे ही औद्योगिक देशों से कार्बन डाइ-आक्साइड के उत्सर्जन में कमी लाने की गुहार की गयी है। ये देश ग्रीन हाउस गैसों का सर्वाधिक उत्सर्जन करते हैं और ओजोन अपरदन में बड़ी भूमिका निभा रहे हैं। रूस, जापान और स्पेन पर समुद्र के अतिशय दोहन और मछुआरों को बेरोजगार बनाने के आरोप हैं। औद्योगिक देशों को होनेवाला निर्यात ही वर्षा वनों की कटाई का जिम्मेदार बताया जा रहा है। वियतनाम में जब अमेरिकी सेनाएँ लाखों नागरिकों पर बमबारी कर रही थीं, तब किसी भी राष्ट्र ने मानवाधिकार के नाम पर अमेरिका का आर्थिक बहिष्कार नहीं किया। अमेरिका में जो थोड़ा-बहुत विरोध हुआ भी था, वह निर्दोष वियतनामियों के मानवाधिकारों के लिए नहीं, युद्ध में मारे जा रहे नौजवान अमेरिकी सैनिकों के लिए था। आज भी श्वेतों और अश्वेतों की बराबरी अमेरिका में एक सपना है। यह भी छिपा नहीं कि स्वयं अमेरिका ने अपने औद्योगिक विकास के आरंभ में स्थानीय आबादियों का कैसे दमन किया। हाल तक दक्षिणी अफ्रीका को उपनिवेश बना कर रखनेवाला ब्रिटेन भी मानवाधिकार का झंडा बुलंद करता रहा है। यह सब जानते-बूझते भी तीसरी दुनिया का कोई देश अंतर्राष्ट्रीय व्यापारिक मंच पर 'सामाजिक प्रावधान' पर आपत्ति न करे, तो उसे आत्मघात से कौन रोक सकता है ?

समूह अधिकारों की उपेक्षा

मस्तराम कपूर

मानवाधिकारवादियों की मानव संवेदना कई बातों को देख कर संदेहास्पद प्रतीत होती है। प्रथम तो यह कि यह आंदोलन उन देशों ने शुरू किया, जिन्होंने अपने उपनिवेश बनाने और उन्हें लूटने के क्रम में पूरे के पूरे मानव जाति समूहों का सफाया किया या उन्हें गुलाम बना कर पशुओं की तरह जीने को बाध्य किया या उनका सारा खून निचोड़ कर उन्हें कंकालों के रूप में जीने के लिए छोड़ दिया। इस संबंध में उनकी संवेदना पर्यावरणवादियों से भिन्न नहीं है, जिन्होंने तथाकथित विकास के नाम पर प्रकृति का विनाश करने के बाद और अपने विकास के लाभों का जरा भी त्याग किये बिना प्रकृति के संरक्षण का बीड़ा उठाया है। यह कुछ-कुछ वैसा ही है कि कोई चोर-लुटेरा लोगों को लूट-लूट कर राजा बन जाये और फिर हुक्म जारी करे कि जो भी चोरी करेगा, उसका सिर काट दिया जायेगा।

मानवाधिकारों का नारा समाज के दूसरे, तीसरे या चौथे दरजे के समूहों (विश्व के संदर्भ में दूसरे, तीसरे या चौथे दरजे के देशों) की बराबरी की आकांक्षा को कुचलने का हथियार भी बना दिया गया है। शब्द चूँकि बहुत सुन्दर है और उसे संयुक्त राष्ट्र संघ का अनुमोदन प्राप्त है, अतः उसके खिलाफ कुछ कहना कुफ्र हो सकता है। किंतु हकीकत यही है कि उसका इस्तेमाल निम्न जातियों, समूहों और समाजों के ऊपर उठने की प्रक्रिया के खिलाफ किया जा रहा है। भाजपा, शिव सेना जैसे संगठनों का अल्पसंख्यक आयोग या अनुसूचित जाति जनजाति आयोग को मानवाधिकार आयोग में बदलने की जबरदस्त वकालत इसका एक उदाहरण है। अमेरिका, इंग्लैंड आदि उन्नत देशों का भारत, चीन आदि तीसरी दुनिया के देशों के निर्यात पर मानवाधिकारों के नाम पर पाबंदी लगाना भी इसका उदाहरण है। इरादा एक ही है कि पिछड़े-दबे लोग उठ कर हमारी बराबरी में न आयें और हम जो सुख-सुविधाएँ दैवी अधिकारों के रूप में भोग रहे हैं, उनमें खलल न डालें।

इस प्रकार मानवाधिकार शब्द कुछ लोगों के लिए अपने दैवी अधिकारों को बनाये रखने का छद्मावरण बन रहा है। ध्यान देनेवाली बात है कि मानवाधिकार संगठन केवल नागरिक अधिकारों पर जोर देते हैं, जो व्यक्तिगत अधिकार माने जाते हैं। उन्हें राजनीतिक अधिकारों की भी विशेष चिंता नहीं होती, हालाँकि ये भी व्यक्तिगत अधिकार ही होते हैं। घोर तानाशाही शासनों के खिलाफ, जिनमें व्यक्ति के राजनीतिक अधिकारों का दमन होता है, इन संगठनों को कोई तकलीफ नहीं होती, बल्कि ऐसे शासनों के साथ ज्यादा पटरी बैठती है। किंतु सामाजिक अधिकार, जो समूहगत अधिकार होते हैं, इन संगठनों की कोप दृष्टि का लक्ष्य बनते हैं। जहाँ भी सामाजिक अधिकार के कानूनों के अनुसार समाज के उपेक्षित और अधिकार वंचित तबकों को विशेष सुविधाएँ, वितरणमूलक न्याय के अंतर्गत, देने का क्रम शुरू होता है, वहाँ मानवाधिकार आड़े आने लगते हैं। भारत में अधिकार वंचित तबकों को विशेष सुविधाएँ देनेवाले संविधान के प्रावधानों पर हमारी न्यायपालिका ने भी बार-बार जो प्रश्न उठाये हैं, उनमें मानवाधिकारों की ही दुहाई दी गयी है। कुल मिला कर वर्तमान मानवाधिकारों की चेतना व्यक्तिगत अधिकारों और समूहगत अधिकारों के पारस्परिक टकराव का परिणाम है।

उल्लेखनीय है कि मानवाधिकारों से संबंधित संयुक्त राष्ट्र संघ की घोषणा में समूहगत अधिकारों का कहीं उल्लेख नहीं हुआ, इसमें केवल व्यक्तिगत मानव अधिकारों का ही जिक्र किया गया है। अतः मानवाधिकारवादी भले ही सामाजिक अधिकारों या राजनीतिक अधिकारों का (इन दोनों की विभाजक रेखा काफी सूक्ष्म है और अब लुप्त होती जा रही है) प्रत्यक्ष रूप से दमन न करते हों, किंतु इनके दमन का वे नोटिस नहीं लेते और इसलिए वे परोक्ष रूप में दमन के समर्थक बन जाते हैं। यही कारण है कि भारत में मानवाधिकारों का नारा लगानेवाली राजनीतिक पार्टियाँ सामूहिक अधिकारों की माँगों के प्रति असहिष्णु हैं। विश्व के उन्नत देशों में भी, जहाँ मानवाधिकारों की बहुत चिंता व्यक्त की जा रही है, अश्वेतों या एशियाइयों के समूहगत अधिकारों के प्रति असहिष्णुता अथवा उपेक्षा का रवैया दिखाई दे रहा है।

मानवाधिकारों की वर्तमान कल्पना, जिसमें कानून के समक्ष बराबरी जैसे नागरिक अधिकारों को परमाधिकार का-सा दरजा दिया गया है, सरल सामाजिक रचना से निकली है। लगभग दो सौ वर्ष पूर्व औद्योगिक क्रांति के गर्भ से जिस आधुनिक समाज का जन्म हुआ, वह आज के समाज की तुलना में काफी सरल था। वह समाज राजतंत्र, अल्पतंत्र, स्थापित चर्च और पारिवारिक स्थानीय संबंधों के घेरे में बंद अर्थव्यवथा को विस्थापित करके बना था और उसने नागरिक अधिकारों को (जिनमें कानून के समक्ष बराबरी के साथ जान-माल (सम्पत्ति) के अधिकार भी शामिल थे) परम उपलब्धि के रूप में अपने लिए अर्जित किया था।

दूसरे शब्दों में, यह आधुनिक समाज उस मध्य वर्ग (बूर्जुआ) की निर्मित थी, जो औद्योगिक क्रांति के फलस्वरूप सारे सामंती संबंधों को ध्वस्त कर सत्ता में आया था। किंतु जैसे-जैसे आधुनिकता का विकास होता गया, समाज की रचना उत्तरोत्तर जटिल हुई और अधिकारों की कल्पना में भी बदलाव आता गया। नागरिक अधिकारों के साथ राजनीतिक अधिकारों की प्रतिस्पर्धा होने लगी। वयस्क मताधिकार के आंदोलन के प्रबल होने पर इन अधिकारों को भी परमाधिकारों की श्रेणी में शामिल करने का दबाव पड़ा। वयस्क मताधिकार को मान्यता उन्नत देशों में भी बीसवीं सदी में मिली। वर्ग चेतना से प्रेरित मजदूर आंदोलन ने वयस्क मताधिकार को, जो व्यक्तिगत अधिकार था, समूहगत अधिकार बनाने में योगदान दिया, हालाँकि यह प्रक्रिया अभी पूरी नहीं हुई है। भारत में भी जातियों की चेतना ने इसे समूहगत रूप देने का काम किया है। यह स्थिति बूर्जुआ के हित में नहीं है, क्योंकि इससे उसकी सत्ता को खतरा उपस्थित होता है। भारत में यह बूर्जुआ वर्ग अधिकतर सवर्ण जातियों से बना है। वह जाति समूहों की चेतना को धर्म की व्यापक चेतना से प्रतिस्थापित करने की कोशिश कर रहा है।

समूहगत अधिकारों या सामाजिक अधिकारों की चेतना बीसवीं सदी के उत्तरार्द्ध की ही घटना है। यह वास्तव में आधुनिकोत्तर परिघटना है। आधुनिक सभ्यता की प्रमुख अवधारणाओं के टूटने के क्रम में इस चेतना का उदय हुआ है। अमेरिका में '60 के दशक में राजनीतिक अधिकार कानून लागू होने और सकारात्मक कार्यक्रम (अफर्मेटिव ऐक्शन) शुरू होने से इसकी स्थितियाँ बनीं और यूरोप में इसी दशक के छात्र-मजदूर आंदोलनों ने आधुनिक सभ्यता के पूँजीवादी तथा साम्यवादी दोनों रूपों की प्रमुख अवधारणाओं पर प्रश्नचिह्न लगा कर (जैसे, पूँजीवाद अजेय है और क्रांति का हरावल दस्ता मजदूर वर्ग है) समूहगत सामाजिक अधिकारों का मार्ग प्रशस्त किया। वैसे तो समूहगत अधिकारों की कल्पना साम्यवाद का प्रतिरोध करनेवाली कल्याणकारी राज्य की कल्पना में अंतर्निहित थी, जिसमें सभी नागरिकों को शिक्षा, स्वास्थ्य, सम्मानजनक जीवन स्तर यानी कुल मिला कर समता की स्थितियों का आश्वासन मिलता था, किंतु इन्हें अधिकार का दरजा बीसवीं सदी के उत्तरार्द्ध में ही मिलने लगा। कहा जा सकता है कि इस मामले में भारत ने विश्व को रास्ता दिखाया। भारतीय संविधान ने सामाजिक न्याय को महत्वपूर्ण स्थान दे कर और मूलभूत अधिकारों के अध्याय में सामाजिक अधिकारों को शामिल कर (नीति निदेशक अध्याय तथा अन्य अध्यायों के अलावा) इस मामले में पहल की और समूहगत अधिकारों को दिलाने में इसने जो व्यवस्था (विशेष अवसरों की व्यवस्था) आविष्कृत की, उसे अमेरिका, कनाडा आदि देशों में भी अपनाया गया।

इस प्रकार आधुनिक सभ्यता के विकास क्रम में पहले नागरिक अधिकारों

के रूप में जान-माल की रक्षा के मामले में कानून के समक्ष बराबरी की कल्पना आयी। फिर राजनीतिक अधिकारों के रूप में सत्ता में सबकी सांकेतिक भागीदारी का विचार स्थापित हुआ। अंत में सामाजिक अधिकारों के रूप में शिक्षा, स्वास्थ्य, रोजगार के अवसर, ससम्मान जीवन आदि समता-उन्मुख माँगों तथा सत्ता में वास्तविक हिस्सेदारी को अधिकार का दरजा मिला।

ऐतिहासिक प्रक्रिया से विकसित इन तीन प्रकार के अधिकारों के बीच भेद करना, किसी को परमाधिकार और किसी को दूसरे-तीसरे दर्जे के अधिकार मानना, दूसरे शब्दों में उनका प्राथमिकता-क्रम तय करना उचित नहीं है। ऐसा भेद करने के पीछे कोई न कोई स्वार्थ काम कर रहा होता है। हमारे संविधान निर्माताओं के सामने भी यह दुविधा उपस्थित हुई और उन्हें समतामूलक सामाजिक अधिकारों को मूलभूत अधिकारों के अध्याय में रखने में परेशानी हुई। स्मरणीय है कि उस समय संविधान निर्माण सभा में रूढ़िवादी विचारों के लोगों का बहुमत था और डॉ. आंबेडकर जैसे लोगों को, जो सामाजिक अधिकारों को मूलभूत अधिकार का दरजा देने के पक्ष में थे, काफी कठिनाइयों का सामना करना पड़ा। इसका एक उदाहरण मधु लिमये की पुस्तक 'भारतीय राजनीति का संकट' में दिया गया है। अनुसूचित जातियों और जनजातियों के लिए विधान मंडलों में सीटों के आरक्षण का प्रावधान अनुच्छेद 330, 332 और 334 में केवल 10 वर्ष के लिए किया गया था। किंतु इसके लिए वस्तुतः लंबी अवधि का प्रावधान करने की जरूरत थी। डॉ. आंबेडकर इस जरूरत को समझते थे। उन्होंने संविधान सभा में अपने भाषण में कहा था कि सदन अनुसूचित जातियों को ये आरक्षण लंबे समय के लिए देता तो यह 'उचित' और उदार पेशकश होती। किन्तु चूँकि बहुमत का विचार इससे भिन्न था, उनके लिए इस निर्णय से पीछे हटना संभव नहीं था।

इस संबंध में डॉ. आंबेडकर और अनुसूचित जनजातियों के नेता ठक्कर बापा के बीच हुई बातचीत में ठक्कर बापा ने भी इस अवधि के प्रति असंतोष व्यक्त किया, तो आंबेडकर ने कहा, 'अनुसूचित जनजातियों के लिए मैं और भी लंबा समय देने को तैयार हूँ। किंतु ये सब लोग, जिन्होंने अनुसूचित जातियों और अनुसूचित जनजातियों के आरक्षणों पर विचार व्यक्त किये हैं, इस बात के प्रति अत्यधिक सावधान हैं कि ये आरक्षण 10 साल में समाप्त हो जाने चाहिए। मैं उनसे एडमंड बर्क के शब्दों में इतना ही कहना चाहता हूँ कि बड़े साम्राज्य और छोटे दिल-दिमाग साथ-साथ नहीं चल सकते।' सौभाग्य से यह समय दस-दस साल बाद बढ़ता रहा है।

सामाजिक अधिकारों के कुछ प्रावधान नीति निदेशक सिद्धान्तों के अध्याय में रखे गये, जबकि कुछ विद्वान चाहते थे कि उन्हें मूलभूत अधिकारों के अध्याय में रखा जाये। बाद में सर्वोच्च न्यायालय के कई निर्णयों में कहा गया कि इन

अधिकारों का महत्व मूलभूत अधिकारों से कम नहीं है। सामाजिक अधिकारों में मूलभूत अधिकारों को बाधा बनाने की कोशिशें भी संविधान लागू होने के तुरन्त बाद शुरू हो गयी थीं, जिसके परिणामस्वरूप संविधान में पहला संशोधन कर अनुच्छेद 15 में खंड(4) जोड़ना पड़ा। ये कोशिशें बाद में भी होती रहीं। कहने का आशय यह कि समूहगत अधिकारों को व्यक्तिगत अधिकारों की तुलना में कम महत्व देने की प्रवृत्ति उन वर्गों में आम तौर पर है, जो लंबे समय से वर्चस्व की स्थिति में रहे हैं और जिन्हें सामाजिक अधिकार पारंपरिक व्यवस्था के अनुसार स्वतः प्राप्त हैं। इन अधिकारों का बँटवारा अधिकार वंचित तबकों से न हो, इस आशय से वे व्यक्तिगत अधिकारों को अन्य अधिकारों की तुलना में अत्यधिक महत्व देते रहे हैं।

व्यक्तिगत अधिकारों को परमाधिकार मानते हुए वे अपने स्वार्थ पर परदा डालने के लिए 'समानता और योग्यता' जैसे आदर्शों की आड़ लेते हैं। वे अपने को परम उदार (सबके लिए समान अवसरों और कानूनों की वकालत करनेवाले) और परम सभ्य-सुसंस्कृत (शिष्ट, अभिजात रुचि-सम्पन्न) दिखाने का प्रयत्न करते हैं। किन्तु नाजुक क्षणों में उनका स्वार्थ हिंसक और उग्र रूप में प्रकट हो ही जाता है, जैसा कि आरक्षण विरोधी आन्दोलन के दिनों में या सूरत, बंबई, भोपाल के दंगों में देखा गया।

विश्व के संदर्भ में मानवाधिकारों के प्रति जो चिंता इन दिनों एक संभ्रान्त शगल के रूप में व्यक्त की जा रही है, उसके पीछे भी मानव के प्रति शुद्ध करुणा का भाव नहीं है। यदि ऐसा होता, तो ये लोग भूख और गरीबी से होनेवाली मौतों से भी उतने ही विचलित होते, जितने सेना-पुलिस की गोली या यातना से होनेवाली मौतों से। किन्तु ऐसा लगता है कि जैसे भारतीय वर्ण व्यवस्था के कर्णधारों ने स्त्री-शूद्र की बहुसंख्यक आबादी के स्वाभिमान की हत्या को हत्या न मानने का आत्मतोषी सिद्धांत बना लिया था, उसी तरह आज के मानवाधिकारवादियों ने भी भूख से होनेवाली मौत को संस्थागत हत्या न मानने का सिद्धांत बना लिया है। दुनिया की तीन चौथाई आबादी के सामने इस समय भूख की मौतों की जो विकराल समस्या है, उसकी जिम्मेदारी से उन्नत देश अपने को मुक्त नहीं कर सकते। यह उनकी लूट का परिणाम है। आज भी ये देश इस धरती के संसाधनों का अधिकांश भाग हड़प जाते हैं और अपने उपभोग में वे किसी भी तरह की कटौती करने को तैयार नहीं हैं।

कुछ समय पहले गैट समझौते की बहस के दौरान जब कुछ विकसित देशों ने बाल श्रम से बनी वस्तुओं पर प्रतिबंध लगाने का शोशा छोड़ा, तो मेरे कई वामपंथी मित्रों ने इस शर्त से खुश हो कर गैट समझौते का ही समर्थन करना शुरू कर दिया। मैंने कहा, पूँजीपति मालिकों द्वारा बालकों के श्रम का शोषण

निश्चय ही बुरी बात है और इस पर रोक लगानी ही चाहिए, किन्तु यदि बालक माता-पिता के काम में हाथ बँटा कर परिवार के निर्वाह में कुछ योगदान देता है, तो उसे भी बाल श्रम का शोषण कहा जायेगा ? ऐसा भारत के अधिकांश परिवारों में होता है और मेरा विचार है कि दुनिया के अधिकांश गरीब परिवारों में भी होता होगा।

यासर कमाल की एक तुर्की कहानी 'पीली धूप' (साहित्य अकादेमी से प्रकाशित 'ग्यारह तुर्की कहानियाँ' में संगृहीत) उस्मान नाम के एक बच्चे की कहानी है, जिसमें उस्मान एक बड़े किसान के खेत में काम करने जाता है और एक बार तो धूप में बेहोश हो कर गिर ही जाता है। फिर भी जब वह शाम को पच्चीस कुरुश का सिक्का कमा कर माँ के हाथ में देता है, तो उसकी छाती गर्व से फूल जाती है। माँ को भी इससे अपार प्रसन्नता होती है।

भूख से जद्दोजहद करनेवाले और निर्वाह स्तर पर जीनेवाले परिवारों में बच्चों का माता-पिता के काम में हाथ बँटाना कोई अनहोनी बात नहीं है। इससे बच्चे में स्वाभिमान भी पैदा होता है और यह उसकी शिक्षा भी है। स्मरणीय है कि गांधी जी की शिक्षा-कल्पना में भी बच्चे के लिए हाथ से श्रम करना अनिवार्य था। यदि हम इस सारे श्रम को शोषण करार देंगे, तो भारत के कुटीर उद्योगों की कोई भी वस्तु शोषण मुक्त नहीं होगी। मेरे वामपंथी मित्रों का कहना था कि ऐसा कहीं नहीं होता है और होता है, तो यह शोषण है। बच्चों से इस तरह के काम न ले कर माता-पिता को चाहिए कि वे बच्चों को सिर्फ स्कूल भेजें। जिनके सामने भूख की समस्या नहीं है, वे मानवाधिकारों का आलाप बड़ी सुविधा से कर सकते हैं। लेकिन जो भूख से जूझ रहे हैं, उनके लिए मानवाधिकार विलास की वस्तु है।

विश्व इस समय बहुत बड़े परिवर्तन के दौर से गुजर रहा है। यह परिवर्तन क्रांतिकारी भी हो सकता है और विनाशकारी भी। कई ऐसी समस्याएँ इस समय विश्व के समक्ष उपस्थित हुई हैं जिनसे पहले कभी उसका पाला नहीं पड़ा था। इन समस्याओं के स्रोत के संबंध में भी हमें ठीक-ठाक जानकारी नहीं है, समाधान की बात तो दूर रही। ये समस्याएँ मुख्यतया स्वतंत्रता और समता की भूख से पैदा हुई हैं, जिसकी चेतना कुछ वर्गों तक सीमित नहीं रही है, बल्कि सभी वर्गों में व्याप्त हो गयी है। मानव जाति का हर समूह इन अधिकारों की माँग कर रहा है। अब कोई किसी के अधीन नहीं रहना चाहता और न किसी से निम्न स्थिति में रहना चाहता है। वह अपनी स्वतंत्र पहचान बनाना चाहता है और सबके साथ बराबरी के स्तर पर जीना चाहता है। अस्मिता के इस संघर्ष ने विभिन्न देशों में जिन नयी समस्याओं को जन्म दिया है, उन्हें एथनिसिटी (जातीयता) की समस्याएँ कहा जा रहा है। जाति, धर्म, मूल, संस्कृति, भाषा, भौगोलिक क्षेत्र की सीमित निष्ठाओंवाले समूह राष्ट्रीय और अंतर्राष्ट्रीय निष्ठाओं पर आधारित सिद्धांतों और व्यवस्थाओं

को चुनौती दे रहे हैं। वे अपने समूहगत अधिकारों को संभ्रान्त जनों के व्यक्तिगत परमाधिकारों से भी अधिक महत्वपूर्ण माने जाने के लिए दबाव डाल रहे हैं। कानून के समक्ष बराबरी के निर्गुण अधिकार से अधिक महत्वपूर्ण उनके लिए है राजसत्ता और शैक्षिक, सांस्कृतिक-सामाजिक व्यवस्था में बराबर की भागीदारी। मध्य काल में उन्हें धर्म और ईश्वर के आगे बराबरी के झुनझुने से बहलाया गया था। वे बहुमत का शासन और संसदीय शिष्टाचार जैसे पारंपरिक लोकतांत्रिक मूल्यों को भी चुनौती दे रहे हैं। वे शिष्ट समाज के तमाम सभ्याचारों को संदेह की नजर से देख रहे हैं। उन्हें उनमें कोई न कोई पाखंड झलकता दिखाई देता है। वे अभिजात वर्गों के नफासत और सलीके के तौर-तरीकों का मखौल उड़ा रहे हैं और उनकी संस्कारपूर्ण परिनिष्ठित भाषा को अपनी ठेठ, लट्ठमार गँवारू भाषा से प्रतिस्थापित कर रहे हैं। अभिजात वर्गों को लग रहा है कि समाज घोर पतन, कलियुग की पराकाष्ठा की ओर जा रहा है। ये वर्ग अपने उन मूल्यों को प्रतिष्ठित करने के लिए व्यग्र हैं, जिनकी वजह से उन्हें वर्चस्व की स्थिति प्राप्त हुई थी। इसके लिए वे कभी धार्मिकता के ऊँचे आदर्शों पर जोर दे रहे हैं और कभी नैतिकता के सार्वभौम मूल्यों के लिए जिहाद छेड़ रहे हैं। वर्तमान से भयभीत हो कर वे पुरानी जड़ों को तलाशने और उनसे जा लटकने को बेचैन हो रहे हैं। यह प्रक्रिया सभी समाजों में चल रही है। अंतर्राष्ट्रीय राजनीति में भी यही हो रहा है। यहाँ ऐसे शब्दों को चुना और प्रचारित किया जा रहा है, जिनकी अपील सार्वभौम और असंदिग्ध रही है। किन्तु इन शब्दों के पीछे मंशा अलग होती है। यहाँ ऋण देने का मतलब खरीद करना और सहायता देने का मतलब दुगनी अदायगीवाला कर्ज होता है। यहाँ सहयोग का अर्थ दलाली और मुक्त व्यापार का अर्थ एकतरफा लूट होता है। यहाँ पर्यावरण रक्षा का मतलब पिछड़े समाजों के विकास प्रयासों पर रोक लगाना होता है और मानवाधिकारों की रक्षा का मतलब उपेक्षित समूहों के अधिकारों की माँग के पैनेपन को कुंद करना होता है।

मेरे इस निबंध का यह अर्थ नहीं लिया जाना चाहिए कि मैं नागरिक अधिकारों के हनन, पुलिस द्वारा बेगुनाहों की की जानेवाली नृशंस हत्याओं, जेलों में कैदियों और विचाराधीन अभियुक्तों को दी जानेवाली यातनाओं, महिलाओं और बच्चों के शोषण आदि बुराइयों का पक्ष ले रहा हूँ। इन सबके प्रति मेरे मन में घोर वितृष्णा और रोष है। जहाँ तक बच्चों और महिलाओं के शोषण तथा उन पर होनेवाले विभिन्न अत्याचारों का सवाल है, मैं इनके खिलाफ हमेशा पूरी शक्ति के साथ संघर्ष करता रहा हूँ। वर्तमान शिक्षा व्यवस्था से मैं इसलिए घोर असंतुष्ट हूँ, क्योंकि मेरी नजर में यह व्यवस्था बच्चों का यातना शिविर बन गयी है। सभी धर्मों से मुझे इसलिए चिढ़ है कि इन धर्मों ने स्त्री को सिर्फ गुलामी दी और उसकी स्वतंत्रता के मार्ग में अब भी ये धर्म सबसे बड़ी बाधा बने हुए हैं। पुलिस और

प्रशासन के राक्षसी स्वरूप से भी मैं भली भाँति परिचित हूँ।

मेरा उद्देश्य इस निबंध के द्वारा पाठकों का ध्यान इस बात की ओर आकृष्ट करना है कि हमें भले-भले दिखनेवाले नारों के पीछे छिपे वास्तविक आशय को समझने का भी प्रयत्न करना चाहिए। यदि दुनिया के दबे उपेक्षित तबकों के संघर्ष को दबाने के लिए या उनकी तरफ से ध्यान हटाने के लिए सुंदर और आकर्षक नारों को उछाला जाता है, तो हमें उन नारों में बह नहीं जाना चाहिए, बल्कि उनके असली उद्देश्यों का पता लगाने की कोशिश करनी चाहिए।

इसके अतिरिक्त मैं आदमी की उस प्रवृत्ति की ओर ध्यान दिलाना चाहता हूँ जिसके अंतर्गत वह प्रत्यक्ष से बचने के लिए परोक्ष का सहारा कर अपने को और दूसरों को ठगता है। यह प्रवृत्ति सभी समाजों में, विशेषकर धार्मिक समाजों में, रही है और आदमी रोजमर्रा के जीवन में भी बार-बार इसकी ओर भागता है। भारतीय समाज में यह प्रवृत्ति पूर्वजन्म या परजन्म के आधार पर वर्तमान जीवन के सुख-दुख को व्याख्यायित करने के रूप में दिखाई देती है। इसी प्रवृत्ति का एक रूप यह है कि हम सामने उपस्थित समस्या से सामने टकराने की बजाय सुदूर की व्यापक समस्या का तर्क देने लगते हैं। यदि कोई आदमी किसी एक से प्यार नहीं कर सकता है, तो सारी दुनिया से प्यार करने का उसका दावा खोखला ही होगा। यदि कोई अपने पड़ोसी से द्वेष करता है, तो 'सर्वे भवन्तु सुखिनः' कहने का कोई मतलब नहीं होगा। यदि हम सामने खड़े आदमी के साथ बराबरी का सुलूक नहीं कर सकते तो सब मनुष्यों की बराबरी की बात करना कोरा पाखंड होगा। डॉ. लोहिया ने इसे सगुण-निर्गुण का व्यामोह कहा है। हम तात्कालिक समस्या से बचने के लिए दूरगामी समस्याओं का तर्क देने लगते हैं, विशिष्ट समस्या का सामान्यीकरण कर उससे पिंड छुड़ाने का प्रयत्न करते हैं। सामने खड़े दुखी आदमी के दुख को 'सारा संसार दुखमय है' कह कर भूलने का प्रयत्न करते हैं। सामने के भ्रष्टाचार से टकराने की बजाय हम 'सारी राजनीति या सारा समाज ही भ्रष्ट है' कह कर बच निकलते हैं।

इसी प्रवृत्ति का दूसरा पहलू यह है कि हम व्यापक समस्या से बचने के लिए उसका विशिष्टीकरण करने लगते हैं। दोनों प्रवृत्तियाँ पलायन की हैं। पश्चिम के विकसित देशों से प्रेरित मानवाधिकार या पर्यावरण आन्दोलनों के पीछे भी मुझे यही प्रवृत्ति दिखाई देती है। मानवाधिकारवादी दुनिया की गरीबी, भुखमरी और शोषण की समस्याओं से कतराते हैं। वे उपेक्षित, दबे हुए, अधिकार वंचित तबकों की उभरती आकांक्षाओं से कन्नी काट कर निकल जाना चाहते हैं। वे अश्वेतों, एशियाइयों, स्त्री-शूद्रों के अधिकारों से ध्यान हटाने के लिए व्यापक, अस्पष्ट और निर्गुण मानवाधिकारों की बात करते हैं। यह कुछ-कुछ वैसा ही है, जैसे हिन्दू कोड बिल का विरोध करनेवाले सामान्य नागरिक संहिता की बात करने लगें या

आरक्षणों का विरोध करनेवाले कानून के समक्ष बराबरी का सिद्धांत बघारने लगें। ये मानवाधिकारवादी प्रत्येक बच्चे के भोजन, वस्त्र, आवास, शिक्षा, स्वास्थ्य की पर्याप्त व्यवस्था करने के लिए जरा भी त्याग-बलिदान नहीं करना चाहते, किन्तु शोषण मुक्ति का झंडा उठा कर अपने को और दूसरों को बहकाना चाहते हैं कि वे बच्चे के अधिकारों के लिए बहुत चिंतित हैं। इस निबंध का उद्देश्य इस पाखंड की तरफ ध्यान आकृष्ट करना है।

भारतीय संघर्ष की कथा

सुरेन्द्र मोहन

साम्राज्यवाद के विरोध में भारत में जो विशाल जनांदोलन 1920 से गांधी जी के नेतृत्व में चल रहा था, उसने सामान्य जनता और विशेषकर मध्य वर्ग की लोकतांत्रिक चेतना को बहुत गतिशील बना दिया था। जलियाँवाला बाग के अत्याचार और इसी तरह के दमन कार्यों के बाद, जो रौलट एक्ट के नितांत अलोकतांत्रिक आदेश के विरोध में जन-प्रतिक्रिया को दबाने के लिए किये जा रहे थे, लोकाधिकारों के स्वरूप पर गंभीर बहस चल पड़ी थी। जब साम्राज्यवादी सरकार ने कम्युनिस्ट आन्दोलन की शुरुआत में ही उसे दबाने के उद्देश्य से राजद्रोह के मुकदमे चलाये और बंगाल-नागपुर रेल और ईस्ट इंडिया रेल के कर्मचारियों की हड़ताल को नितांत अवैधानिक तरीकों से कुचला, तो राष्ट्रवादी भारत ने अनुभव किया कि लोकाधिकारों की रक्षा के लिए जन जागरण और संगठन की जरूरत है। उन्हीं दिनों बारडोली (गुजरात) में सरदार पटेल के नेतृत्ववाले आंदोलन को भी सरकार दमित कर रही थी।

अतः 1928 में भारत में पहली बार लोकाधिकार सम्मेलन का गठन हुआ। तत्कालीन राष्ट्रवादी नेताओं ने ही उसकी दागबेल डाली और जवाहरलाल नेहरू, सुभाषचंद्र बोस जैसे शीर्ष नेता उससे जुड़े। कांग्रेस के 1931 में आयोजित कराची सम्मेलन में स्वाधीनता के लक्ष्यों सम्बंधी प्रस्ताव में भी नागरिकों के अधिकारों का उल्लेख किया गया। जब डॉक्टर राममनोहर लोहिया आल इंडिया कांग्रेस कमेटी के सचिवालय में कार्य करने लगे, तो उन्होंने 1935-36 में लोकाधिकारों पर एक उच्च कोटि का निबंध लिख कर इन अधिकारों की परिभाषा और उनके विस्तार का निरूपण किया। डॉ. लोहिया समाजवादी चिंतक थे और तब तक भारत का समाजवादी आंदोलन सोवियत रूस के प्रति अत्यंत संवेदनशील था। अतः जब 1936 में स्तालिन ने उस देश में नया संविधान लागू किया और 'मॉस्को मुकदमे' नाम से अदालती कार्रवाई के नाम पर धाँधलियाँ कर अपनी ही पार्टी में अपने

आलोचकों को यातनाएँ दिलवायीं और हत्याएँ करायीं तब लोहिया व उनके साथियों को, जो कांग्रेस सोशलिस्ट पार्टी के नेता थे, लोकाधिकारों के संबंध में और भी अधिक गंभीर विचार-विमर्श करना पड़ा।

स्वाधीनता के बाद : इसे वास्तव में विडम्बना ही समझना चाहिए कि जो आंदोलन भारत में कम्युनिस्टों के दमन के संदर्भ में बढ़ा, उसे रूस में कम्युनिस्टों द्वारा दमन के संदर्भ में अपना दूसरा चरण उठाना पड़ा। वैसी ही स्थिति आजादी के बाद 1948-49 में आयी, जब एक कांग्रेस सरकार ने भारतीय कम्युनिस्ट पार्टी पर पाबंदी लगायी। उसके बहुत-से मित्र संगठन भी दमन की चपेट में आये। पाबंदी लगानेवाली सरकार के प्रधानमंत्री जवाहरलाल नेहरू लोकाधिकार आंदोलन के जन्मदाताओं में थे। परन्तु निःसंदेह भारत के संविधान निर्माताओं ने संविधान में बुनियादी अधिकारों के अध्याय में सभी लोकाधिकारों का सामंजस्य किया है और इस बात का श्रेय डॉ. आंबेडकर, नेहरू व उनके सहयोगियों को मिलना चाहिए।

जब कम्युनिस्ट नेता ए. के. गोपालन की नजरबंदी को न्यायालय ने अवैध ठहराया, तो सरकार ने संसद से संविधान में संशोधन करा लिया और इस व्यवस्था को बदल दिया कि मुकदमा चला कर दण्ड दिये बिना केवल संदेह के आधार पर किसी भी व्यक्ति की गिरफ्तारी नहीं की जा सकती। इस तरह निवारक नजरबंदी कानून को वैधता मिल गयी। स्वतंत्र भारत में लोकाधिकारों पर यह दूसरा प्रहार था।

कम्युनिस्ट पार्टी के समर्थक लोकाधिकार सम्मेलन में काफी सक्रिय थे। सम्मेलन का नेतृत्व एन.सी. चटर्जी कर रहे थे। किंतु जब 1952 में आम चुनाव के बाद कम्युनिस्ट पार्टी स्वयं प्रमुख संसदीय विपक्षी दल बन गयी और लोकाधिकार के प्रश्नों पर विधानपालिकाओं में सवाल उठने लगे, तो लोकाधिकार सम्मेलनों का महत्व कम हो गया। अलबत्ता 1954 के एक जनांदोलन में समाजवादी नेता डॉ. लोहिया की गिरफ्तारी हुई थी और उन्होंने इलाहाबाद उच्च न्यायालय में अपना मुकदमा स्वयं लड़ा था।

1962 में दृश्य बदला। भारत-चीन संघर्ष (1962) के बाद बहुत-से कम्युनिस्ट जेलों में बंद किये गये। 1964 में भारतीय कम्युनिस्ट पार्टी में विभाजन हुआ और मार्क्सवादी कम्युनिस्ट पार्टी का गठन हुआ। उसके बहुत-से नेता व कार्यकर्ता पहले से ही जेल में थे। इसी तरह 1962 में सरकार ने दिल्ली के तीन सामाजिक कार्यकर्ताओं रूपनारायण, एन. एन. दत्ता और धर्मपाल को इसलिए गिरफ्तार किया, क्योंकि वे चीन के प्रति सरकार की ढुलमुल नीति की आलोचना कर रहे थे। 1965-66 बड़े जनांदोलनों के वर्ष थे, क्योंकि महँगाई तेजी के साथ बढ़ी थी। अतः 1966 में सरकार ने विपक्षी दलों, विशेषकर संयुक्त समाजवादी पार्टी के नेताओं की गिरफ्तारियाँ कीं। 1967 में दिल्ली में पुलिसजनों की हड़ताल के दमन

में भी लोकाधिकारों को पदाक्रांत किया। 1967 के बाद मार्क्सवादी कम्युनिस्ट पार्टी में भी विभाजन हुआ और कम्युनिस्ट पार्टी (मार्क्सवादी-लेनिनवादी) बनी, बल्कि उसके भी कई टुकड़े हो गये। इन सभी को नक्सलवादी कहते हैं।

इस पूरे घटनाचक्र में न्यायालयों ने सरकारी दमन के खिलाफ कुछ फैसले भी दिये और जनता में भी इस दमन की प्रतिक्रिया हुई। तो भी औपचारिक तौर पर सशक्त संगठन नहीं बना, जो लोकाधिकार के प्रश्न को ही सामने रखता। अलबत्ता 1969 के बाद से नक्सलपंथी समूहों ने अपने सहयात्रियों की मदद से कुछ लोकाधिकार संगठनों का गठन किया, जो सामान्यतः पश्चिम बंगाल, आंध्र प्रदेश और पंजाब में सक्रिय थे। किंतु उन्होंने भी उन दिनों वैसी अखिल भारतीय औपचारिक संस्था की स्थापना नहीं की।

इस दिशा में पहला कदम 1973 में जयप्रकाश नारायण और बी. एम. तारकुंडे ने उठाया। उन्हें इंदिरा गांधी के तौर-तरीकों से आभास होने लगा था कि लोकतांत्रिक पद्धति खतरे में पड़ सकती है। इसका एक अनुभव पश्चिम बंगाल में 1972 में आयोजित राज्य विधान सभा चुनावों में मिल चुका था, जब सत्ताधारी कांग्रेस ने पुलिस के बल से चुनाव जीत लिया था। उसके बाद 1973 में प्रधानमंत्री इंदिरा गांधी ने सर्वोच्च न्यायालय के मुख्य न्यायाधीश के पद पर वरिष्ठतम न्यायाधीश की नियुक्ति करने से मना कर वरिष्ठता में चौथे स्थान के न्यायाधीश को नियुक्त कर दिया। अतः जयप्रकाश नारायण व तारकुंडे ने जनतंत्र समाज (सी. एफ. डी.) की स्थापना की। उल्लेखनीय है कि तारकुंडे '30 और '40 के दशकों में भी लोकाधिकार आंदोलन से संबंधित रहे थे।

आपातकाल और उसके बाद : 1974 में अनिश्चितकालीन रेल हड़ताल का दमन भी लोकतांत्रिक शक्तियों को पूर्व-चेतावनी की तरह था—बल्कि लोकाधिकारों के भविष्य के संबंध में खतरे की अंतिम घंटी। 1975 के आरंभ में पड़ोसी बाँग्लादेश में तत्कालीन राष्ट्रपति शेख मुजीबुर्रहमान ने सभी दलों को भंग कर जनता के अधिकारों पर प्रहार किया। भारत में यह बात फैल रही थी कि उन्होंने इंदिरा गांधी की सलाह पर ही ऐसा किया है। किन्तु जब 26 जून 1975 को इंदिरा गांधी ने राष्ट्रपति से आपातकाल लागू करने की घोषणा करा दी, तब तो संदेह का कोई स्थान ही न रहा। आपातकाल में सभी बुनियादी अधिकारों का निलंबन कर दिया गया, पत्र-पत्रिकाओं पंर प्रकाशन से पूर्व सेंसर लगा दिया गया, जन सभाओं के आयोजन पर पाबंदी लगा दी गयी और सभी विपक्षी नेताओं को ही नहीं, बल्कि कुछ स्वतंत्र पत्रकारों को भी बंदी बनाया गया। सर्वोदय आंदोलन के बहुत-से नेता भी कारावासी बनाये गये।

उस दौरान सरकार ने संसद के सामने 42 वाँ संविधान संशोधन भी पेश किया, जिसका लक्ष्य आपातकाल में लोकाधिकार विरोधी आदेशों को स्थायी

वैधानिक रूप देना था। दूसरी ओर सर्वोच्च न्यायालय ने संविधान के 20वें और 21वें अनुच्छेदों की ऐसी परिभाषा कर दी जिससे पुलिस संदेह मात्र में किसी भी निरपराध व्यक्ति को गोली तक मार सकती है। इन फैसलों की प्रतिक्रिया में वी. एम. तारकुंडे की पहल पर लोकाधिकारों और लोकतांत्रिक अधिकारों का जन संगठन (पी. यू. सी. एल. डी. आर.) स्थापित किया गया। उसे जयप्रकाश नारायण, आचार्य कृपलानी और सभी विपक्षी दलों एवं सभी न्यायविदों, स्वतंत्र चिंतकों और बुद्धिजीवियों का समर्थन प्राप्त था। जयप्रकाश नारायण उसके संस्थापक बने और तारकुंडे व सांसद कृष्णकांत क्रमशः अध्यक्ष तथा मंत्री। उसकी कार्यसमिति में सभी विपक्षी दलों के प्रतिनिधि थे।

जनता पार्टी की सरकार 1977 में निर्वाचित हुई। उसने लोकतंत्र की बहाली और लोकाधिकारों को सुदृढ़ बनाने के उद्देश्य से 42वें संविधान संशोधन को रद्द किया। आपातकाल को लागू करने की प्रक्रिया को कठिन बनाया, पत्र-पत्रिकाओं की स्वतंत्रता को निश्शंक बनाने और आकाशवाणी व दूरदर्शन को सरकारी नियंत्रण से मुक्त करने के लिए भी कदम उठाये। किन्तु वह सरकार 27 महीने में गिर गयी और इंदिरा गांधी सत्ता में वापस आ गयीं। जनता पार्टी के बहुत-से कार्य अधूरे रह गये।

पी यू सी एल का गठन : स्पष्टतः यह खतरा फिर सामने था कि लोकाधिकारों का अतिक्रमण होगा। इसका प्रमाण भी शीघ्र ही मिल गया, जब सत्ता में वापसी के कुछ महीनों बाद ही नजरबंदी कानून में पहले जैसे संशोधन ले आये गये। अतः सभी विपक्षी दलों से बातचीत कर पीपुल्स यूनियन फॉर सिविल लिबर्टीज (लोकाधिकार संघ) बनाना निर्धारित किया गया। दिल्ली में 12 अक्तूबर 1980 को उसका स्थापना सम्मेलन हुआ, जिसमें तारकुंडे अध्यक्ष और अरुण शौरी महासचिव निर्वाचित हुए। उसके कुछ समय बाद डॉ. यशपाल छिब्बर कार्यकारी सचिव बनाये गये। आरम्भ में ही राजनीतिक दलों की भूमिका पर बहस के बाद आम सहमति बनी कि पीयूसीएल का कोई पदाधिकारी किसी दल का सदस्य नहीं होगा और कार्यसमितियों में भी दलों के सदस्यों की संख्या आधे से कम ही होगी। क्रमशः पीयूसीएल में राजनीतिक दलों की रुचि भी कम होती गयी। पीयूसीएल ने अपने द्विवार्षिक सम्मेलन नियमित तौर पर आयोजित किये। 1982 में मद्रास में तारकुंडे अध्यक्ष और अरुण शौरी व रजनी कोठारी महासचिव, 1984 में जबलपुर में रजनी कोठरी अध्यक्ष व अरुण शौरी महासचिव, 1986 में बम्बई में राजेन्द्र सच्चर अध्यक्ष और दिलीप स्वामी व यशपाल छिब्बर महासचिव निर्वाचित हुए। 1988, 1990 और 1992 में राजेंद्र सच्चर और यशपाल छिब्बर ही अध्यक्ष और महासचिव निर्वाचित हुए। 1994 में त्रिचूर के सम्मेलन में के जी कन्नाबीरम अध्यक्ष और यशपाल छिब्बर महासचिव निर्वाचित हुए।

पीयूसीएल की अपनी रिपोर्ट के अनुसार उसे जिन प्रमुख व्यक्तियों का सहयोग मिला है, वे हैं : एस. एम. जोशी, भवानी प्रसाद मिश्र, न्यायमूर्ति वी. आर. कृष्ण अय्यर, पूर्व सांसद पी. जी. मावलंकर, कर्पूरी ठाकुर, राम जेठमलानी, गौरकिशोर घोष, जे. सी. शाह, ठाकुरदास बंग, एन. ए. पालखीवाला, मनमोहन चौधरी, सिद्धराज ढड्ढा, गोविंद राव देशपांडे, आचार्य राममूर्ति, के. एस. राधाकृष्ण, राजमोहन गांधी, नयनतारा सहगल, मधु लिमये, प्रीतीश चंदा, एस. एन. सिंह, संतोष राणा, उमाशंकर जोशी, विजय तेंडुलकर, गिरीश करनाड, यू. आर. अनन्तमूर्ति, चो, रामस्वामी, दुर्गा भागवत, आलम खुंदगीरी, वीरेंद्र कुमार भट्टाचार्य, दयाकृष्ण, सोली सोराबजी, स. ही. वात्स्यायन, वी.वी. जॉन, अशोक देसाई, एम. ए. लतीफा, आलू दस्तूर, कुलदीप नैयर, सी. जी. के. रेड्डी, एम.एम. थॉमस, एस. सहाय, शंकर गुहानियोगी, स्वामी अग्निवेश, बलराज पुरी, लतिका सरकार, मधु दंडवते, जॉर्ज फर्नांडीस, अरुण पूरी और सुमंत दुबे।

पीयूसीएल प्रतिवर्ष 23 मार्च को जेपी मेमोरियल भाषण का आयोजन भी करती है और बीस हजार रुपये का मानव अधिकारों के लिए पत्रकारिता पुरस्कार भी देती है। वह अंग्रेजी में एक मासिक पत्रिका पीयूसीएल. बुलेटिन भी प्रकाशित करती है। उसके सम्पादक डॉ. रायमोहन पाल हैं। दिल्ली में सिख विरोधी दंगों और पंजाब-कश्मीर, असम, नागालैंड व मणिपुर में लोकाधिकारों की क्षति पर भी संगठन ने रिपोर्ट छापी है।

पी यू डी आर : 1977 के बाद पीपुल्स यूनियन फॉर डेमोक्रेटिक राइट्स भी कार्य कर रही है। उसकी अध्यक्षता प्रसिद्ध विधिवेत्ता गोविन्द मुखोटी करते रहे हैं। उसके प्रमुख नेताओं में नंदिता हकसर, अरविंद बोस, सुब्बा राव तथा सुदेश वैद रहे हैं। इस संगठन ने विभिन्न मामलों पर जाँच रिपोर्ट प्रकाशित की है। विशेषकर टाडा के बंदियों पर उसका कार्य उल्लेखनीय रहा है। पुलिस से मुठभेड़ों में मारे गये लोगों तथा दिल्ली की हवालातों व जेलों में बंदियों की मृत्युओं के बारे में भी पीयूडीआर ने बहुत आधिकारिक रिपोर्ट तैयार की है। दिल्ली में पुलिस व पंजाब में सेना के आतंक और आदिवासियों के शोषण पर भी उसने कार्य किया है।

न्यायालयों का योगदान : संविधान में बुनियादी अधिकारों के अध्याय में जो अधिकार जनता को मिले हैं, वे मानव अधिकारों का विशिष्ट आधार हैं। प्राचीन भारतीय शास्त्रों में अन्यायी राजा को हटाने के अधिकारों, यूनान और रोम में प्राकृतिक और नागरिक अधिकारों की बहस, इंग्लैड में 1216 में मैग्ना कार्टा को मान्यता और 1688 में राजा को हटाने के जनता के अधिकार को मान्यता, 1776 में अमेरिका के स्वातंत्र्य युद्ध के जमाने का बिल ऑफ राइट्स, 1789 में फ्रांसीसी क्रांति के अवसर पर मानव अधिकारों और समता व स्वाधीनता के आदर्शों को मान्यता, 1803 में अमेरिकी संविधान में पहले दस संशोधन, अंग्रेजी

राज में कानून का शासन का सिद्धांत, भारत के स्वाधीनता आंदोलन की लोकतांत्रिक परम्परा और दूसरे विश्व युद्ध के बाद संयुक्त राष्ट्र संघ के तत्वावधान में मानव अधिकारों का घोषणापत्र हमारे संविधान निर्माताओं के उत्प्रेरक रहे थे।

बाद में न्यायालयों ने भी कुछ उपयोगी फैसले किये हैं। 1974 में गुजरात उच्च न्यायालय ने धारा 144 व 188 की व्याख्या करते हुए देखते ही गोली मारने की घोषणा को अवैध बताया। 1976 में 'भूमिपुत्र' पत्रिका पर सेंसर को भी अवैध ठहराया गया। 1988 में गुवाहाटी उच्च न्यायालय ने सरकार को आदेश दिया कि उसने जो जमीन या वैध हथियार जब्त किये हैं, उनका मुआवजा दे। 1982 में सर्वोच्च न्यायालय ने उन मजदूरों को बँधुआ माना, जिन्हें सरकार द्वारा निर्धारित न्यूनतम वेतन के कम वेतन दिया जाता था। ऐसी बँधुआ या जबरिया मजदूरी संविधान के अनुच्छेद 24 के अनुसार अवैध है। सर्वोच्च न्यायालय ने ऐसे कैदियों की जाँच का आदेश दिया, जिनके मुकदमे तय नहीं हुए हैं और जो बरसों से बंदी हैं और कुछ मामलों में जमानत पर रिहाई करायी। हाल ही में सर्वोच्च न्यायालय ने प्राथमिक शिक्षा को बुनियादी अधिकार मान कर सरकार को उसके अनुसार कार्रवाई करने के आदेश दिये हैं। जीवन के अधिकार में न्यायालय ने स्वास्थ्य के अधिकार को भी मान्यता दी है। सर्वोच्च न्यायालय ने जेलों के बंदियों के कानूनी अधिकारों के उल्लंघन पर भी असंतोष व्यक्त कर यह आदेश दिया है कि न्यायालय द्वारा दिये गये दंड के अतिरिक्त उनके सभी मौलिक अधिकारों की रक्षा होनी चाहिए। जेलों में कैदियों को सताने, आतंकित करने, अलग कोठरियों में बंद करने या जेल में हत्या कर देने के विषय में भी न्यायालयों ने उचित फैसले दिये हैं।

मानव अधिकार आयोग : भारत सरकार ने पहले अध्यादेश द्वारा और बाद में संसद के अधिनियम द्वारा मानव अधिकार आयोग की स्थापना की है। सर्वोच्च न्यायालय के पूर्व मुख्य न्यायाधीश रंगनाथ मिश्र उसके अध्यक्ष हैं। आयोग ने बहुत-से मुद्दे उठाये हैं। उसी का दबाव जनमत के साथ मिल कर सरकार को बाध्य करने में सफल हुआ कि टाडा जैसे जन-विरोधी कानून को हटाया गया। इस सम्बन्ध में एक महत्वपूर्ण बात यह है कि इस आयोग में अल्पसंख्यक आयोग, राष्ट्रीय महिला आयोग, अनुसूचित जातियों और अनुसूचित जन जातियों के आयोग के अध्यक्ष भी सदस्य होते हैं और इस प्रकार एक अति उपयोगी अंतस्संबंध बन जाते हैं।

नयी करवट : यह सच है कि आपातकाल में नागरिक अधिकारों के हनन के प्रतिरोध में जब पीयूसीएल की स्थापना हुई, तब पत्र-पत्रिकाओं की स्वतंत्रता, अनुचित-अवैध गिरफ्तारी से रक्षा, संगठन बनाने के अधिकार और वाणी की स्वतंत्रता जैसे मौलिक अधिकारों पर बल दिया गया था। किंतु नक्सलवादी प्रभाव

के नागरिक अधिकार संगठनों के दबाव, जेपी द्वारा सम्पूर्ण क्रांति के आंदोलन के आह्वान और स्वयं जनता पार्टी के अपने चुनाव घोषणापत्र में उल्लिखित सामाजिक और आर्थिक अधिकार पत्रों के वायदों से उदित जन आकांक्षा के चलते अन्य बुनियादी सवाल उठते ही रहे। जब 1980 में पीयूसीएल की स्थापना हुई, तब ये प्रश्न सामने आने लगे। स्वयं तारकुंडे ने पहल कर अन्य सभी संगठनों को पेशकश की थी कि सब मिल कर एक ही संस्था बनायें।

तो भी 1982 में मद्रास के सम्मेलन में उसने एक नयी करवट ली। इस दौरान 1981 में उसने जनतंत्र समाज के साथ मिल कर हैदराबाद में उन गुटों-संगठनों का सम्मेलन आहूत किया, जो गरीबों की लड़ाइयाँ लड़ रहे थे या उनमें रचना व निर्माण कार्य कर रहे थे। उस अनुभव से पीयूसीएल ने परिवर्तनवादी भूमिका अपनायी और तब से वह दलितों, भूमिहीन किसानों और अन्य गरीबों पर जुल्म और शोषण से सम्बंधित लोकाधिकार के सवालों को उठाती रही है। अन्य लोकाधिकार संघ भी इस काम में लगे हुए हैं।

कौन करेगा मानवाधिकारों की रक्षा

अरुण कुमार त्रिपाठी

भारतीय संविधान की प्रस्तावना में उसके नागरिकों की मानवीय गरिमा की रक्षा का संकल्प किया गया है। लेकिन भारत की लगभग 90 करोड़ आबादी में कितने लोग होंगे, जिनकी गरिमा की रक्षा संविधान या उससे निकलीं राज्य की संस्थाएं कर सकी हैं। निश्चित रूप से ऐसे लोगों की संख्या लाखों में भी नहीं होगी, जबकि ऐसे लोगों की संख्या रोज करोड़ों में होती है, जिनकी गरिमा को राज्य की संस्थाएँ आहत करती हैं। यह काम सिर्फ राज्य की संस्थाएँ ही नहीं करतीं, बल्कि निजी हैसियत या संस्थागत रूप से भी ज्यादा होता है। यह विचारणीय प्रश्न है कि जब राज्य या उससे जुड़ी संस्थाएँ राष्ट्रीय दायरे में मानवाधिकारों की रक्षा करने में नाकाम रही हैं, तो उनसे अंतर्राष्ट्रीय स्तर पर मानवाधिकारों की रक्षा की उम्मीद कैसे की जा सकती है ? लेकिन मानवाधिकार आंदोलन की विडंबना यह है कि वह 'उन्हीं ने दर्द दिया है वही दवा देंगे' के सिद्धांत पर विश्वास करता है। उसकी सारी शिकायत राष्ट्र-राज्य से ही है और वह उसी से इंसाफ की उम्मीद भी करता है। राष्ट्र-राज्य और उसकी संस्थाओं की बुनियाद पर प्रहार करते-करते मानवाधिकार संगठन उन्हीं के मुखापेक्षी हो जाते हैं। उससे मानवाधिकार संगठनों को तात्कालिक लाभ तो मिलता है, लेकिन दूरगामी लाभ राज्य की संस्थाओं का ही होता है। मानवाधिकारों के लिए थोड़ी-सी रियायत दे कर और उसके कार्यकर्ताओं को थोड़ा-सा महत्व दे कर राज्य अपनी उदारता का झंडा बुलन्द करता है। इसी झंडे के तले वह अपने दमनकारी चरित्र को भी छुपा लेता है।

मानवाधिकार का दायरा राष्ट्रीय नहीं, अंतर्राष्ट्रीय है और संयुक्त राष्ट्र संघ के 1948 के दस्तावेज के बावजूद मानवाधिकार किसी लिखित या संहिताबद्ध दायरे में सीमित होने को तैयार नहीं है। इसके बावजूद मानवाधिकारों को लागू करने का काम अभी भी राष्ट्र-राज्यों का ही है, जबकि राष्ट्र-राज्य ही उसका सबसे बड़ा उल्लंघनकर्ता है। इसलिए यह विडंबनापूर्ण स्थिति ही है कि उसी को मानवाधिकारों

की रखवाली दी गयी है। आज राष्ट्र-राज्य का सैद्धांतिक महत्व काफी घट रहा है और उसके व्यावहारिक महत्व को भी लगातार कम किया जा रहा है। राष्ट्र-राज्य के महत्व पर टिप्पणी करते हुए इस्राइल के मशहूर साहित्यकार आमोस ओज कहते हैं, 'आज के वक्त में राष्ट्र-राज्य के महत्व की बात करना कुछ उसी तरह है जैसे लंदन के अत्याधुनिक हवाई अड्डे पर लालटेन दिखाना।' मानवाधिकारवादी राष्ट्र-राज्य की अप्रासंगिकता के बारे में इस तरह की तमाम टिप्पणियाँ सहेज कर रखते हैं और उससे खुश भी होते हैं। लेकिन राष्ट्र-राज्य के बारे में व्यापक जनता की राय कुछ और ही है। वह राष्ट्र-राज्य को अभी भी एक उद्धारक और संकटमोचक के रूप में देखती है। वह मानती है कि राष्ट्र-राज्य के कमजोर पड़ने और अप्रासंगिक होने पर जो स्थिति पैदा होगी, उसमें मानवाधिकारों की रक्षा होने की बजाय उसका उल्लंघन बढ़ जायेगा। बल्कि एक तरह की अराजक स्थिति पैदा होगी। राष्ट्र-राज्य के घटते महत्व और उसके प्रति जनता के लगाव के इन दो छोरों के बीच मानवाधिकार आंदोलन चलता है। एक तरफ वह सैद्धांतिक स्तर पर संयुक्त राष्ट्र संघ अंतर्राष्ट्रीय कानून और विश्व व्यवस्था की सैद्धांतिक प्रेरणा से राष्ट्र-राज्य के तटबंधों को काटता रहता है और दूसरी तरफ उसी से अपनी रक्षा की अपेक्षा भी करता है। एक तरह से राष्ट्र-राज्य से उसके रिश्ते द्वंद्वात्मक हैं।

हालाँकि इस बात में किसी तरह के शक की गुंजाइश ही नहीं है कि मानवाधिकार राष्ट्रीय नहीं, अंतर्राष्ट्रीय मुद्दा है और संविधान के मौलिक अधिकार उसके हिस्से हैं, पर वे ही संपूर्ण मानवाधिकार नहीं हैं। लेकिन एक तो मानवाधिकार की अवधारणा बहुत कम लोगों को स्पष्ट है; दूसरे, राज्य उन्हें अपने हित में व्याख्यायित करने के प्रयास में लगा रहता है। राज्य चाहता है कि मानवाधिकारों को लिपिबद्ध और संहिताबद्ध कर दिया जाये, ताकि जब भी जरूरत हो, उन्हें काँट-छाँट कर नये तरीके से पेश किया जाये। लेकिन मानवाधिकारों को लिपिबद्ध या संहिताबद्ध करने से उनके विकास के अवरुद्ध हो जाने का खतरा है। वे मानव सभ्यता के विकास के साथ रोज नये क्षितिज छू रहे हैं और नयी दिशाओं में बढ़ रहे हैं। इस खतरे का एक उदाहरण मौलिक अधिकारों से जुड़े मशहूर मुकदमे केशवानंद भारती विवाद से दिया जा सकता है। इस मुकदमे में अल्पमत के फैसले में कहा गया कि संविधान में जितने अधिकार दिये गये हैं, उनके अलावा नागरिक के और अधिकार नहीं होते। जो अधिकार संविधान से स्वतंत्र दिये गये हैं, वे खारिज कर दिये जाते हैं। हालाँकि यह संविधान पीठ के अल्पमत का फैसला था और लागू नहीं हो सकता था, पर उससे व्याख्या के एक नजरिये की झलक मिलती है। इस सिलसिले में एक दिलचस्प तथ्य यह भी है कि बहुत कम मुकदमों में यह बात उठायी या याद दिलायी जाती है कि भारत ने अंतर्राष्ट्रीय मानवाधिकार दस्तावेज पर दस्तखत किये हैं। 1986 में भारत के

मुख्य न्यायाधीश ने एक भाषण में कहा था कि अब तक सिर्फ दो मुकदमों में अंतर्राष्ट्रीय मानवाधिकार दस्तावेज का जिक्र किया गया है।

आखिरकार संविधान और किसी दस्तावेज में जो मानवाधिकार या मौलिक अधिकार दिये गये हैं, यह उनके द्वन्द्व की एक झलक है। ये अपने आपमें संपूर्ण नहीं हैं। ये सिर्फ यही बताते हैं कि किसी खास जगह पर फलाँ मानवाधिकार की कानूनी मान्यता है। इस तरह मानवाधिकारों को कानूनी रक्षा मिल जाती है। पर इसका मतलब यह नहीं कि जिस मानवाधिकार का उल्लेख न हो, वह संभव ही नहीं। कानूनवादी रवैया अपनाने का खतरा केशवानंद भारती के मुकदमे के अल्पमत के फैसले जैसा है। कानूनवादी नजरिये का नतीजा ही है कि मानवाधिकार आंदोलन की ऊर्जा का एक हिस्सा कानून को ठीक से लागू कराने, न्यायपालिका की स्वतंत्रता की वकालत करने और जनहित याचिकाएँ जीतने में खर्च हो जाता है। जनहित याचिकाओं की शुरुआती सफलता की वजह से मानवाधिकार आंदोलन को न्यायपालिका से काफी उम्मीद जम गयी। एशियाड के मजदूरों का मुकदमा- बँधुआ मुक्ति मोर्चा का मुकदमा, भागलपुर अंधाकरण मुकदमा और रतलाम नगरपालिका के मुकदमों में सुप्रीम कोर्ट ने धड़ाधड़ पीड़ित पक्ष को इंसाफ दिलाने के आदेश दिये। इससे अचानक मानवाधिकार संगठनों और नागरिक अधिकार संगठनों को लगा कि अगर न्यायपालिका स्वायत्त तरीके से काम करे, तो मानवाधिकारों की रक्षा हो सकती है। यह दौर न्यायपालिका के उदारीकरण का था। न्यायमूर्ति पी.एल. भगवती विधिशास्त्र में क्रांतिकारी परिवर्तन का आह्वान कर रहे थे। चिट्ठियों और अखबार की खबरों पर सुप्रीम कोर्ट याचिकाएँ मंजूर कर रहा था और पीड़ित पक्ष को राहत दिलाने के लिए आदेश जारी कर रहा था।

जनहित वाद न्याय का वाहक और मानवाधिकारों का रक्षक बन चुका था। मानवाधिकार संगठनों और जन संगठनों ने अपनी ऊर्जा का एक बड़ा हिस्सा जनहित वाद में लगा दिया। उन्होंने उससे काफी उम्मीदें भी पाल लीं।

लेकिन '80 के दशक में शुरू हुआ न्यायपालिका के उदारीकरण का यह दौर '90 के दशक में थम गया। न्यायपालिका अनुदार हो चुकी थी और मानवाधिकार संगठनों का जनहित वाद से मोह भंग हो चुका था। दरअसल, जनहित याचिकाएँ जीतने का जमीन तक प्रभाव ही नहीं पहुँचा। एशियाड में काम करनेवाले मजदूरों को वास्तव में कोई राहत नहीं मिली। बल्कि यह मुकदमा दायर करनेवाले संगठन पीयूडीआर ने बाकायदा यह प्रस्ताव पास किया कि अब वह जनहित याचिकाओं का सहारा नहीं लेगा। बँधुआ मजदूरों की मुक्ति के बाद भी उनकी दशा नहीं सुधरी। भागलपुर में जिन कैदियों की आँखें फोड़ी गयीं, वे आज भी दिल्ली में अखबारों के दफ्तर के बाहर कभी-कभी भटकते देखे जा सकते हैं। इन मामलों से मानवाधिकार कार्यकर्ताओं की समझ में यह आ गया कि सिर्फ न्यायपालिका

की स्वतंत्रता और ईमानदारी बनाये रखने से काम नहीं चलनेवाला है। राज्य की अन्य संस्थाओं में जवाबदेही और ईमानदारी की भावना होनी चाहिए। 'कानून के राज' और 'न्यायपालिका की स्वतंत्रता' जैसे सिद्धांतों के खोखलेपन का एहसास बढ़ता गया। हाल में नर्मदा बचाओं आंदोलन, टिहरी बचाओ आंदोलन और दिल्ली के सीलमपुर दंगों के बारे में दायर मानवाधिकार संगठनों की याचिकाओं के प्रति न्यायपालिका का रवैया हतोत्साहित करनेवाला है। न्यायपालिका डंकल दस्तावेज पर हस्ताक्षर के खिलाफ दायर याचिकाओं को भी कोई तवज्जो नहीं दे रही है।

इसी वर्ष दिल्ली में हुए एक सेमिनार में सुप्रीम कोर्ट के तत्कालीन न्यायाधीश (अब मुख्य न्यायाधीश) ए. एम. अहमदी का कहना था कि लोकहित वाद पहले प्रचारवाद बना और अब निजी स्वार्थवाद बन गया है। इसलिए अदालत अब उस पर सावधानीपूर्वक विचार करती है। यानी अब जनहित वाद के प्रति न्यायपालिका का रवैया उत्साहवर्धक नहीं रहा। दूसरी तरफ मानवाधिकार आंदोलन का भी इससे मोह भंग हो चुका है।

इस बारे में सबसे ताजा उदाहरण आतंकवादी और विध्वंसक गतिविधियाँ निरोधक कानून यानी टाडा का दिया जा सकता है। मानवाधिकार संगठन जिस न्यायपालिका को सामाजिक न्याय व मानवाधिकार का पक्ष लेनेवाला मानते थे, उसने टाडा को संविधान सम्मत करार दिया था। इसी तरह दिल्ली में 1984 में हुए दंगों में मारे गये सिखों के बारे में भी भारतीय कानून और न्यायपालिका नाकारा साबित हुए हैं। न्यायपालिका में बढ़ते भ्रष्टाचार ने भी यह संकेत दे दिया है कि राज्य की अन्य संस्थाओं की तरह इसमें भी घुन लग चुका है। कई हाई कोर्टों में न्यायाधीशों के सगे रिश्तेदार वकालत करते हैं और बार के विरोध करने के बावजूद इस दिशा में अब तक कोई कदम नहीं उठाया गया है। न्यायमूर्ति रामस्वामी और न्यायमूर्ति भट्टाचार्जी के विवादों की स्मृतियाँ अब भी ताजा हैं।

कानून और न्यायपालिका से उम्मीद बाँध कर चलनेवाले मानवाधिकार आंदोलन के लिए ये स्थितियाँ झटका देनेवाली हैं। वह आत्मनिरीक्षण कर भी रहा है। हाल में 'टाडा' के खिलाफ मानवाधिकार संगठनों ने जिस तरह से अभियान चलाया, उससे लगता है कि उसने अपना फोकस न्यायपालिका से हटा लिया है। अब उसका लक्ष्य राज्य व्यवस्था की अन्य संस्थाओं और सीधे राजनीति को प्रभावित करना है। 'टाडा' के मामले पर उसकी यही रजनीति कामयाब भी हुई। संभवतः पहली बार विपक्षी राजनैतिक दलों ने मानवाधिकार संगठनों द्वारा उठाये गये किसी मुद्दे को इतना खुल कर समर्थन दिया।

मानवाधिकार आंदोलन में कानूनवादी रवैये और परिवर्तनकारी रवैये के बीच चलनेवाला यह विवाद नया नहीं है। 1974 में जयप्रकाश नारायण जब 'संपूर्ण क्रांति' आंदोलन चला रहे थे, तब उन्होंने पीयूसीएल का गठन किया था। उससे

यह अर्थ निकाला जा सकता है कि किसी परिवर्तनकारी आंदोलन में लोकतांत्रिक और मानवाधिकारवादी चेतना होना आश्श्यक है। पर इसका यह भी मतलब है कि मानवाधिकारों की स्थापना के लिए राज्य व्यवस्था के ढाँचे को बदलना जरूरी है। यानी मानवाधिकार आंदोलन किसी परिवर्तनकारी पृष्ठभूमि में सोने में सुहागे जैसा निखरता है, लेकिन परिवर्तनकारी चेतना के अभाव में वह या तो सेमिनारों और रपटों का हास्यास्पद व्यायाम बन कर रह जाता है या फिर मध्य वर्ग का रक्षा कवच।

अगर मानवाधिकार आंदोलन के भीतर या बाहर परिवर्तनकारी चेतना नहीं है, तो यह आंदोलन राज्य व्यवस्था की विभिन्न संस्थाओं से समय-समय पर उम्मीदें पालता है और फिर निराश हो जाता है। वह इन्हीं संस्थाओं के बीच ठोकर खाता रहता है और अपनी दिशा तय नहीं कर पाता। वह कभी न्यायपालिका में उम्मीद की किरण देखता है, कभी विधायिका में, तो कभी उसे लोकतंत्र का चौथा खंभा बहुत ईमानदार और जुझारू दिखता है। कई बार तो राज्य व्यवस्था की इन संस्थाओं के आपसी टकराव भी किसी एक के चरित्र के बारे में भ्रम पैदा करते हैं। राज्य की किसी संस्था के चरित्र में आये किसी बदलाव का तभी कोई अर्थ है जब वह स्थायी हो। अगर वह क्षणिक है, तो यह मान लेना चाहिए कि वह किसी आदर्श की भावना से प्रेरित हो कर नहीं आया है, बल्कि या तो उस संस्था के अपने अंतर्विरोध हैं या फिर उस पर किसी तरह का बाहरी दबाव है। जैसे जनहित वाद न्यायपालिका के लिए अपनी घटती साख बनाये रखने के लिए जरूरी हो गया था, उसी तरह टाडा भी सत्तारूढ़ पार्टी के चुनावी गणित से जुड़ गया था।

राष्ट्र-राज्य के लोकतांत्रिक चरित्र पर सवाल खड़ा करने के बाद शक्तियों के विकेंद्रीकरण को विकल्प के रूप में देखा जाता है। इस बारे में पंचायत राज संस्थाओं को ताकतवर बनाने के ताजा प्रयासों की बड़ी वाहवाही हो रही है। लेकिन क्या इन संस्थाओं के बन जाने से गाँव के स्तर पर पुलिस और प्रशासन का रवैया बदल गया है ? नहीं। ग्राम पंचायतों को विकास संबंधी आर्थिक शक्तियाँ जरूर दी गयी हैं, लेकिन उन्हें पुलिस और प्रशासन की शक्तियों में हिस्सेदार नहीं बनाया गया है। ग्राम पंचायतों की कुल मिला कर यही स्थिति बनी है कि ग्रामीण स्तर के विकास कामों में होनेवाले भ्रष्टाचार में जन प्रतिनिधि भी कुछ हिस्सा पा सकेंगे। लेकिन वे पुलिस और प्रशासन की ज्यादती को रोक सकेंगे, ऐसी उम्मीद नहीं दिखती। पूर्वी उत्तर प्रदेश के एक गाँव में हाल में प्रधान बने एक व्यक्ति ने दारोगा को किसी केस के सिलसिले में फोन कर दिया। दारोगा नहीं थे, इसलिए उन्हें कोई जानकारी तो नहीं मिल पायी, लेकिन दूसरे दिन थाने तलब कर लिया गया। वहाँ उन्हें फोन करने की धृष्टता के लिए इतना फटकारा गया कि वे दोबारा प्रशासनिक कामों में 'दखल' देने का साहस शायद ही जुटा पायें।

मानवीय गरिमा और मानवाधिकारों की दयनीय स्थिति दिल्ली से ले कर गाँव के स्तर तक है। राज्य की संस्थाएँ ऊपर से नीचे तक मानवाधिकारों के प्रति पूर्वाग्रह से भरी हुई हैं। केन्द्र सरकार ने मानवाधिकार आंदोलन और पश्चिमी देशों के दबाव में मानवाधिकार आयोग बना तो दिया, लेकिन वह नख-दंतविहीन है। उसकी लाचारी का आलम यह है कि उसके पास 60,000 मामले आ चुके हैं, लेकिन काम करने या जाँच करने के लिए स्टाफ है ही नहीं। फिर वह सुझाव देने के अलावा कुछ कर भी नहीं सकता। दूसरी तरफ मानवाधिकार संगठन अपनी सीमित शक्तियों के नाते कभी-कभी कंपन पैदा करते हैं, लेकिन उनमें व्यापक स्तर पर मानवाधिकारों की सतत निगरानी की सामर्थ्य नहीं है। मानवाधिकारों की रक्षा तब तक नहीं हो सकती, जब तक उनके प्रति पूरा समाज संवेदनशील न बने। व्यावहारिक स्तर पर समाज का मतलब राज्य की संस्थाएँ रह गयी हैं। इसीलिए राष्ट्र-राज्य और उसकी संस्थाओं का चरित्र बदलना जरूरी है।

वैसे राष्ट्र-राज्य के चरित्र में परिवर्तन हो भी रहा है। पर यह बात गौर करने लायक है कि वह किसके दबाव में हो रहा है ? क्या वह परिवर्तन किसी क्रांतिकारी और मानवतावादी आंदोलन के दबाव में हो रहा है या बहुराष्ट्रीय कंपनियों और बड़े औद्योगिक देशों के दबाव में ? निश्चित रूप से यह दबाव अमीर देशों के आर्थिक हितों का है, न कि मानवीय आदर्शों का । आज पूरी दुनिया में लोकतंत्र, राजतंत्र, तानाशाही और साम्यवादी सभी तरह की व्यवस्थाएँ बदल रही हैं। वे अपनी संप्रभुता के साथ समझौता कर रही हैं। पर यह समझौता राज्य और व्यक्ति के संबंधों में नहीं हो रहा है, बल्कि अमीर देशों और बहुराष्ट्रीय कंपनियों के साथ व्यावसायिक संबंध बनाने के लिए हो रहा है। हालाँकि बीच-बीच में अमीर और तथाकथित सभ्य देश मानवाधिकार का नुस्खा भी थमा देते हैं, पर सारा जोर आर्थिक संप्रभुता को घटाने पर है।

मानवाधिकार अंतर्राष्ट्रीय व्यवस्था का अनिवार्य अंग हैं। पर इस समय विश्व व्यवस्था का जोर आर्थिक संबंधों पर है। विश्व व्यवस्था समृद्धि पाने के लिए छटपटा रही है, न कि मानवीय मूल्यों के लिए। इसलिए राष्ट्र-राज्य के चरित्र में हो रहे इस बदलाव से मानवाधिकारों की रक्षा की खास उम्मीद नहीं जगती। बल्कि आशंका जगती है कि कहीं राष्ट्र-राज्य बहुराष्ट्रीय कंपनियों के हाथों की कठपुतली न बन जायें। यह महज आंशका नहीं है, बल्कि दुनिया के कुछ देशों में घटित भी हो रहा है। ऐसी स्थिति में राष्ट्र-राज्य नये तरीके से मानवाधिकारों का उल्लंघन करेगा। नाइजीरिया, बर्मा और थाइलैंड जैसे देशों में बहुराष्ट्रीय तेल कंपनियों के इशारे पर वहाँ की सरकारें अपने नागरिकों का दमन कर रही हैं। हमारे देश में भी बड़ी परियोजनाओं के लिए लोगों को उजाड़ने, विस्थापित करने और पर्यावरण को नष्ट करने का सिलसिला चल ही रहा है।

इसलिए जरूरत राष्ट्र-राज्य के चरित्र में हो रहे परिवर्तन की दिशा बदलने की है। आदर्श विश्व व्यवस्था तो तभी बन पायेगी जब पूरी दुनिया में मानव जीवन के स्तरों में बहुत कम फर्क रह जाये और देश की सीमाएँ कँटीले तारों और टैंकों से न खींची जायें। लोग यह महसूस कर सकें कि एक राष्ट्र में शत्रुतापूर्ण तरीके से रहने से अच्छा है पड़ोसी बन कर मित्रतापूर्ण तरीके से रहें, क्योंकि कोई भूभाग किसी राष्ट्र से अलग हो कर भी पृथ्वी पर ही रहेगा।

लेकिन इससे भी अहम बात यह है कि हमने नागरिकों के नाम पर सारे अधिकार और कर्तव्य संस्थाओं पर सौंप दिये हैं। मौलिक अधिकारों और मानवाधिकारों की रक्षा संस्थाएँ ही करेंगी और वे ही उसकी व्याख्या करेंगी। संस्थाओं की तरफ झुकी हुई इस व्यवस्था में अच्छे व्यक्ति गढ़ने की कोई प्रक्रिया ही नहीं है। संस्थाओं के पदों पर बैठा हुआ व्यक्ति संस्थाओं के हितों को ही सर्वोपरि मानता है और अगर वह व्यक्ति के हित को महत्व देने की सोचता है, तो सिर्फ व्यक्तिगत हित के बारे में। इसलिए जब हमने इस व्यवस्था में व्यक्ति को गौण बना ही दिया है, तो उसके अधिकारों और गरिमा को भी वरीयता मिलना मुश्किल है। हमारी चिंता राष्ट्र की एकता-अखंडता है, न कि व्यक्ति की गरिमा। व्यक्ति की गरिमा के लिए राष्ट्र-राज्य कोई कुरबानी नहीं देता, उलटे वह अपनी रक्षा के लिए व्यक्ति का जीवन माँग लेता है। हमें यह सोचना होगा कि क्या राष्ट्र की एकता के आगे व्यक्ति की गरिमा इतनी तुच्छ है।

आज अभिव्यक्ति का अधिकार कुछ बड़ी कंपनियों की मुट्ठी में कैद है, तो वायु तरंगों पर टीवी कंपनियों की दावेदारी है। व्यवसाय भी बड़ी कंपनियों की मुट्ठी में है, तो राजनीति पर कुछ गिरोहों का कब्जा है। शिक्षा कुछ शिक्षण संस्थाओं की रहम पर है, तो स्वास्थ्य कुछ दवा कंपनियों और अस्पतालों की मेहरबानी पर। हमने व्यक्ति को संपूर्ण बनाने और उसे नैसर्गिक विकास का अवसर देने की बजाय उसे कमजोर मान कर कदम-कदम पर बैसाखियाँ देने की कोशिश की है। व्यक्ति के अधिकारों को संस्थाओं के बैंक में जमा कर हमने लाभ कमाने को सोचा था। लेकिन पहले वे संस्थाएँ खुद लाभ कमाने में लगी रहीं और आज खुद दिवालिया हो रही हैं। हमें समाज के संस्थागत और औपचारिक ढाँचे के अलावा अनौपचारिक ढाँचे की तरफ भी देखना होगा। मानवाधिकार चूँकि शक्तिशाली राज्य के बरक्स व्यक्ति का अधिकार है, इसलिए संस्थाओं को सुधारने और कानून बदलते रहने के अलावा व्यक्ति को बदलने, उसे गरिमा प्रदान करने और ताकतवर बनाने पर जोर देना होगा, क्योंकि आखिरकार मानवाधिकारों की रक्षा मानव ही करेगा।

जीवन का अधिकार और अनुच्छेद 21

मस्तराम कपूर

हमारे संविधान के अनुच्छेद 21 को मूलभूत अधिकारों का नाभि बिन्दु माना जाता है। इसके शब्द हैं : 'किसी व्यक्ति को उसके प्राण अथवा दैहिक स्वतंत्रता से विधि द्वारा स्थापित प्रक्रिया को छोड़ कर अन्य किसी भी प्रकार से वंचित नहीं किया जायेगा।' जीवन और व्यक्तिगत स्वतंत्रता को सरकार के दमन से मुक्त रखनेवाले इस अधिकार का इतिहास बहुत लंबा है। यह अधिकार सर्वप्रथम 1215-1217 में मैग्ना कार्टा के अंतर्गत स्वीकार किया गया। इसकी पुष्टि पिटीशन ऑफ राइट्स (1628), हैबियस कार्पस (1640 तथा 1679) और बिला ऑफ राइट्स (1689) में हुई। अमेरिका की स्वाधीनता की घोषणा में भी इसे स्वीकार किया गया और 1791 में बिल ऑफ राइट्स में इसे शामिल किया गया। 1789 में फ्रांसीसी क्रांति में भी इस अधिकार को सर्वाधिक महत्वपूर्ण मूलभूत अधिकार माना गया।

हमारे संविधान की निर्माण प्रक्रिया में इस अनुच्छेद को कई परिवर्तनों से गुजरना पड़ा। मूल प्रस्ताव में सम्पत्ति शब्द भी था, जिसे अलग कर अनुछेच्द 31 में रखा गया। फिर इस बात पर लंबी बहस हुई कि 'कानून की उचित प्रक्रिया' शब्द रखे जायें या 'विधि द्वारा स्थापित प्रक्रिया' शब्द। 'कानून की उचित प्रक्रिया' का मतलब होता न्यायपालिका की नजरों में प्रक्रिया उचित है अथवा नहीं और इससे न्यायपालिका की शक्ति संसद तथा कार्यपालिका से ऊपर हो जाती। अमेरिका में यही स्थिति है। 'विधि द्वारा स्थापित प्रक्रिया' में संसद तथा कार्यपालिका की शक्ति सर्वोपरि रहेगी, इसीलिए इसे स्वीकार किया गया।

जीवन के अधिकार को न्यायपालिका के विभिन्न निर्णयों में बहुत व्यापक अर्थ दिया गया है। फ्रांसिस कोराली मुल्लिन बनाम दिल्ली संघक्षेत्र (1981) में न्यायमूर्ति भगवती ने कहा : 'जीवन का मूलभूत अधिकार मानव का सबसे कीमती अधिकार है और यह सभी अधिकारों का आधार है।' परमानंद कटारा बनाम भारत संघ (1989) में दो न्यायाधीशों के पीठ ने निर्णय दिया : 'मनुष्य जीवन की सुरक्षा

का महत्व सर्वोपरि है, क्योंकि यदि जीवन समाप्त हो जाये, तो उसे बहाल नहीं किया जा सकता; किसी को पुनर्जीवित करना मनुष्य की क्षमता से बाहर है।' इसी आधार पर कहा गया कि घायल व्यक्ति को लाये जाने पर डॉक्टरों का नैतिक कर्तव्य है कि उसका तत्काल उपचार करें और पुलिस कार्रवाई होने तक मरीज की उपेक्षा न करें।

लेकिन जीवन का मतलब सिर्फ पशु स्तर का अस्तित्व नहीं है। अमेरिका के एक वाद (मुन बनाम इतिनॉयस-1876) में न्यायमूर्ति फील्ड ने कहा था : '...जीवन शब्द में महज पशु स्तर के अस्तित्व से कुछ अधिक निहित है। इसमें मनुष्य के सभी अंग और शारीरिक-मानसिक क्षमताएँ आ जाते हैं, जिनसे जीवन का सुख भोगा जाता है।...सिर्फ जीवन से वंचित करना ही नहीं, बल्कि ईश्वर ने जीवन के विकास और सुखोपभोग के लिए जो कुछ दिया है, उससे वंचित करना भी इस अधिकार के अतंर्गत निषिद्ध है।'

हमारी न्यायपालिका ने खड़क सिंह बनाम उत्तर प्रदेश (1963) और सुनीता बत्रा बनाम दिल्ली प्रशासन (1978) में यही दृष्टि अपनायी है। न्यायमूर्ति भगवती ने पूर्वोक्त फ्रांसिस कोरालीवाले वाद के निर्णय में कहा था : 'प्रश्न उठता है कि क्या जीवन का अधिकार अंग और क्षमता के संरक्षण तक सीमित है अथवा यह उससे भी आगे जाता है। हमारा मत है कि इस अधिकार में मानव गरिमा के साथ और उससे संबद्ध सभी बातों के साथ जीने का अधिकार भी शामिल है, जैसे जीवन की मूलभूत आवश्यकताओं भोजन, वस्त्र और आवास की पर्याप्त सुविधा, पढ़ने-लिखने और विभिन्न रूपों में अपने को अभिव्यक्त करने, मुक्त रूप से आने-जाने और अन्य मनुष्यों से घुलने-मिलने की सुविधा।' न्यायमूर्ति भगवती ने पीयूडीआर बनाम भारत संघ (1982) में पुनः कहा कि 'मजदूरों को जीवन की उपयुक्त स्थितियाँ और अन्य सुविधाएँ उनकी मानव गरिमा के लिए आवश्यक हैं और उन्हें इनसे वंचित करना अनुच्छेद 21 का उल्लंघन है।' बंबई बंदरगाह के बोर्ड ऑफ ट्रस्टीज बनाम दिलीप कुमार (1983) में तीन जजों के पीठ ने अपने फैसले में कहा : 'जीवन का मतलब सहज पशुसम अस्तित्व या लगातार कष्टमय जीवन नहीं है। इसका मतलब बहुत व्यापक है और इसमें मानव सभ्यता की सभी अच्छी बातें आ जाती हैं, जिनके कारण जीवन जीने योग्य बनता है।'

सर्वोच्च न्यायालय ने हिमालय प्रदेश बनाम उमेद राय (1986) में जीवन शब्द को और व्यापक अर्थ दिया और इस अधिकार के अंतर्गत पहाड़ी क्षेत्रों में सड़क आदि पर्याप्त व्यवस्था को भी शामिल किया। विक्रमदेव सिंह बनाम बिहार (1988) में न्यायमूर्ति पाठक ने व्यवस्था दी : 'मानव गरिमा के साथ जीने का अधिकार प्रत्येक भारतीय नागरिक का मूलभूत अधिकार है, अतः राज्य उन अभागे बच्चों तथा स्त्रियों की देखभाल के लिए संस्थाओं के अनुरक्षण की आवश्यकता

स्वीकार करता है, जो अपूर्ण सामाजिक व्यवस्था के कारण उपेक्षित होते हैं।'

न्यायमूर्ति सव्यसाची मुकर्जी ने भी रामशरण बनाम भारत संघ (1989) में कहा : 'यह सच है कि जीवन के व्यापक अर्थ में वे सभी बातें आ जाती हैं जो मानव जीवन को अर्थ देती हैं। परंपरा, सस्कृति और धरोहर भी इसमें शामिल हैं। अतः धरोहर का पूर्ण संरक्षण भी अनुच्छेद 21 के अतंर्गत शामिल है।' केहरसिंह बनाम भारत संघ (1989) में न्यायमूर्ति पाठक ने कहा : 'किसी भी सभ्य समाज में नागरिकों के जीवन जौर व्यक्तिगत स्वतंत्रता से अधिक महत्व किसी बात का नहीं हो सकता। यह न्यायालयों द्वारा अनुच्छेद 21 को दिये गये सर्वाधिक महत्व से स्पष्ट है। ये दो बातें राजनीतिक और सामाजिक व्यवस्था की अन्य सभी बातों से अधिक महत्वपूर्ण हैं और इसलिए विधायिका, कार्यपालिका और न्यायपालिका दैनिक जीवन की अन्य बातों की तुलना में इनके प्रति अधिक संवेदनशील हैं।' इस बारे में सर्वोच्च न्यायालय का अंतिम फैसला मोहिनी जैन बनाम कर्नाटक राज्य (1992) में आया है, जिसमें कहा गया है : 'जीवन के अधिकार में उन सब अधिकारों की एकमुश्त अभिव्यक्ति होती है, जिन्हें जीवन के गरिमापूर्ण उपभोग के लिए बुनियादी मान कर अदालतों को लागू करना चाहिए। इसमें वे सभी काम आ जाते हैं, जिन्हें करने के लिए व्यक्ति स्वतंत्र होता है। शिक्षा का अधिकार जीवन के अधिकार से सीधे निःसृत होता है। अनुच्छेद 21 के अतंर्गत जीवन का अधिकार और व्यक्ति की गरिमा तब तक सुनिश्चित नहीं है, जब तक इसके साथ शिक्षा का अधिकार नहीं मिलता।'

क्या ये 'जीवन का अधिकार' में आते हैं

प्रश्न यह है कि अनुच्छेद 21 के अतंर्गत क्या ये अधिकार भी आते हैं :

आवास का अधिकार : इस अधिकार को फ्रांसिस कोराली मुल्लिन के बाद स्वीकार किया गया था, किन्तु इस पर सर्वोच्च न्यायालय की मुहर ओल्गा टेलिस बनाम भारत संघ (1986) वाद में उच्चतम न्यायालय के संविधान पीठ ने लगायी। इस निर्णय में कहा गया कि फुटपाथों और झुग्गी-झोंपड़ियों में रहना अनुच्छेद 21 द्वारा दिये गये अधिकार का हिस्सा है, जिसमें रोजगार या आजीविका का अधिकार भी शामिल है। हालाँकि इसके बाद रामप्रसाद बनाम बंबई पोर्ट ट्रस्ट (1989) में न्यायालय ने पोर्ट ट्रस्ट की जमीन पर बनी झुग्गी-झोपड़ियों को हटाने का निर्णय दिया, लेकिन वह इस आधार पर था कि पोर्ट ट्रस्ट की जमीन सार्वजनिक जमीन नहीं है और इससे ओल्गा टेलिस वाद का फैसला अप्रभावित रहता है।

शांतिस्टार बिल्डर्स बनाम नारायण खीमालाल टोटमे (1990) वाद में सर्वोच्च न्यायालय ने निम्नलिखित व्यवस्था दी : 'रोटी, कपड़ा और मकान को परम्परा से

आदमी की तीन मूलभूत आवश्यकताएँ माना गया है। हर सभ्य समाज में जीवन के अधिकार की गारंटी दी गयी है। इस अधिकार की लपेट में भोजन, वस्त्र, सम्मानजनक परिवेश और उचित आवास के अधिकार आ जाते हैं। इसमें जानवरों के आवास और मनुष्यों के आवास में भेद को ध्यान से रखना होगा। जानवर के लिए इसका मतलब है महज शरीर की रक्षा, किंतु मनुष्यों के लिए जरूरी है कि उचित आवास सुविधा हो, जो उसके शारीरिक, मानसिक तथा बौद्धिक विकास में सहायक हो।...'

आजीविका का अधिकार : संविधान पीठ एक वाद (संतराम-1960) में यह फैसला दे चुका था कि आजीविका को अनुच्छेद 21 के अतंर्गत मूलभूत अधिकार नहीं माना जा सकता। ए.वी. नचाने बनाम भारत संघ (1982) और बेगुला बप्पीराजू बनाम आंध्र प्रदेश (1983) वादों में इसी निर्णय का सहारा लिया गया। किंतु फैसला ऐसी आजीविका के संबंध में दिया गया था, जिसे समाज में हेय माना जाता था। ओल्गा टेलिस बनाम बंबई नगर निगम (1986) वाद में संविधान पीठ ने ऐतिहासिक फैसला दिया। उसमें कहा गया : 'आदमी की आजीविका छीनने का मतलब है उसे जीवन से वंचित करना।...कोई भी व्यक्ति जीवन के साधन (आजीविका) के बिना जिंदा नहीं रह सकता। यदि आजीविका के अधिकार को जीवन का अधिकार नहीं माना जायेगा, तो उस व्यक्ति को जीवन के अधिकार से वंचित करने का सबसे आसान तरीका होगा उसकी आजीविका छीन लेना। इससे न केवल जीवन का सारतत्व और अर्थ छिन जायेगा, बल्कि जीवित रहना भी असंभव हो जायेगा।...'

भिक्षावृत्ति : केरल की कुष्ठ रोगी संगठन समिति बनाम केरल राज्य (1992) में केरल उच्च न्यायालय को इस मामले में फैसला देना पड़ा कि भिक्षावृत्ति का अधिकार जीवन के अधिकार में आता है अथवा नहीं। न्यायालय ने इस दावे को नहीं माना। उसने कहा : कुछ लोग भिक्षा से जीवन निर्वाह करते होंगे, किंतु यह नहीं कहा जा सकता कि भिक्षा माँगना उनका मूलभूत अधिकार है।...सभी मूलभूत अधिकारों की सीमाएँ हैं। एक आदमी के हाथ पसारने का हक दूसरे आदमी की नाक छूने तक जाता है। इस अधिकार का प्रयोग करते समय कुष्ठ रोगियों और भिखारियों को 'नुइसेंस'(लोककंटक) पैदा करने का अधिकार नहीं मिल जाता है...'

निवेदित किया जाता है कि भिखारी यदि 'नुइसेंस' पैदा करता है, तो उसकी गिरफ्तारी जायज है; अनुच्छेद 19 भी इसे मान्य करता है। किंतु यहाँ यह सवाल भी उठता है कि 'नुइसेंस' पैदा करना भीख माँगने का उद्देश्य नहीं होता, यह तो उसका परोक्ष अथवा अनिच्छित परिणाम है। भिक्षावृत्ति का मूल उद्देश्य तो भीख माँग कर जीवन को बचाये रखना है। अतः अनुच्छेद 21 के अतंर्गत उसे अमान्य

करना कहाँ तक उचित है ?

कुछ अन्य पहलू : आजीविका के अधिकार के संबंध में कई अन्य निर्णय भी ध्यान देने योग्य हैं। महाराष्ट्र राज्य बनाम चंद्रभान (1983) में एक रुपया प्रतिमास का निर्वाह भत्ता अनुच्छेद 21 के विरुद्ध माना गया। ओ.पी. गुप्ता बनाम भारत संघ (1987) में कर्मचारी का लंबे समय तक निलंबन और विभागीय जाँच का लंबे समय तक पूरा न किया जाना भी इस अनुच्छेद के विरुद्ध माना गया। के. नागराज बनाम आंध्र सरकार (1985) में सेवा निवृत्ति की आयुसीमा 58 वर्ष से 55 वर्ष करने को अनुच्छेद 21 का उल्लंघन नहीं माना गया। इसी तरह भू-धारण सीमा कानून को महाराष्ट्र बनाम वसंतीबाई (1986) में इस मूलभूत अधिकार के विरुद्ध नहीं माना गया और सिक्किम बनाम सोनम लामा (1991) में अनिवार्य सेवा निवृत्ति को संविधान-विरुद्ध नहीं माना गया, किन्तु स्थायी कर्मचारी को एक निश्चित अवधि की नोटिस दे कर बर्खास्त करने को डी. टी. सी. बनाम मजदूर कांग्रेस (1991) में अनुच्छेद 21 के विरुद्ध कहा गया। इस केस में जस्टिस सावंत के संविधान पीठ ने आजीविका के अधिकार को जीवन का अधिकार कहा और इस अधिकार को कुछ व्यक्तियों की मनमरजी पर छोड़ने को गलत बताया। किंतु दिल्ली विकास बागबानी कर्मचारी संघ बनाम दिल्ली प्रशासन (1992) में सर्वोच्च न्यायालय के दो जजों के पीठ ने कहा कि 'हमारा देश आजीविका के अधिकार को मूलभूत अधिकार मानने की स्थिति में अभी नहीं आया है—इसलिए नहीं कि वह इसे जीवन के लिए मूलभूत नहीं मानता, बल्कि इसलिए कि उसने इस अधिकार की गारंटी देने की क्षमता प्राप्त नहीं की है। इसीलिए इसे नीति निदेशक सिद्धांतों के अध्याय में रखा गया है।' इसी बात को विजयलक्ष्मी त्रिपाठी बनाम प्रबंध समिति, वर्किंग वीमेंस हॉस्टेल (1992) में यह कह कर और स्पष्ट किया गया कि जब किसी का पहले से लगा हुआ रोजगार छिनता है, तो न्यायालय को उसे अनुच्छेद 21 के अंतर्गत संरक्षण देना पड़ता है, किंतु जब इस अधिकार के अंतर्गत रोजगार माँगा जाता है, तो यह देना न्यायालय के लिए संभव नहीं होता। लेकिन इससे जीवन के अधिकार के अंग के रूप में आजीविका का अधिकार खंडित नहीं होता।

अमेरिका में रोजगार के अधिकार को सर्वाधिक मूल्यवान स्वतंत्रता का अधिकार माना गया है। बार्स्की बनाम बोर्ड ऑफ रीजेंट्स (1954) वाद में जस्टिस डगलस का निर्णय इस प्रकार है : 'मैं यह मान कर चला हूँ कि काम (रोजगार) का अधिकार सर्वाधिक मूल्यवान स्वतंत्रता का अधिकार है। आदमी को रोजगार का उतना ही अधिकार है जितना जिंदा रहने, स्वतंत्र रहने और सम्पत्ति अर्जित करने का।...काम करने का मतलब है खाना; इसका मतलब है जीना। कई लोगों के बेकार सड़कों पर घूमने के बजाय जेल में काम करना बेहतर है।...'

शिक्षा का अधिकार : मोहिनी जैन बनाम कर्नाटक राज्य (1992) वाद में,

जिसे कैपिटेशन फीस का वाद भी कहा जाता है, सर्वोच्च न्यायालय के दो जजों के पीठ ने शिक्षा के अधिकार को अनुच्छेद 21 के अंतर्गत सर्वप्रथम माना था और कहा था कि राज्य को संविधान के अनुसार नागरिकों के लिए सभी स्तरों पर शिक्षण संस्थाओं की व्यवस्था करना चाहिए। इस निर्णय की खूब आलोचना हुई और इस पर उन्नीकृष्णन बनाम आंध्र प्रदेश (1993) वाद में संविधान पीठ को पुनर्विचार करने के लिए कहा गया। इस पीठ ने व्यवस्था दी कि अनुछेच्द 45 के अंतर्गत 14 साल के बच्चे के लिए जो निःशुल्क और अनिवार्य शिक्षा की व्यवस्था की गयी है, उसे तो मूलभूत अधिकार माना जा सकता है, किंतु उससे ऊपर के स्तर की शिक्षा को नहीं, क्योंकि धनाभाव के कारण राज्य के लिए अभी यह संभव नहीं है।

स्वास्थ्य का अधिकार : संविधान के अनुच्छेद 39 (ङ) में कहा गया है कि राज्य अपनी नीति का इस तरह संचालन करेगा कि 'श्रमिक पुरुषों और स्त्रियों के स्वास्थ्य और शक्ति तथा बालकों की सुकुमार अवस्था का दुरुपयोग न हो तथा आर्थिक आवश्यकता से विवश हो कर नागरिकों को ऐसे रोजगारों में न जाना पड़े जो उनकी आयु या शक्ति के अनुकूल न हों। इस प्रावधान का सहारा लेते हुए न्यायमूर्ति रामस्वामी ने सीईएससी बनाम सुभाषचंद्र (1992) वाद में अपने असहमति-निर्णय में कहा कि 'मूलभूत अधिकारों का लक्ष्य समतामूलक समाज का निर्माण करना और किसान, मजदूर, लकड़हारा, रिक्शा चालक, सफाई कर्मचारी, झुग्गीवासी सबको स्वतंत्रता प्रदान करना और उनके शारीरिक तथा मानसिक स्वास्थ्य के नागरिक एवं राजनीतिक अधिकारों को जीवन के अधिकार का अभिन्न अंग बनाना है।' उन्होंने आगे कहा कि स्वास्थ्य का अधिकार मजदूर का मूलभूत अधिकार है और इसकी चरितार्थता के लिए कई सामाजिक-आर्थिक कारकों की परस्पर क्रिया को ध्यान में रखना पड़ता है, जैसे काम की अनुकूल स्थितियाँ, समय-समय पर चिकित्सा और काम से संबंधित अशक्तताओं की रोकथाम।

यद्यपि यह सर्वोच्च न्यायालय के एक जज का विसम्मत निर्णय है, पर इससे इसका महत्व कम नहीं हो जाता और संभव है सर्वोच्च न्यायालय निकट भविष्य में स्वास्थ्य के अधिकार को मूलभूत अधिकार मान ले। वैसे तीसरे बनाम भारत संघ (1987), बँधुआ मुक्ति मोर्चा बनाम भारत संघ (1984) और अखिल भारतीय शोषित कर्मचारी संघ (रेलवे) बनाम भारत संघ (1981) वादों में सर्वोच्च न्यायालय ने यह स्वीकार किया है कि 'सार्वजनिक स्वास्थ्य के अनुरक्षण और सुधार को बहुत महत्व दिया जाना चाहिए, क्योंकि यह समाज के भौतिक स्वास्थ्य के लिए अत्यंत आवश्यक है और इस पर ही उस समाज का निर्माण निर्भर करता है जिसकी कल्पना संविधान में की गयी है।'

जोखिमपूर्ण गतिविधियाँ : सर्वोच्च न्यायालय ने कई मामलों में पदार्थों के निर्माण व विक्रय में संलग्न कारखानों के आस-पास रहनेवाले लोगों के स्वास्थ्य

के प्रति अत्यधिक चिंता प्रकट की है और ऐसे मामलों में मुआवजा भी दिलाया है। इस संदर्भ में एम.सी. मेहता बनाम भारत संघ (1987) और सिंथेटिक्स एंड केमिकल्स बनाम उत्तर प्रदेश(1990) के केस उल्लेखनीय हैं।

प्रदूषण से स्वतंत्रता : सुभाष कुमार बनाम बिहार राज्य (1991) में सर्वोच्च न्यायालय ने कहा है कि जीवन के अधिकार में प्रदूषण-रहित वायु और जल का अधिकार शामिल है और नागरिक अनुच्छेद 21 के अंतर्गत भी इसकी माँग कर सकता है। इस विषय में पहला निर्णय रतलाम नगरपालिका बनाम वरधीचंद (1980) में दिया गया, जिसमें नगरपालिका को आदेश दिया गया कि वह अल्कोहल प्लांट से निकलनेवाले प्रदूषित स्राव को रोके। इसके बाद रूरल लिटिगेशन और एंटाइटलमेंट केंद्र बनाम उत्तर प्रदेश राज्य (1987) में न्यायालय ने पर्यावरण बनाम और औद्योगिक विकास के सवाल को जोरदार ढंग से रखा और पर्यावरण की रक्षा को अनुच्छेद 51-क (छ) के अंतर्गत प्रत्येक नागरिक का मूलभूत कर्तव्य बताया। इस फैसले में हिमालय क्षेत्र के कुछ भागों में चूना खदानों को बंद करने के आदेश दिये गये, क्योंकि इस काम के लिए जंगलों को काटना पड़ता था और चूना बह कर नीचे के गाँवों तथा कृषि-भूमि को प्रभावित करता था।

सच्चिदानंद पांडे बनाम पश्चिम बंगाल राज्य (1987) में चिड़ियाखाने के निकट ताज ग्रुप का होटल बनाने पर इस आधार पर आपत्ति की गयी कि इससे प्राकृतिक पर्यावरण में असंतुलन पैदा होगा। न्यायमूर्ति चिनप्पा रेड्डी ने अमेरिका की उस घटना का विस्तृत उदाहरण दिया, जिसमें वाशिंगटन के श्वेत प्रमुख के जमीन बेचने के प्रस्ताव पर सीटल के अश्वेत प्रमुख ने कहा था : 'आप भूमि की ऊष्मा को, आसमान को, कैसे खरीद या बेच सकते हैं ?' इसे पर्यावरण पर सर्वप्रथम और सर्वाधिक सुंदर वक्तव्य माना जाता है। इसके बाद न्यायमूर्ति रेड्डी ने पर्यावरण की रक्षा के महत्व पर मर्मस्पर्शी भाषण दिया और कहा कि यदि आदमी रेगिस्तान को नखलिस्तान में बदलता रहा, तो वह नखलिस्तानों को रेगिस्तान भी बनाता रहा है। लेकिन पाँच सितारा होटल के निर्माण के खिलाफ की गयी अपील को इस आधार पर खारिज कर दिया गया कि सरकार जमीन का आवंटन करते समय पर्यावरण की समस्या के प्रति पूरी तरह जागरूक रही है।

एम.सी. मेहता बनाम भारत संघ (1988) में चमड़े के कारखानों के बहिःस्राव से गंगा के प्रदूषण को बचाने के पक्ष में फैसला दिया गया, हालाँकि इससे कारखाना मालिकों और मजदूरों को असुविधा होती थी। एम. सी. मेहता द्वारा ही लाये गये वादों में उड़ीसा हाई कोर्ट ने महानदी और कठजोड़ी नदियों के प्रदूषण को रोकने के लिए आदेश दिये और दिल्ली के आस-पास के इलाकों में पत्थर का चूरा बनाने के कामों पर रोक लगायी।

शोर प्रदूषण : स्वास्थ्य पर पड़नेवाले शोर के कुप्रभाव की ओर अभी

न्यायपालिका का पूरा ध्यान नहीं गया है, किंतु इसकी आवश्यकता है। कई स्थानों पर किये गये अनुसंधानों से पता चलता है कि अंतर्राष्ट्रीय हवाई अड्डे जैसे शोर-प्रदूषित इलाकों के निकट रहनेवालों में जन्म के विकार अधिक मात्रा में पाये जाते हैं। अतः इसे ध्यान में रखते हुए कई देशों ने शोर-प्रदूषण के नियंत्रण के लिए कानून बनाये हैं। इंग्लैंड में 1960 में और अमेरिका में 1970 में इस तरह के कानून बने थे। सड़कों पर ध्वनि प्रवर्धकों के निषेध के उल्लंघन का एक मामला जब अमेरिका के सर्वोच्च न्यायालय में आया तो न्यायालय ने फैसला दिया कि सड़कों और सार्वजनिक स्थानों पर ध्वनि-प्रवर्धकों का उपयोग नियमों के अधीन ही अनुमत्य है और इसे संविधान विरुद्ध नहीं कहा जा सकता। हमारे देश के कई राज्यों में भी शोर नियंत्रण के कानून हैं, किंतु इनका पालन कम, उल्लंघन ज्यादा होता है। अखिल भारतीय आयुर्विज्ञान संस्थान के निदेशक डॉ. एस. के कक्कड़ के अनुसार कुछ वर्षों से शोर से संबंधित बीमारियों में इजाफा हुआ है। डॉ. कक्कड़ के अनुसार शोर प्रदूषण से न केवल कानों के पर्दे क्षति-ग्रस्त होते हैं और श्रवण-शक्ति जाती रहती है, बल्कि बदन दर्द, सिर दर्द, थकावट, उच्च रक्तचाप और पेप्टिक अल्प्सर जैसी बीमारियाँ भी होती हैं। अतः शोर प्रदूषण निश्चय ही एक निश्चित सीमा पार करने पर अनुच्छेद 21 के अंतर्गत आ सकता है।

क्या इनकी अनुमति दी जा सकती है

जीवन के अधिकार की पवित्रता और व्यापकता को देखते हुए प्रश्न उठता है कि क्या निम्नलिखित को विधि विहित माना जा सकता है :

मृत्यु दंड : कुछ देशों में मृत्यु दंड को समाप्त कर दिया गया है और कुछ में समाप्त करने के बाद दोबारा लागू किया गया है।

जगमोहन सिंह बनाम उत्तर प्रदेश राज्य (1973) में यह सवाल परोक्ष रूप से सर्वोच्च न्यायालय में उठा। यह मामला पुरानी दंड प्रक्रिया संहिता से संबंधित था, जिसमें हत्या का दोष सिद्ध होने पर मृत्यु दंड दिया जा सकता था और कारणों का लिखित उल्लेख कर उसे आजीवन कारावास में बदला जा सकता था। यह व्यवस्था 1955 के संशोधन से समाप्त हुई। नयी संहिता में मृत्यु दंड के संबंध में सुनवाई का कोई प्रावधान नहीं था। यह बात जब अंततः सर्वोच्च न्यायालय के समक्ष आयी तो उसने अतिरिक्त साक्ष्य पर लगी रोक को हटा दिया, किंतु मृत्यु दंड की वैधता पर कोई विचार नहीं किया।

तथापि न्यायालय ने मानवीय दृष्टिकोण से मृत्यु दंड पर कई मामलों में विचार किया है। एडिगा अनम्मा बनाम आंध्र प्रदेश (1974) में न्यायमूर्ति कृष्ण अय्यर ने कहा कि मृत्यु दंड के खिलाफ कई बातों को ध्यान में रखा जा सकता

है, जैसे हत्यारे का कमउम्र या अत्यंत वृद्ध होना, उसका सामाजिक, आर्थिक, मनोवैज्ञानिक बाधाओं से ग्रस्त होना और लंबे समय तक मृत्यु दंड की तलवार का सिर पर लटकते रहना। शंकरिया बनाम राजस्थान (1978) में मृत्यु दंड की पुष्टि करते समय न्यायालय ने 'हत्या के भयानक और क्रूर स्वरूप', 'हत्या के शिकार व्यक्तियों की असहाय और दयनीय स्थिति', 'हत्या के राक्षसी तरीकों' और 'मरनेवालों की आहों-कराहों' का जिक्र किया। दलबीर सिंह बनाम पंजाब राज्य (1979) के मामले में न्यायालय ने मृत्यु दंड को आजीवन कारावास में बदला, किंतु यह भी कहा कि यदि इस बात के असाधारण संकेत मिलते हैं कि 10 या 14 साल के आजीवन कारावास से छूटने पर वह व्यक्ति पुनः हत्या कर सकता है तो उसका कारावास मृत्यु पर्यंत बनाया रखा जा सकता है।

बच्चन सिंह बनाभ पंजाब राज्य (1980) में संविधान पीठ ने निर्णय दिया कि मृत्यु-दंड अनुच्छेद 21 का उल्लंघन नहीं है, किंतु इसे 'बहुत ही असाधारण स्थितियों में दिया जाना चाहिए', जब कोई और विकल्प न हो। इस केस के आने तक नयी दंड प्रक्रिया संहिता बन चुकी थी, जिसमें प्रावधान था कि मृत्यु दंड देने के लिए विशेष कारणों का उल्लेख किया जाये।

बच्चन सिंह के केस के बाद इंदिरा गांधी की हत्या, जनरल वैद्य की हत्या और संजय चोपड़ा-गीता चोपड़ा की हत्या के मामलों में न्यायालय ने पेशेवरों की तरह सुनियोजित ढंग से हत्या करने के कारण मृत्युदंड की पुष्टि की। मुनव्वर हारुन बनाम महाराष्ट्र और जावेद अहमद बनाम महाराष्ट्र वादों में भी अपराध की क्रूरता और सुविचारित स्वरूप को देखते हुए मृत्यु दंड को बनाये रखा गया, किंतु अमृता बनाम महाराष्ट्र राज्य (1983) में मृत्यु दंड को इसलिए अमान्य किया गया, क्योंकि हत्या यौन ईर्ष्या के आवेग में हुई। रणजीत बनाम संघ-शासित क्षेत्र चंडीगढ़ (1983) और दर्शन सिंह बनाम पंजाब (1988) वादों में मृत्यु दंड की न्यायालय ने इस आधार पर पुष्टि की कि हत्या बदले की भावना से सोच-विचार कर और अत्यंत क्रूरता से की गयी। किंतु मूर्ति बनाम तमिलनाडु (1988) में मृत्यु दंड को आजीवन कारावास में बदला गया, क्योंकि हत्यारा परित्यक्त प्रेमी की निराशा से आक्रांत था और साथ ही वह चार औरतों की हत्यावाली वीडियो फिल्म देख कर विकारग्रस्त हो गया था।

अनुच्छेद 21 की विभिन्न व्याख्याओं से कई और महत्वपूर्ण सवालों पर रोचक प्रकाश पड़ता है। गरदन से लटका कर फाँसी देना इस अनुच्छेद का उल्लंघन है अथवा नहीं, इस प्रश्न पर दीना बनाम भारत संघ (1983) में विचार किया गया। तीन जजों के बेंच ने इसे वैध बताते हुए कहा कि यह फाँसी देने के अन्य तरीकों से अधिक सरल, मानवीय और त्रुटि-रहित है। सार्वजनिक स्थान पर फाँसी देना वीभत्स, आदिम और असभ्य है, यह फैसला एटॉर्नी जनरल ऑफ इंडिया बनाम लचमा देवी (1986) में दिया गया। टी.वी वादीश्वरन बनाम तमिलनाडु राज्य

(1983) में दो जजों के बेंच ने निर्णय दिया कि यदि फाँसी देने में दो साल से अधिक का विलंब हो, तो अभियुक्त अनुच्छेद 21 के अंतर्गत मृत्यु दंड को आजीवन कारावास में बदलने की प्रार्थना कर सकता है। किंतु शेरसिंह बनाम पंजाब (1983) में तीन जजों के बेंच ने इस निर्णय को अमान्य कर कहा कि मृत्युदंड को आजीवन कारावास में बदलने के लिए विलंब के अलावा अन्य बातों को भी ध्यान में रखा जाना चाहिए। जावेद अहमद बनाम महाराष्ट्र राज्य(1985) में चिनप्पा रेड्डी की अध्यक्षतावाले दो जजों के पीठ ने पुनः निर्णय दिया कि दो साल से अधिक विलंब होने पर अनुच्छेद 21 का संरक्षण दिया जा सकता है और मृत्यु दंड को आजीवन कारावास में बदला जा सकता है। त्रिवेणी बेन बनाम गुजरात राज्य (1989) में संविधान पीठ ने पुनः इस बात पर विचार किया और दो साल के नियम को अमान्य करते हुए कहा कि केवल दया याचिका के निपटान में विलंब या सरकार की ओर से हुए विलंब को ही इस प्रयोजन के लिए विलंब माना जाना चाहिए और इसकी कोई निश्चित अवधि तय नहीं होनी चाहिए। मधु मेहता बनाम भारत संघ (1989) में पुनः कहा गया कि अनावश्यक विलंब मृत्यु दंड को आजीवन कारावास में बदलने का उचित आधार है। न्यायमूर्ति शेट्टी ने कहा : 'मृत्यु-दंड की प्रतीक्षा में बैठा व्यक्ति चिता की आग और मानसिक व्यथा की आग के बीच होता है; चिता की आग तो मृत देह को जलाती है, किंतु मानसिक व्यथा जीवित व्यक्ति को जलाती है।'

आत्महत्या : आत्महत्या के संबंध में भी अनुच्छेद 21 के अंतर्गत कुछ रोचक और महत्वपूर्ण निर्णय आये हैं। मारुति श्रीपति बनाम महाराष्ट्र (1987) में बंबई उच्च न्यायालय के पीठ से न्यायमूर्ति सावंत ने कहा कि आत्महत्या के प्रयास के लिए दंड की व्यवस्था करनेवाली दंड संहिता की धारा 309 अनुच्छेद 21 के विरुद्ध है। पीठ का कहना था कि जीने के अधिकार में न जीने या मरने का अधिकार भी शामिल है, उसी तरह जैसे अनुच्छेद 19 के अंतर्गत किसी संस्था का सदस्य बनने के अधिकार में सदस्य न बनने का अधिकार भी शामिल है। न्यायमूर्ति सावंत ने कहा कि मृत्यु की इच्छा स्वाभाविक है, अतः मृत्यु का अधिकार भी स्वाभाविक है। उन्होंने कहा, कई बातें मनुष्यों को अपना जीवन समाप्त करने की प्रेरणा देती हैं, जैसे असह्य रोग एवं कष्टकर जीवन स्थितियाँ, अपने सम्मान की रक्षा न कर पाने से उपजी ग्लानि अथवा यह एहसास कि मुझे जो करना था, मैंने पूरा कर लिया, अब विदा लो आदि। उन्होंने यह भी बताया कि कई धर्मों में इसे स्वीकार किया गया है। आत्मबलिदान, शहादत, सती, जौहर, समाधि, अनशन, आत्मसमर्पण आदि को हमेशा सम्मान से देखा गया है।

चेना जगदीश्वर बनाम आंध्र प्रदेश राज्य (1988) में इस दृष्टि को नहीं स्वीकारा गया। न्यायमूर्ति अमरेश्वरी ने पूछा कि बच्चे को जन्म देनेवाले माता-पिता

को क्या बच्चे की जान लेने का अधिकार भी मिल जाता है ? उन्होंने कहा कि भूख हड़ताल, आत्मदाह आदि के मामलों में दंड संहिता की धारा 309 बड़े काम की है।

सुख-मृत्यु : सुख-मृत्यु (मर्सी किलिंग) की समस्या पर भी अनुच्छेद 21 के प्रकाश में विचार हुआ है। यह सुख-मृत्यु दो प्रकार की होती है : सक्रिय और निष्क्रिय। सक्रिय सुख-मृत्यु में यातना से बचने के लिए मृत्यु का वरण किया जाता है और निष्क्रिय सुख-मृत्यु में कृत्रिम उपायों से मृत्यु को टालने का सहारा लेने से इन्कार कर देना शामिल है। कई डॉक्टर निष्क्रिय सुख-मृत्यु के पक्ष में हैं। न्यू जर्सी की सुप्रीम कोर्ट ने 1976 के कैरने एली के मामले में इसे उचित भी ठहराया था, क्योंकि उसके माता-पिता का कहना था कि मशीन उनकी बेटी को सम्मानजनक ढंग से और गरिमा से मरने नहीं दे रही है। अमेरिका के कई राज्यों में निष्क्रिय सुख-मृत्यु का कानून पास होने के बाद लॉस एंजिलेस में एक साल में 24 केस आग से जले व्यक्तियों के आये और उनमें से 21 ने शीघ्र मृत्यु की अपनी इच्छा प्रकट की तथा कृत्रिम उपायों से जीवन को लंबा खींचने के प्रति अनिच्छा जतायी। किंतु निष्क्रिय सुख-मृत्यु डॉक्टरों की प्रसिद्ध हिप्पोक्रेटिक शपथ के विरुद्ध है। यदि मृत्यु हृदय के बंद होने पर ही मानी जाती है, तो हृदय को कृत्रिम उपायों से सक्रिय बनाये रखना डॉक्टरों का फर्ज है। यदि मस्तिष्क की निष्क्रियता को मृत्यु मान लिया जाये, तभी डॉक्टरों के लिए कृत्रिम उपाय न करना उचित होगा।

निष्क्रिय सुख-मृत्यु को अनुच्छेद 21 के अंतर्गत वैध माना जा सकता है—इस तरह का संकेत विजयलक्ष्मी बनाम मैनेजिंग कमेटी, वर्किंग वीमेन्स होस्टेल (1992) में उड़ीसा उच्च न्यायालय ने दिया है।

गर्भपात : गर्भपात का अधिकार भी अनुच्छेद 21 के अंतर्गत आ सकता है। दंड संहिता की धारा 312 के अंतर्गत भी स्त्री की जान बचाने के लिए किया गया गर्भपात अपराध नहीं है। मेडिकल टर्मिनेशन ऑफ प्रेग्नेंसी ऐक्ट, 1971 ने स्त्री के स्वास्थ्य, बच्चे के स्वास्थ्य और मानवीय कारणों से गर्भपात को अनुमत्य माना है। किंतु अमेरिका की सुप्रीम कोर्ट ने विलियम बनाम रिप्रोडक्टिव हेल्थ सर्विसेस (1989) के बाद यह स्वीकार किया है कि स्त्रियों के अधिकार के आंदोलन के मद्देनजर स्त्रियों को अपनी इच्छा से (बिना स्वास्थ्य आदि का कारण दिये) गर्भपात कराने का अधिकार होना चाहिए, किंतु इसके लिए सार्वजनिक सेवा अथवा निधि न देना संविधान-विरुद्ध नहीं है।[1]

---

1. यह लेख सर्वोच्च न्यायालय के न्यायाधीश बी. एल.हंसारिया की पुस्तक 'राइट टू लाइफ एण्ड लिबर्टी अन्डर द कांस्टीट्यूशन' (एन. एम. त्रिपाठी प्रा. लि., बंबई, 1993) के तृतीय अध्याय ' मीनिंग ऑफ दी वर्ल्ड 'लाइफ' इन आर्टिकल 21' पर आधारित है।

चुनौतियों के रू-ब-रू

सत्येंद्र रंजन

पिछले दो दशकों में भारत में मानवाधिकार आंदोलन एक निश्चित स्वरूप ग्रहण करने की दिशा में बढ़ा है, लेकिन इसके सामने चुनौतियाँ भी अधिक व्यापक और गहरी होती गयी हैं। आज देश में मानवाधिकारों के क्षेत्र में काम करनेवाले अनेक संगठन हैं। उनमें कई ईमानदारी और गंभीरता से अपना काम कर रहे हैं तथा उनके कार्यों के निश्चित प्रभाव भी हुए हैं। इसके बावजूद स्थिति संतोषजनक है—यह शायद ही कोई कह सकता है। मानवाधिकार आंदोलन के सामने आज वैचारिक स्तर पर और व्यावहारिक स्तर पर भी अनेक समस्याएँ हैं। इन समस्याओं को कैसे हल किया जाता है—इस पर न सिर्फ मानवाधिकार आंदोलन का, बल्कि भारतीय लोकतंत्र एवं हमारे भावी राष्ट्र का स्वरूप भी निर्भर करता है।

मानवाधिकार आंदोलन की समस्याओं एवं उसके सामने की चुनौतियों पर विचार करने के पहले यह स्पष्ट कर लेना उचित होगा कि इस आंदोलन से हमारा तात्पर्य क्या है ? आखिर समाज में शोषित-उत्पीड़ित तबके की बेहतरी के लिए जो भी संघर्ष होता है, प्रकारांतर में वह मानवाधिकार आंदोलन का ही हिस्सा होता है। ऐसे हर संघर्ष का लक्ष्य उस तबके को सम्मान एवं गरिमा की जिंदगी दिलाना होता है और ऐसी जिंदगी उस तबके के लोगों के मूलभूत अधिकारों को सुनिश्चित किये बिना नहीं दिलायी जा सकती। अगर इस तर्क को आगे बढ़ायें तो यह बेहिचक कहा जा सकता है कि मानवाधिकारों के लिए संघर्ष एक खास ढंग की व्यवस्था के निर्माण से जुड़ जाता है। श्रम के शोषण एवं इसे सुनिश्चित करने के लिए दमन की व्यवस्था को कायम रखते हुए न तो वास्तविक लोकतंत्र स्थापित हो सकता है, न ही सबके मानवाधिकारों की रक्षा हो सकती है।

लेकिन इस खास व्यवस्था का स्वरूप कैसा हो और उस तक जाने के लिए संघर्ष के क्या और कैसे तरीके हों—इसका ब्लूप्रिंट अभी तक पेश नहीं किया जा सका है। इस सदी के दूसरे दशक में रूस में हुई बोल्शेविक क्रांति के बाद

मार्क्सवादी विचारकों ने जरूर यह दावा किया था कि सर्वहारा की तानाशाही के रूप में न सिर्फ अब तक के व्यापकतम जनतंत्र का खाका तैयार कर लिया गया है, बल्कि उसे स्थापित भी कर लिया गया है। जोसेफ स्तालिन ने दावा किया था कि समाजवाद ही लोकतंत्र का सर्वोत्कृष्ट रूप है। दूसरे विश्व युद्ध के बाद सोवियत संघ और पूर्वी यूरोप के अनेक देशों तथा चीन, उत्तर कोरिया, क्यूबा और वियतनाम में यह 'लोकतंत्र का सर्वोत्कृष्ट' रूप स्थापित हुआ। पर इसी सदी के अंतिम दशक में आज दुनिया न सिर्फ इस 'लोकतंत्र' के सर्वसत्तावादी रूपों को देख चुकी है, बल्कि वैज्ञानिक समाजवाद और साम्यवाद के सपने भी उसके सामने टूट चुके हैं।

समता, स्वतंत्रता और बंधुत्व के मूल्यों पर आधारित लोकतंत्र स्थापित करने के लिए आदर्श के रूप में आज हमारे सामने चाहे जितनी विचारधाराएँ हों, पर व्यवहार में पश्चिमी पूँजीवादी जनतंत्र के अलावा किसी अन्य लोकतांत्रिक व्यवस्था का हमारे सामने अस्तित्व नहीं है। निरंतर और द्रुतगति प्रौद्योगिक क्रांति ने मानव समाज को अभूतपूर्व और अद्‌भुत ढंग से प्रभावित कर दिया है। चूँकि यह क्रांति पश्चिम में और पश्चिमी पूँजी पर आधारित रही है, इसलिए नवीन प्रौद्योगिकी के साथ-साथ अनिवार्य रूप से पश्चिमी पूँजीवादी उपभोक्ता जीवनशैली का भी प्रसार हो रहा है। इस जीवनशैली के लिए लालायित सिर्फ भारतीय उच्च एवं मध्य वर्ग नहीं है, बल्कि चीन और वियतनाम के कथित साम्यवादी शासक भी हैं। इसे इतिहास की विडम्बना ही कहेंगे कि जब अमेरिका वियतनाम से पूर्ण राजनीतिक संबंध स्थापित करता है, तो आजीवन अमेरिकी साम्राज्य के खिलाफ संघर्ष चलानेवाले फिदेल कास्त्रो का क्यूबा ईर्ष्या से भर कर अमेरिका पर दोहरे मानदंड अपनाने का आरोप लगाता है। अर्थात हमसे भी वियतनाम-सा व्यवहार क्यों नहीं कर रहे हो। यहाँ यह गौरतलब है कि वियतनाम आज विकास की पूँजीवादी नीति को स्वीकार कर चुका है और यही उसके और अमेरिका के बीच रिश्तों में सुधार का आधार है।

शीत युद्ध के काल में लोकतंत्र और मानवाधिकार पश्चिमी पूँजीवादी देशों के प्रिय शब्द होते थे। दरअसल, ये तत्कालीन विश्व में अपनी सत्ता को वैधता दिलाने के लिए उनकी रणनीति का एक प्रमुख औजार थे। जब उनका प्रतिद्वंद्वी मजदूरों का राज स्थापित करने का दावा कर रहा था और कह रहा था कि वर्गविहीन, राज्यविहीन समाज के निर्माण की यात्रा शुरू हो चुकी है, तो इन देशों के शासक वर्गों की भी यह मजबूरी थी की वे अपनी सत्ता के नैतिक आधार को दिखायें। तब पश्चिमी प्रचार तंत्र का मुख्य प्रयास यह चित्रित करने पर होता था कि सोवियत संघ और अन्य कम्युनिस्ट देशों में लोकतंत्र नहीं है तथा वहाँ मानवाधिकारों का घोर उल्लंघन होता है। इसके विपरीत पश्चिम में लोकतंत्र है

और मानवाधिकारों का सम्मान होता है। पश्चिमी शासक वर्ग ने लोकतंत्र एवं मानवाधिकार—दोनों की धारणा अपनी सुविधा से गढ़ी। इसे प्रचार माध्यम के कुशल इस्तेमाल से न सिर्फ अपनी जनता और निर्गुट आंदोलन के देशों के बीच लोकप्रिय बनाने में उन्हें सफलता मिली, बल्कि कम्युनिस्ट देशों के एक बड़े हिस्से को भी उन्होंने इससे प्रभावित कर लिया। सोवियत खेमे के ढहने के अनेक गंभीर कारण थे, पर उनमें कुछ भूमिका इन धारणाओं की लोकप्रियता की भी रही।

शीत युद्ध के बाद के विश्व में आज जब लोकतंत्र एवं मानवाधिकारों की चर्चा होती है तो यह निश्चित रूप से उन्हीं पश्चिमी धारणाओं के तहत होती है। इन धारणाओं का इतना जबरदस्त प्रभाव है कि मानवाधिकार संगठनों एवं इनके कार्यकर्ताओं के बीच भी इनसे अलग हट कर सोचने और कोई वैकल्पिक विचारधारा विकसित करने की जरूरत महसूस नहीं की जाती। ये धारणाएँ महत्वहीन हों या इनकी कोई प्रासंगिकता न हो—ऐसी बात नहीं है। कम से कम भारत जैसे देश में तो इन धारणओं के तहत भी संघर्ष की अत्यंत आवश्यकता है, क्योंकि इनके तहत जिन अधिकारों एवं स्वतंत्रताओं को सुनिश्चित तथा सुरक्षित करने की बात की जाती है, उनका व्यापक रूप से और घोर उल्लंघन होता है। लेकिन समस्या यह आती है कि ये धारणाएँ इन उल्लंघनों के व्यवस्था में निहित कारणों तक हमें नहीं ले जा पातीं, न ही वैकल्पिक व्यवस्था के निर्माण के लिए प्रयासरत होने के लिए हमें प्रेरित कर पाती हैं।

पश्चिमी धारणाओं में सारा जोर व्यक्ति पर है। व्यक्ति के अधिकार वर्णित हैं। अगर ये अधिकार उसे नहीं मिलते, तो इसे मानवाधिकारों का उल्लंघन कहा जाता है। लेकिन आर्थिक एवं सामाजिक रूप से शोषित एवं उत्पीड़ित वर्ग के किसी व्यक्ति को ये अधिकार कैसे मिल सकते हैं, क्या यथार्थ परिस्थितियों के बीच यह संभव है—यह चर्चा मानवाधिकारों के दायरे से छूट जाती है। पूँजीवाद के विकास के बाद से दुनिया की अर्थव्यवस्था परस्पर-निर्भर होने से एकीकारण की दिशा में बढ़ी है। साम्राज्यवाद एवं उपनिवेशवाद के दौर से निकलने के बाद अब दुनिया नव-उपनिवेशवाद एवं दलाल पूँजीपतियों पर आधारित बहुराष्ट्रीय पूँजीवाद के दौर में प्रवेश कर गयी है। इस युग में शोषण का स्वरूप स्थानीय नहीं रह गया है। बहुराष्ट्रीय पूँजी आज गरीब देशों की राष्ट्रीय संपदा, संसाधनों एवं श्रम का शोषण कर रही है। इस शोषण को कायम रखने के लिए दमनकारी व्यवस्थाएँ की जा रही हैं। बहुराष्ट्रीय कंपनियों के दबाव में मजदूरों को अपने लंबे आंदोलनों से मिली सेवा संबंधी सुरक्षाओं से वंचित किया जा रहा है। विश्व बैंक तथा अंतर्राष्ट्रीय मुद्रा कोष के दबाव में समाज के गरीब तबकों को मिली राहत में कटौती की जा रही है। निजीकरण के नाम पर आम लोगों के लिए चिकित्सा एवं उच्च शिक्षा जैसी बुनियादी जरूरतों को भी दूभर बनाया जा रहा है। ये सारी स्थितियाँ जनता

की दरिद्रता को बढ़ा रही हैं, लोकतंत्र को और सीमित कर रही हैं तथा पश्चिमी अर्थों में भी मानवाधिकारों के हनन की और स्थितियाँ पैदा कर रही हैं। कई देशों में बहुराष्ट्रीय कंपनियाँ निरंकुश शासकों की सत्ता मजबूत करने में जुटी हैं, क्योंकि उनसे उनका परस्पर लाभ का करार है। नाइजीरिया इसकी उत्तम मिसाल है, जहाँ तेल निकालनेवाली प्रमुख अमेरिकी कंपनी निरंकुश शासकों को दमन एवं अत्याचार में मदद पहुँचा रही है। ये कंपनियाँ अतीत में अनेक देशों में अपने हित में तख्ता पलट करवाने में भी लगी रही हैं।

आज जब हम मानवाधिकार आंदोलन की चर्चा करते हैं, तो इसी विश्व परिस्थिति में करते हैं। पर यह दुर्भाग्य की बात है कि इसके और देसी हितों के अनुरूप आंदोलन की कोई विचारधारा विकसित करने का कोई गंभीर प्रयास देश में नहीं हुआ है। भारत में मानवाधिकार आंदोलन, दरअसल, नागरिक अधिकार (सिविल लिबर्टीज) और लोकतांत्रिक अधिकार (डेमोक्रेटिक राइट्स) संगठनों के हाथ में है। ये अपने कार्यक्षेत्र में चाहे जिस निष्ठा और प्रतिबद्धता से जुटे हों, उनमें एक सुसंगत विचारधारा का निश्चित रूप से अभाव है।

सैद्धांतिक रूप से नागरिक अधिकार, लोकतांत्रिक अधिकार और मानवाधिकार को इस रूप में समझा जा सकता है। नागरिक अधिकार वे हैं जो संविधान प्रदत्त हैं तथा जिनका कानूनी प्रावधान है। अर्थात इन अधिकारों की रक्षा एवं इन्हें हासिल करने के लिए अदालत की शरण ली जा सकती है और अदालतें अपने निर्देश एवं आदेश से इन अधिकारों को लागू करवा सकती हैं। ये अधिकार किसी व्यक्ति को नागरिकता के साथ स्वतः प्राप्त हो जाते हैं। लोकतांत्रिक अधिकार वे हैं, जो नागरिकों को राजनीतिक व्यवस्था में हिस्सेदार बनाते हैं। अर्थात वे अधिकार जो नागरिकों को राज्य की नीति को संचालित एवं प्रभावित करने की शक्ति प्रदान करते हैं। इन अधिकारों में कुछ के पीछे कानूनी प्रावधान नहीं भी हो सकता है और हो सकता है कि वे संविधान के नीति-निदेशक हिस्से से संबंधित हों। इनमें से कई अधिकारों पर अदालतों का आदेश मानने के लिए कार्यपालिका बाध्य नहीं भी हो सकती है। पर कुल मिला कर ये अधिकार किसी लोकतांत्रिक व्यवस्था के लिए आवश्यक एवं अनिवार्य हैं। मानवाधिकार वे हैं, जो किसी व्यक्ति को सिर्फ मानव होने के नाते प्राप्त हो जाते हैं। इन अधिकारों की व्यवस्था करने के लिए अंतर्राष्ट्रीय स्तर पर कई संधियाँ की गयी हैं। इन सभी संधियों का आधार 10 दिसंबर 1948 का संयुक्त राष्ट्र मानवाधिकार घोषणापत्र है। संधियों में प्रमुख हैं—नागरिक एवं राजनैतिक अधिकारों की संधि, आर्थिक अधिकारों की संधि, यातना के विरुद्ध संधि, बाल एवं स्त्री अधिकारों की संधियाँ, अल्पसंख्यकों एवं आदिम निवासियों के बारे में संधियाँ आदि। इन संधियों को सभी देश स्वीकार करें एवं इनके प्रावधानों को अपने यहाँ लागू करें—ऐसी कोई बाध्यता नहीं है।

देश संधियों को स्वीकार करने के लिए स्वतंत्र हैं और स्वीकार करने के बाद भी प्रावधानों को लागू करें या नहीं—इस बारे में भी उन्हें लगभग स्वतंत्रता मिली हुई है।

संधियाँ आज मानवाधिकारों की विस्तृत व्याख्या कर चुकी हैं। भारत अधिकांश संधियों को स्वीकार भी कर चुका है या कम से कम उसका उनसे कोई गंभीर मतभेद नहीं है। उस पृष्ठभूमि में भारतीय मानवाधिकार संगठनों के लिए स्थिति अनुकूल होनी चाहिए थी। लेकिन वास्तविकता ऐसी नहीं है। इसकी वजह है भारत की वास्तविक सामाजिक-आर्थिक स्थिति। हमारी सामाजिक और आर्थिक दोनों व्यवस्थाएँ निरंकुश हैं। ऐसे में राजनीतिक लोकतंत्र का मामूली महत्व ही रह जाता है। राजनीतिक व्यवस्था अंततः सामाजिक और आर्थिक यथार्थ की ही प्रतिनिधि होती है। भारतीय सामाजिक लोकतंत्र एक तरह से यथास्थिति को कायम रखने का उपकरण तथा शासक वर्गों के हितों की रक्षा का औजार बन गया है, तब वास्तविक लोकतंत्र की दिशा में बढ़ने तथा मानवाधिकारों के सम्मान पर आधारित व्यवस्था बनाने का मार्ग स्वतः अवरुद्ध हो जाता है।

इस स्थिति का व्यावहारिक रूप में हम कई तरह से प्रतिफलन होता देख रहे हैं। व्यवस्था में वंचित जन-समूहों एवं वर्गों के हितों को शामिल करने और सुविधाओं एवं संसाधनों का उनसे साझा करने की संभावना पिछले दशकों में लगातार संकुचित होती गयी है। इसका परिणाम हुआ है विभिन्न प्रकार के जन आंदोलनों का उभरना। पर हमारा कथित लोकतंत्र इन आंदोलनों की माँगों पर ध्यान देने के बजाय उनके दमन पर उतारू हुआ है। 1975 में लगा आपातकाल इस स्थिति की सिर्फ चरम परिणति थी। इसके पहले उत्तर-पूर्व, खासकर नागालैंड और मिजोरम, में स्वायत्तता की आकांक्षा से प्रेरित विद्रोह और नक्सलवादी आंदोलन के उभार के समय भारतीय राज्य का निरंकुश चेहरा देखने को मिल चुका था। नक्सलवादी आंदोलन बेशक सशस्त्र बगावत था, लेकिन क्या इससे इन्कार किया जा सकता है कि वह भारतीय आर्थिक सरंचना के जन-विरोध स्वरूप के प्रति ही एक प्रतिक्रिया था ? और, क्या नगा और मिजो समस्याओं का कोई लोकतांत्रिक हल नहीं हो सकता था ?

बहरहाल, आपातकाल के बाद भारतीय राज्य व्यवस्था का जन विरोधी स्वरूप अधिक स्पष्ट हुआ। पंजाब, कश्मीर और उत्तर-पूर्व में अलगाववाद और उग्रवाद की समस्याएँ पैदा करने, उन्हें लंबा खींचने और दमन एवं ताकत के इस्तेमाल से उनका हल खोजने पर शासक वर्गों में आम सहमति रही। पर बात सिर्फ यहीं तक नहीं थी। किसानों, मजदूरों एवं अन्य वंचित समूहों के संघर्षों के प्रति राज्य का कोई अलग दृष्टिकोण नहीं था। इन सबके बावजूद पिछले दो दशकों में जनसंघर्षों एवं पिछड़े तथा वंचित समुदायों में अपने अधिकारों के प्रति चेतना में भारी वृद्धि हुई

है। इससे व्यवस्था पर अभूतपूर्व दबाव भी पैदा हुए हैं। इनके बीच व्यवस्था के विभिन्न अंगों में भारी क्षय हुआ है। न सिर्फ कार्यपालिका और विधायिका, बल्कि आज न्यायपालिका की लोकतांत्रिक विश्वसनीयता भी संदिग्ध हो चुकी है।

इन परिस्थितियों के बीच मानवाधिकार आंदोलन के सामने गंभीर चुनौतियाँ पेश आयी हैं। भारत में मानवाधिकार आंदोलन का विकास जन आंदोलन के साथ-साथ एवं उनके सहयोगी के रूप में हो रहा है। इससे पहले कि इस पर विचार करें, मानवाधिकार आंदोलन के पहले के विकास-क्रम पर एक निगाह डाल लेना उचित होगा।

संघर्ष के दायरे

भारत में नागरिक अधिकार आंदोलन की शुरुआत स्वतंत्रता के पहले ही हो गयी थी। 1936 में सिविल लिबर्टीज यूनियन (सी एल यू) का गठन हुआ था। इसके गठन में जवाहरलाल नेहरू की प्रमुख भूमिका रही थी। पर आजादी मिलने के कुछ वर्षों के भीतर ही सी एल यू निष्क्रिय एवं अंततः समाप्त हो गयी। इसका मुख्य कारण नेहरू एवं अन्य अधिकांश नेताओं का यह खयाल था कि स्वतंत्रता मिल जाने और लोकतांत्रिक संविधान लागू हो जाने के बाद नागरिक अधिकार आंदोलन की आवश्यकता नहीं रह गयी है।

इसके बाद 1960 के दशक में कुछ संगठन बने। इनमें पश्चिम बंगाल में एसोसिएशन फॉर द प्रोटेक्शन ऑफ डेमोक्रेटिक राइट्स (ए पी डी आर), आंध्र प्रदेश में आंध्र प्रदेश सिविल लिबर्टीज कमेटी (ए पी सी एल सी) और पंजाब में एसोसिएशन फॉर डेमोक्रेटिक राइट्स (ए एफ डी आर) प्रमुख हैं। इन संगठनों ने ग्रामीण इलाकों में दमन और शोषण के मुद्दे उठाये तथा राज्य की शक्ति से संघर्ष भी किया। लेकिन व्यापक रूप से राष्ट्रीय स्तर पर मानवाधिकार आंदोलन को स्वरूप देने एवं राज्य व्यवस्था के वास्तविक चरित्र का खुलासा करने में इनकी भूमिका सीमित ही रही।

देश में पहला राष्ट्रीय स्तर का मानवाधिकार संगठन जयप्रकाश नारायण की पहल और प्रेरणा से 1975 में बना। यह था पीपुल्स यूनियन फॉर सिविल लिबर्टीज एंड डेमोक्रेटिक राइट्स (पी यू सी एल डी आर)। इस संगठन ने आपातकाल के पहले और आपातकाल के दौरान इंदिरा गांधी के नेतृव में सामने आये भारतीय राज्य के तानाशाही रूप से प्रभावशाली संघर्ष किया। लेकिन 1977 में इंदिरा गांधी की पराजय और जनता पार्टी की सरकार के सत्ता में आने के साथ ही यह संगठन भी लगभग निष्क्रिय हो गया। इसका कारण भी यह धारणा थी कि लोकतंत्र की बहाली के बाद अब नागरिक और लोकतांत्रिक अधिकार के संघर्षों की

आवश्यकता नहीं रह गयी है। बहरहाल, 1980 में इंदिरा गांधी के सत्ता में वापस आते ही यह धारणा टूट गयी। तब दिल्ली में पी यू सी एल डी आर का फिर सम्मेलन बुलाया गया। इस सम्मेलन में यह संगठन विभाजित हो गया। पी यू सी एल और पी यू डी आर नाम के दो संगठन अस्तित्व में आये। पी यू सी एल का सांगठनिक ढाँचा राष्ट्रीय स्तर का रहा, जबकि पी यू डी आर का दिल्ली आधारित। '80 के दशक में भारतीय राज्य व्यवस्था के गहराते संकट के साथ देश के विभिन्न इलाकों में कई और मानवाधिकार संगठन भी बने। उनमें अनेक आज भी सक्रिय हैं और मानवाधिकार आंदोलन में अपनी भूमिका निभा रहे हैं।

मानवाधिकार आंदोलन के सामने आज अनेक चुनौतियाँ हैं। ऐसे अनेक क्षेत्र हैं, जिनका मानवाधिकारों से सीधा संबंध है और जिनमें मानवाधिकार संगठनों को काम करना चाहिए। मानवाधिकारों की रक्षा तभी हो सकती है, जब उसके लिए उपयुक्त सामाजिक-आर्थिक-राजनीतिक एवं सांस्कृतिक परिस्थितियाँ हों। एक वाक्य में कहें तो इन अनुकूल परिस्थितियों के निर्माण के लिए काम करना मानवाधिकार संगठनों का कार्य है। दरअसल, हमारे जैसे समाजों में मानवाधिकार एक संभावना ही बने हुए हैं। यथार्थ में इन्हें उतारना अभी बाकी है। क्या भारतीय मानवाधिकार संगठन यह कार्य कर पा रहे हैं ? अगर नहीं, तो उसके क्या कारण हैं ? आइए, इन प्रश्नों पर विस्तार से रोशनी डालें।

सर्वप्रथम, हमें यह ध्यान में रखना चाहिए कि भारत में मानवाधिकार आंदोलन भले दो दशक पुराना हो गया हो, पर अभी यह शैशवावस्था में ही है। ऊपर हम कह चुके हैं कि इस आंदोलन की कोई स्वतंत्र एवं देसी विचारधारा अभी विकसित नहीं की जा सकी है। पर हाल में यह देखा गया है कि काफी संख्या में मानवाधिकार कार्यकर्ता इसकी जरूरत महसूस करने लगे हैं। जाहिर है, इस दिशा में बहुत आरंभिक स्तर पर ही, पर चिंतन-मनन की एक प्रक्रिया शुरू हो गयी है। गैट वार्ता और विश्व व्यापार संगठन के गठन एवं उसकी कार्यसूचियों के संदर्भ में मानवाधिकार कार्यकर्ताओं के बीच हुई तीखी बहस इसका प्रमाण है। ऐसी ही बहस पर्यावरण और विकास नीति से जुड़े मुद्दों पर भी देखने को मिली है। पिछले दो दशकों में भारतीय राज्य व्यवस्था के निरंकुश कदमों से गंभीर संकट पैदा होते रहे हैं और उन पर तात्कालिक प्रतिक्रिया एवं कार्य करने की मजबूरियों के बीच भी अगर बहस आज इस स्तर तक पहुँच सकी है, तो यह आशाजनक संकेत ही है।

मानवाधिकार संगठनों को किन सीमाओं और सीमित संसाधनों के बीच काम करना पड़ता है, इस पर ध्यान देना भी जरूरी है। दो दशक पहले पी यू सी एल डी आर की स्थापना के समय बड़ी संख्या में लोग उसमें शामिल हो गये थे। उनमें समाज के संपन्न तबकों के भी लोग थे। विचारधारा की वैसी स्पष्टता भी नहीं थी। एक तरह से तब यह संगठन आपातकाल और इंदिरा गांधी की

निरंकुशता के खिलाफ एक मोर्चा बन गया था। जनसंघ यानी आज की भारतीय जनता पार्टी से जुड़े लोग भी उसमें थे। जाहिर है तब इसका प्रसार ज्यादा था। लेकिन जब मुद्दे बदल गये, तो वह बात नहीं रही। व्यवस्था का संकट जैसे-जैसे गंभीर होता गया, मानवाधिकारों की अवधारणा स्पष्ट होती गयी और हितों के टकराव के बीच किसका साथ देना है, यह प्रतिबद्धता साफ होती गयी। यथास्थितिवादी एवं प्रतिक्रियावादी लोग इससे अलग होते गये। खासकर पंजाब और कश्मीर की समस्याओं के संदर्भ में ये प्रक्रियाएँ अधिक तीव्रता से हुईं। ऐसे में संगठन का सीमित होना स्वाभाविक था। परंतु इन प्रक्रियाओं से मानवाधिकार की अधिक सुसंगत समझ बनी और संगठनों के सामने अधिक स्पष्ट विचारधारा एवं कार्यसूची आ गयी। इसीलिए बाद के दिनों में इन्होंने भले कम कार्य किये हों, पर वे कार्य अधिक प्रभावशाली साबित हुए।

इसी विकास क्रम का यह परिणाम रहा कि मानवाधिकार आंदोलन ने कानूनी प्रक्रियाओं के संदर्भ में जनता के अधिकारों की व्याख्या और अदालतों के जरिये राहत पाने की उम्मीदों तथा सीमाओं से अपने को बाहर निकाला है। आज मानवाधिकार संगठन कहीं अधिक स्पष्ट समझ के साथ जन-आंदोलनों से जुड़ रहे हैं। विभिन्न वर्गों की टकराहट एवं संघर्षों के बीच अपनी पक्षधरता को ले कर आज उनमें कम भ्रम और कम हिचक है। कश्मीर समस्या हो या नर्मदा परियोजना के विस्थापितों का सवाल, पुलिस हिरासत में मौतों का सवाल हो या दलित-पिछड़ी जातियों एवं महिला अधिकारों का सवाल—इन सब पर मानवाधिकार संगठन अपनी राय रखने में आज दृढ़ एवं स्पष्ट हैं।

इसी वजह से उनके सामने एक गंभीर चुनौती भी आयी है। यह है मानवाधिकार आंदोलन के प्रति शासक तबके एवं समाज के उच्च एवं मध्य वर्गों की उग्र प्रतिक्रिया। ये वर्ग इस व्यवस्था में लाभ की स्थिति में हैं और उनका स्वार्थ किसी भी तरह यथास्थिति को कायम रखने में है। जन संघर्षों से उस व्यवस्था के लिए जो संकट पैदा होते हैं, वे ही इन वर्गों की चिंता का असली कारण है। इन वर्गों में जन संघर्षों को ताकत के इस्तेमाल से कुचल देने पर आम सहमति है। चूँकि जन संघर्ष आम तौर पर उन वंचित एवं पिछड़े तबकों के होते हैं, जिनकी इस व्यवस्था में कोई आवाज नहीं है, इसलिए उन्हें कुचलने के लिए उन्हें हिंसक और विध्वंसकारी करार देने में कोई तात्कालिक व्यावहारिक या नैतिक संकट शासक वर्गों एवं उनके विदेशी आकाओं के लिए खड़ा नहीं होता। पर मानवाधिकार आंदोलन का वर्ग चरित्र आम तौर उच्च-मध्य और मध्यवर्गीय है। इसी वजह से इस आंदोलन की व्यवस्था में एक आवाज रही है। जब इस आंदोलन के माध्यम से जन संघर्षों की आवाज उठायी जाती है और जन संघर्षों पर हो रहे दमन का खुलासा किया जाता है, तो व्यवस्था के घोषित एवं वास्तविक चरित्र का अंतर्विरोध

सामने आने लगता है। इससे उसके लिए गंभीर नैतिक संकट पैदा होता है।

ऐसा नैतिक संकट भारतीय राज्य व्यवस्था के लिए पिछले दो दशकों में बार-बार और लगातार पैदा हुआ है। इससे व्यवस्था का लोकतांत्रिक आवरण काफी सीमा तक हटा है। जाहिर है, इससे इस पूरी राज्य व्यवस्था की वैधता पर ही सवाल खड़े होने की स्थिति बनी है। इससे शासक वर्गों का बौखलाना स्वाभाविक है। इसी बौखलाहट में उन्होंने मानवाधिकार संगठनों के खिलाफ एक सुनियोजित अभियान छेड़ा है। पिछले वर्षों में यह अभियान सरकारी एवं पूँजीपतियों के नियंत्रित प्रेस के द्वारा चलाया गया। इसका मध्य वर्ग के व्यापक हिस्से पर खास प्रभाव भी हुआ है। वैकल्पिक जानकारी के अभाव एवं कुछ अपने वर्ग चरित्र के कारण भी मध्य वर्ग इस प्रचार अभियान में बह गया है। इनमें अच्छे-खासे बुद्धिजीवी और अपने को लोकतांत्रिक निष्ठा का बतानेवाले लोग भी मिलेंगे। उनमें मानवाधिकार आंदोलन के प्रति आपको एक दुर्भावना देखने को मिलेगी। एमनेस्टी इंटरनेशनल, पी यू सी एल-पी यू डी आर-सी एफ डी का नाम आते ही वे भड़क उठेंगे। शासित वर्ग से प्रचारित ये आरोप ही उनके मुँह से सुनने को मिलेंगे कि ये संगठन आंतकवादियों-अलगाववादियों के समर्थक हैं, ये पश्चिमी देशों की कार्यसूची को आगे बढ़ाने का उपकरण हैं, ये राष्ट्र-विरोधी हैं।

पर वे लोग जिस राज्य के समर्थक हैं, उसका क्या चरित्र उभरता गया है, संविधान और कानून का यह राज्य तंत्र कैसे पालन कर रहा है, किस तरह की राजनीतिक-आर्थिक व्यवस्था पिछले दशकों में बनती गयी है और देश की विभिन्न समस्याओं के लिए राज्य कितना जिम्मेदार है, इन सवालों के बरक्स वे बगलें झाँकने लगेंगे। इस संदर्भ में वे जो निर्गुण बातें कहेंगे, सगुण रूप में उनका क्या स्वरूप होगा—इसका कोई जवाब उनके पास नहीं होगा। बहरहाल, यह बात सच है कि समाज के इतने बड़े हिस्से में दुर्भावना पैदा हो जाना मानवाधिकार संगठनों के लिए एक चुनौती है। इस चुनौती का जवाब एक सुनिश्चित कार्यसूची और स्पष्ट विचारधारा को सामने रख कर दिया जा सकता है। साथ ही अगर मानवाधिकार संगठन इस रूप में अपना विस्तार कर सकें कि वे जरूरतमंद व्यक्तियों एवं समूहों के लिए आसानी से उपलब्ध हो सकें, तो इससे शासक तबके एवं उच्च तथा उच्च-मध्य वर्गों के कुप्रचार के असर को तोड़ा जा सकता है।

इन संगठनों के विस्तार में बड़ी बाधा समाज में स्वयंसेवा की भावना में हुआ हादसा भी है। उदात्त उद्देश्यों के लिए, निःस्वार्थ काम करनेवाले लोगों की संख्या पिछले दशकों में निरंतर घटती गयी है। इसलिए कार्यकर्ता खोजना न सिर्फ वास्तविक मानवाधिकार संगठनों के लिए, बल्कि वैसे हर संगठन के लिए आज कठिन हो गया है, जो निःस्वार्थ और किसी बड़े उद्देश्य के लिए काम कर रहे हैं। जब कार्यकर्ता की कमी हो तो आर्थिक संसाधन जुटाना भी कठिन होता है और

नये-नये कार्यक्रम ले पाना भी। इससे भी काम का विस्तार सीमित हो जाता है। आज मानवाधिकार संगठनों में जो कार्यकर्ता हैं, वे पेशेवर लोग हैं जो अपने काम-धंधे से थोड़ा वक्त निकाल कर कुछ जनसेवा भी करते हैं। जाहिर है, वे इतने बड़े देश और समाज की जरूरतों को पूरा करने की स्थिति में नहीं हैं।

विकास बनाम मानवाधिकार

शीत युद्ध के बाद दुनिया को पश्चिमी देशों ने अपने एजेंडे के मुताबिक चलाने के प्रयास शुरू किये। एक बार फिर उन्होंने अपनी विभिन्न रणनीतियों में एक मानवाधिकार को बनाया। मानवाधिकारों का इस्तेमाल उन देशों की बाँह मरोड़ने के लिए किया, जो उनके मुताबिक अपनी अर्थव्यवस्था को नहीं ढाल रहे थे। उनके मानवाधिकारों का यह डंडा भारत पर भी पड़ा। पश्चिमी उद्देश्यों को ले कर मानवाधिकार संगठनों में कोई भ्रम नहीं था। पर उनकी यह धारणा थी कि भारत इस मुद्दे पर इसलिए रक्षात्मक रुख अपनाने को मजबूर हुआ है, क्योंकि उसने अपने संविधान में वर्णित लक्ष्यों को छोड़ दिया है और भारतीय राज्य ने लोकतांत्रिक मर्यादाओं का उल्लंघन किया है। यही स्थिति चीन और उन सभी विकासशील देशों की है, जो इस मुद्दे पर रक्षात्मक रुख अपनाने पर विवश हुए हैं। इन देशों ने विश्व मंचों पर मानवाधिकारों के लिए पश्चिमी देशों की माँगों का जवाब देने के लिए विकास बनाम मानवाधिकारों की बहस छेड़ी। इन देशों का कहना था कि उनके लिए विकास महत्वपूर्ण है, नागरिकों के राजनीतिक एवं नागरिक अधिकार नहीं। वे उसी तरह इन अधिकारों की रक्षा नहीं कर सकते, जैसा पश्चिमी देशों में होता है, क्योंकि दोनों के विकास का स्तर भिन्न है। एक दूसरा तर्क यह दिया गया कि मानवाधिकारों की कोई विश्वव्यापी धारणा नहीं हो सकती। मानवाधिकार संस्कृति-सापेक्ष होते हैं अर्थात हर संस्कृति में मानवाधिकारों की अपनी समझ एवं व्यवस्था होती है। इसलिए पश्चिम का मानवाधिकारों पर अमल के लिए जोर देना गलत है। ऐसा कर वह अपनी धारणा बाकी दुनिया पर थोप रहा है। खासकर भारत, चीन और ईरान ने इन सवालों को जोर-शोर से उठाया।

लेकिन इन देशों ने यह सवाल नहीं उठाया कि पश्चिम जो धारणा थोप रहा है, जिन मानवाधिकारों की वह बात कर रहा है, उस पर खुद उसका रिकार्ड कैसा है ? यह सवाल उठाना जोखिम भरा था। इससे पश्चिमी देशों के रिकार्ड पर सवाल तो उठता, पर अधिक परेशानी खुद इन देशों के लिए पैदा हो जाती, जिनका दामन दागों से भरा था। इसलिए उन्होंने अपनी सुविधा से अलग तर्क गढ़े।

बहरहाल, पश्चिम देशों को जब अपनी आर्थिक-राजनीतिक कार्यसूची पूरी करवाने में सफलता मिल गयी, तो अब उन्होंने मानवाधिकारों की नकेल ढीली

कर दी है। अब दुनिया के स्तर पर विकास बनाम मानवाधिकार तथा मानवाधिकारों की विश्वव्यापी बनाम संस्कृति-सापेक्ष धारणा की बहस भी थम गयी है। अब दुनिया अपने पुराने ढर्रे पर लौट गयी है और विभिन्न देशों के शासक वर्गों के बीच कार्य-व्यापार का रिश्ता तय हो गया है।

इस बहस से मानवाधिकार संगठनों के सामने स्थायी महत्व के मुद्दे जरूर आये थे, हालाँकि उनकी यह समझ तब भी थी कि यह बहस दुनिया के विभिन्न हिस्सों के शासक समूहों के स्वार्थों को तय करने की रणनीति का हिस्सा ही है। पर वैचारिक स्पष्टता के लिए ये जरूरी मुद्दे थे।

इस बात से इन्कार नहीं किया जा सकता कि मानवाधिकारों का विकास से गहरा रिश्ता है। आखिर भौतिक और वैचारिक दोनों स्तरों पर मनुष्य की श्रेष्ठता विकास से जुड़ी हुई है। प्राचीन आदिम समाज में न तो आधुनिक लोकतंत्र का अस्तित्व हो सकता था, न तो परिभाषित मानवाधिकारों का। विभिन्न चरणों से गुजरते हुए मानव सभ्यता ने लोकतंत्र, समता, स्वतंत्रता, न्याय और मानवाधिकारों के मूल्य विकसित किये हैं। औद्योगिक क्रांति के बाद पिछली ढाई-तीन शताब्दियों में यूरोप और अमेरिका में निश्चित रूप से विकास तीव्र गति से हुआ है और वे बाकी दुनिया से आगे निकल गये हैं। वहाँ समृद्धि आयी है। इन भौतिक कारणों से व्यक्तियों के अधिकारों की रक्षा के लिए वहाँ अधिक अनुकूल स्थितियों का होना स्वाभाविक है। पर यह भी सच है कि इन तमाम विकास के बावजूद पश्चिम में समता और न्याय पर आधारित समाज नहीं बन पाया है, न ही कोई उदात्त मानवीय संस्कृति विकसित हो पायी है। साम्यवादी व्यवस्थाओं के अस्तित्व में आने से इस दिशा में जो पहल होती दिखी थी, वह भी आज खत्म हो चुकी है। इन व्यवस्थाओं की नाकामी से पश्चिमी पूँजीवादी देश अब अस्तित्व संकट के दबाव से मुक्त हो गये हैं और उनका अधिक क्रूर एवं जन-विरोधी चेहरा सामने आ रहा है।

फिर यह तथ्य भी है कि पश्चिमी औद्योनिक विकास और समृद्धि दुनिया के अन्य हिस्सों के उपनिवेशवादी एवं नव-उपनिवेशवादी शोषण पर आधारित रहा है। इस रूप में अगर वहाँ व्यक्तियों के अधिकार सुरक्षित हुए हैं, तो वे अन्य देशों में मानवाधिकार हनन की स्थितियाँ गंभीर बनाने की कीमत पर ही हुए हैं। इसी स्थिति पर पश्चिमी देशों में चिंता का अभाव सिर्फ यही साबित करता है कि मानव सभ्यता का विकास अभी उस स्तर तक नहीं पहुँचा है, जब संपूर्ण मानव जाति के एक इकाई होने का भाव पूरी मानव जाति के बीच समान स्वीकृति प्राप्त कर ले।

लेकिन इस तर्क पर किसी भी देश को उन अधिकारों के भी उल्लंघन की इजाजत नहीं दी जा सकती, जिन्हें परिभाषित किया जा चुका है और जिन पर दुनिया भर में आम सहमति बन चुकी है। ये अधिकार जनता के हजारों वर्षों के संघर्षों के बाद सर्वस्वीकृत बनाये जा सके हैं। उनके लिए हजारों लोगों ने बलिदान

दिये हैं। आज जितने अधिकार परिभाषित रूप में हमारे सामने हैं, वे सम्मान एवं गरिमा से मनुष्य के जीने की न्यूनतम शर्तें हैं। इनसे किसी भी मनुष्य का वंचित किया जाना उसे गरिमा एवं सम्मान के जीवन से वंचित करना है। कोई भी ऐसी संस्कृति स्वीकृत नहीं हो सकती, जो मनुष्य को ऐसे जीवन से वंचित करे। अतः संस्कृतियों के सापेक्ष मानवाधिकारों की अवधारणा होने की बात बेतुकी है। मानवाधिकारों की अवधारणा पूरी दुनिया के लिए ही हो सकती है। मानवाधिकारों की स्थापना के लिए संघर्ष का स्वरूप जरूर देशी परिस्थितियों के मुताबिक होना चाहिए। इस संघर्ष की देश एवं काल सापेक्ष विचारधारा अवश्य विकसित की जानी चाहिए, क्योंकि इसके बिना सही आंदोलन विकसित नहीं हो सकता। पर मूल्यों पर कैसे मतभेद हो सकते हैं ?

आज की वस्तुगत परिस्थितियों एवं बहस और सहमति के स्तरों की रोशनी में यही कहा जा सकता है कि दुनिया भर के शासक वर्गों और आम लोगों के बीच हितों का वास्तविक अंतर्विरोध है। अधिकांश गरीब और विकासशील देशों के शासक वर्ग ने राष्ट्रीय एवं देशभक्त चरित्र खो दिया है। वे इन देशों में समृद्ध देशों के प्रभु वर्ग तथा बहुराष्ट्रीय पूँजी के दलाल की भूमिका निभा रहे हैं। मानवाधिकार आंदोलन को आज अपनी दिशा एवं रणनीति इस परिप्रेक्ष्य को ध्यान में रख कर तैयार करनी होगी।

चुनौतियाँ जो सामने हैं

भारत के विभिन्न हिस्सों में विभिन्न वंचित एवं उत्पीड़ित वर्गों के संघर्षों का विस्तार हो रहा है। अब समाज के ये तबके चुपचाप शोषण सहने को तैयार नहीं हैं। अनुभव यही है कि जिस इलाके में ऐसा जन संघर्ष तेज होता है, राज्य तंत्र का दमन वहाँ तेज हो जाता है। दरअसल, दमन का स्तर इसी से तय होता है कि जन संघर्ष कितना तीव्र है। इस व्यवस्था की निरंकुशता वहाँ खुल कर सामने आ जाती है। इसी क्रम में पिछले दशकों में भारत की लोकतांत्रिक छवि बुरी तरह प्रभावित हुई है। दुनिया भर में भारत को उन देशों की श्रेणी में रखा जाने लगा है, जहाँ मानवाधिकारों का सर्वाधिक उल्लंघन होता है।

दो वर्ष पहले इस छवि के कारण न सिर्फ भारत सरकार, बल्कि उसे मदद और समर्थन देनेवाली पश्चिमी देशों की सरकारें के लिए भी भारी परेशानी पैदा हो गयी थी। पश्चिमी देशों में चाहे और कुछ न हो, पर कम से कम लोकतंत्र एवं मानवाधिकार के मूल्यों के प्रति गहरा जन-आग्रह तो है ही। इसलिए वहाँ की सरकारों के लिए किसी ऐसी सरकार की मदद करना कठिन होता है जिसकी छवि मानवाधिकारों का घोर उल्लंघन करनेवाले देश की बना दी गयी हो। भारत के

संदर्भ में यही स्थिति पैदा हो गयी थी। तब पश्चिमी देशों का भारत पर अपना मानवाधिकारों का 'रिकार्ड सुधारने' के लिए भारी दबाव पड़ने लगा। व्यावहारिक रूप में इसका अर्थ था, छवि सुधारना।

पश्चिमी दबाव में भारत सरकार ने इसके लिए कुछ कदम उठाये। उनमें एक था तथाकथित पारदर्शिता की नीति का पालन। अर्थात विदेशी मानवाधिकार संगठनों, राजनीतिक नेताओं और राजनयिकों को देश के उन हिस्सों में जाने देने की इजाजत देना, जिन्हें तब तक 'संवेदनशील' बताया जाता था। लेकिन इससे भी महत्वपूर्ण कदम था राष्ट्रीय मानवाधिकार आयोग का गठन। इस आयोग का गठन हुए दो वर्ष पूरे हो चुके हैं। इस अवधि में आयोग ने मानवाधिकार संगठनों की उन आलोचनाओं को सही साबित ही किया है, जो इसके गठन के समय की गयी थीं।

मानवाधिकार संगठनों की तभी यह मान्यता थी कि यह एक शक्तिविहीन आयोग है। यह कोई ठोस पहल करने की स्थिति में नहीं होगा, क्योंकि इसे जाँच के बाद कार्रवाई की सिर्फ सिफारिश करने का अधिकार दिया गया है—उस सिफारिश को मानने के लिए सरकार बाध्य नहीं है। मानवाधिकार संगठनों की स्पष्ट समझ थी कि यह आयोग सरकार ने कर्जदाता देशों में अपनी छवि सुधारने के लिए बनाया है—इसके पीछे मकसद मानवाधिकारों की रक्षा या इन अधिकारों के सम्मान की संस्कृति पैदा करना नहीं है। आज दो वर्ष बाद यह कहा जा सकता है कि ये सभी आशंकाएँ सच हुई हैं। आयोग ने कुछ प्रचार पानेवाले मुद्दों में कथित हस्तक्षेप कर कुछ कर रहे होने का भ्रम जरूर पैदा किया है, पर असली मामलों में इसकी विफलता निरंतर उजागर होती गयी है। दिल्ली तक से इसे भेजे गये मामलों का क्या हुआ, उस पर क्या कार्रवाई हुई या कार्रवाई की दिशा में क्या प्रगति हुई, इसकी जानकारी मामला भेजनेवाले व्यक्तियों या संगठनों को भी नहीं है। दरअसल, मानवाधिकार आंदोलन को अत्यंत संकुचित दायरे में रख कर ही इस आयोग को वैधता प्रदान की जा सकती है। जो सरकार जनता के अधिकारों की सबसे बड़ी उल्लंघनकर्ता है, उसी की एक एजेंसी से इन अधिकारों की रक्षा एवं इनके प्रसार की उम्मीद कैसे की जा सकती है ? आयोग के संदर्भ में मानवाधिकार श्रृंगारिक महत्व के हो जाते हैं। इस अर्थ में मानवाधिकारों का संघर्ष समाज परिवर्तन का नहीं रह जाता—एक ऐसे समाज निर्माण के प्रयास के रूप में, जिसमें सबके अधिकारों की गारंटी की जा सके। इसके बदले मानवाधिकार का मतलब रह जाता है एक विषम समाज में राज्य या प्रभु वर्ग के हाथों उग्र दमन का शिकार हुए लोगों को तात्कालिक राहत भर दिलवा देना, हालाँकि मौजूदा स्थितियों के बीच इतना भी संभव नहीं हो पा रहा है।

जाहिर है, राष्ट्रीय मानवाधिकार आयोग के गठन से मानवाधिकार संगठनों

का काम कहीं भी हलका नहीं हुआ है। उनकी चुनौतियाँ आसान नहीं हुई हैं, न ही उनके लिए किसी मदद की उम्मीद बनी है। इन संगठनों के सामने आज फैल रहे जन संघर्षों से जुड़ने और उनके संदर्भ में मानवाधिकारों के अर्थ की व्याख्या करने की चुनौती है। इन संगठनों के सामने चुनौती है ऐसे संघर्षों के बरक्स संविधान के प्रावधानों एवं अंतर्राष्ट्रीय संधियों के प्रति भारत सरकार की वचनबद्धताओं की रोशनी में भारतीय राज्य व्यवस्था के व्यावहारिक चरित्र को उजागर करने की। अगर ऐसा वे प्रभावी ढंग से कर पाते हैं, तो यह आयोग भी कुछ मददगार भूमिका में आने के लिए विवश हो सकता है। तभी विश्व जनमत का दबाव भी उत्पन्न किया जा सकता है, जिसके बिना आज भारत सरकार कोई सकारात्मक कदम नहीं उठाती। यानी भारत में लोकतंत्र एवं मानवाधिकारों का भविष्य विभिन्न जन संघर्षों के साथ-साथ मानवाधिकार आंदोलन की इस भूमिका पर भी निर्भर है।

आंतरिक चुनौतियाँ

मानवाधिकार आंदोलन को आज गंभीर आंतरिक चुनौतियों से भी जूझना पड़ रहा है। पिछले दशकों में विकास तथा स्वयंसेवा एवं जन-पहल को प्रोत्साहन के नाम पर व्यापक रूप से विदेशी धन का प्रवेश हो गया है और इस धन को पाने के लिए बड़ी संख्या में संगठन उग आये हैं। इस क्रम में 'गैर-सरकारी संगठनों' (एन जी ओ) की एक अलग संस्कृति ही विकसित हो गयी है। ये संगठन सरकार से अलग जरूर होते हैं, पर उनकी कार्यशैली उसी तरह की नौकरशाही एवं ऐश-आराम से पूर्ण होती है। ये संगठन जनता से कटे हुए हैं और 'स्वयंसेवा' के नाम पर अपना स्वार्थ साधन कर रहे हैं। उनके अभिजात्य चरित्र के बीच वास्तविक संघर्ष एवं आंदोलन की शायद ही कोई संभावना बची है।

ऐसे अनेक संगठन मानवाधिकार के क्षेत्र में भी उग आये हैं। ये संगठन वस्तुतः अपनी कार्यशैली तथा अंतर्राष्ट्रीय संपर्कों के जरिए देश में मानवाधिकार आंदोलन को क्षति पहुँचा रहे हैं। यह बेहिचक कहा जा सकता है कि एन जी ओ संस्कृति के मानवाधिकार आंदोलन का एक बड़ा हिस्सा भारत में पश्चिमी देशों के एजेंडे को आगे बढ़ाने का उपकरण बन गया है। यह जनता की राष्ट्रीय जरूरतों की अवहेलना कर रहा है। यह मानवाधिकार आंदोलन की देशी एवं राष्ट्रीय विचारधारा विकसित करने एवं उसके अनुरूप संघर्ष को आगे बढ़ाने में बाधक बन गया है। यह वास्तविक मानवाधिकार आंदोलन के लिए एक जबरदस्त चुनौती है।

अंततः यह कहा जा सकता है कि आज मानवाधिकार आंदोलन भारत की ऐतिहासिक जरूरत है। लंबे संघर्ष के बाद जिस औपचारिक लोकतंत्र को स्थापित

करने में भारतीय जनता को सफलता मिली थी, उसकी रक्षा एवं वास्तविक लोकतंत्र की दिशा में पहल के लिए यह न्यूनतम एवं बुनियादी शर्त है। आज देश में व्यवस्था परिवर्तन की संपूर्ण राजनीतिक विचारधारा पर आधारित संघर्ष का नितांत अभाव हो गया है। अलग-अलग मुद्दों पर जरूर संघर्ष चल और फैल रहे हैं। लेकिन इनसे व्यवस्था पर कोई साझा जन दबाव नहीं बन पा रहा है। इसलिए व्यवस्था एवं राज्य-तंत्र के लोकतंत्रीकरण की प्रक्रिया ठहर गयी है—बल्कि यह उलटी दिशा में चली गयी है। इसके बीच सिर्फ मानवाधिकार आंदोलन ही जनता की तरफ से हस्तक्षेप कर पा रहा है। इसीलिए इस आंदोलन को मजबूत करने एवं इसे फैलाने की बेहद आवश्यकता है और यही मानवाधिकार आंदोलन के सामने सबसे कड़ी चुनौती भी है।

मानव अधिकारों का भविष्य

राजकिशोर

मानव अधिकारों के बारे में जो एक बात बिना किसी हिचक के कही जा सकती है, वह यह है कि उनका भविष्य उज्ज्वल है। इसका कारण बहुत सीधा-साधा है : बिना अधिकारों के मनुष्य की ही नहीं, किसी भी प्राणी की कल्पना नहीं की जा सकती। कोई भी प्राणी संसार में अपनी इच्छा से नहीं आता। वह एक विशिष्ट भौतिक-जैविक परिस्थिति की उपज होता है। इस परिस्थिति में ही उसके अधिकार अन्तर्निहित होते हैं। जैसे एक पेड़ का अधिकार है कि वह हवा और धूप से अपनी पोषण सामग्री खींच सकता है, उसी तरह हिरण को उस पेड़ के पत्ते खाने और व्याघ्र को उस हिरण का मांस खाने का अधिकार है। यह अधिकार न कोई किसी को देता है और न कोई किसी से पाता है। यह तो नैसर्गिक यानी अस्तित्वगत अधिकार है।

इसी अधिकार से मनुष्य के लिए यह उचित है कि वह पेड़ के पत्ते, फूल या फल खाये। क्या उसे हिरण या व्याघ्र का मांस खाने का भी अधिकार है ? इस बारे में निश्चयपूर्वक कुछ नहीं कहा जा सकता। एक मत यह होगा कि चूँकि मनुष्य का काम शाकाहार से चल जाता है, अतः उसे मांस नहीं खाना चाहिए। यह अनावश्यक हिंसा है और अनावश्यक हिंसा से बच कर ही हम अपने मानव समाज में यह मूल्य फैला सकते हैं कि सिर्फ लोभ या स्वाद के लिए हिंसा नहीं होनी चाहिए। लेकिन जिस भौगोलिक परिवेश में पर्याप्त वनस्पतियाँ नहीं उगतीं, वहाँ का मनुष्य क्या करे ? आदर्श तो यही होगा कि वह निरर्थक जीव हत्या से बचने के लिए अनुकूल जलवायु वाले क्षेत्र की ओर प्रयाण करे। लेकिन किन्हीं कारणों से यदि यह सम्भव नहीं हो पाता, तो हमें मांसाहार को स्वीकृति देनी होगी। बहरहाल, शाकाहार बनाम मांसाहार अभी तक तो निजी रुचि का ही मामला है, क्योंकि अधिकारों की हमारी चेतना अभी इतनी विकसित नहीं हो सकी है कि अन्य प्राणियों के जीवन के अधिकार को मान्यता मिल सके। इस दिशा में सिर्फ

इतनी प्रगति हुई है कि पशुओं के साथ क्रूरता को अब सार्वजनिक तौर पर पसन्द नहीं किया जाता। यह क्रूरता रोकने के लिए अनेक देशों में कानून भी बनाये गये हैं। लेकिन हमारी चेतना का अभी इतना विकास नहीं हुआ है कि हम पशुओं को पालतू बनाने या सरकस में उनसे काम लेने या उनका दूध पीने के लालच से बच सकें। पशु कई तरह से बाधाग्रस्त होता है। इसलिए वह अपने अधिकारों के लिए लड़ नहीं सकता। लेकिन मनुष्य की स्थिति भिन्न है। वह अपनी ही प्रजाति के दूसरे सदस्य के सामने बहुत अधिक समय तक असहाय नहीं रह सकता। वह विद्रोह करेगा और अपनी सहज मानवीय नियति प्राप्त करके रहेगा। यही मनुष्यता का इतिहास है और यही उसका भविष्य। अतः मानव अधिकारों के विकास को किसी भी तरह रोका नहीं जा सकता। सच तो यह है कि मानव अधिकारों के सम्पूर्ण परिपाक के बिना तनावरहित तथा सामंजस्यपूर्ण मानव जीवन सम्भव ही नहीं है।

क्या यह भी इतनी ही दृढ़ता से कहा जा सकता है कि सभ्यता का एक ऐसा चरण आयेगा, जब सभी के मानव अधिकारों का पूर्ण सम्मान होगा ? शोक की बात है कि नहीं। जो लोग मनुष्य की बुनियादी अच्छाई में विश्वास करते हैं या उसे ईश्वर की सन्तान मानते हैं, वे भी ऐसा कोई आश्वासन नहीं दे सकते। वे जिस स्वर्ग की कल्पना करते हैं, वह इस धरती पर नहीं है। उसका समय शास्त्रों के मुताबिक प्रलय के बाद आयेगा, जब यह हरी-भरी धरती नष्ट हो चुकी होगी। इसीलिए बाद के चिन्तकों ने इस स्वर्ग को सन्देह की दृष्टि से देखना शुरू किया। तालस्ताय ने कहा कि ईश्वर का राज्य तुम्हारे हृदय में है। गांधी परलोक या मृत्यु के बाद प्राप्त होनेवाले स्वर्ग में विश्वास नहीं करते थे। दूसरी ओर, साम्यवाद की मान्यता है कि अर्थव्यवस्था का उच्चतम विकास हो जाने पर राज्य नाम की संस्था ही समाप्त हो जायेगी, क्योंकि राज्य वर्चस्व और दमन पर आधारित है। वर्गविहीन समाज में राज्य की जरूरत समाप्त हो जायेगी तथा मानवीय सम्बन्ध सिर्फ नैतिक आधार पर तथा स्वतःस्फूर्त सहयोग से परिचालित होंगे। मनुष्य अपने अधिकारों का सुन्दरतम उपयोग कर सकेगा। धार्मिक चिन्तकों की तरह मार्क्सवादी भी इसे इतिहास का अनिवार्य नियम मानते हैं। लेकिन अभी तक तो इतिहास इस नियम का पालन करता दिखाई नहीं देता। अतः आगे की परिकल्पित घटनाएँ स्वतः संदिग्ध हो जाती हैं। यानी इस पृथ्वी पर स्वर्ग नहीं है और इतिहास में पूर्ण समानता पर आधारित समाज का कोई आश्वासन नहीं है। लेकिन धरती पर नरक जरूर है। विषमता, अन्याय और दमन स्वाभाविक नजर आते हैं, क्योंकि अपने साथी मनुष्यों के जीवन के साथ खेलने की इच्छा मानव स्वभाव का अंग प्रतीत होती है। मानव अधिकारों को चेतना, व्यवहार तथा न्याय व्यवस्था, सभी स्तरों पर प्रतिष्ठित करने का संघर्ष इसीलिए जरूरी हो जाता है। मनुष्य को बुरा होने

से शायद रोका नहीं जा सकता, क्योंकि स्वार्थ कैसे-कैसे हमें नियंत्रित करता है, हम नहीं जानते। लेकिन बुराई की अभिव्यक्तियों पर, काफी हद तक, काबू जरूर पाया जा सकता है। मानव अधिकारों के संघर्ष का लक्ष्य यही है।

यह मान्यता तथ्य आधारित नहीं है कि मानव अधिकारों का संघर्ष आधुनिक पश्चिमी सभ्यता की देन है। दुनिया का कोई ऐसा समाज नहीं है, जिसमें मानव अधिकारों के लिए संघर्ष लगातार जारी न रहा हो। भारत में जब बुद्ध और महावीर ने जाति प्रथा को विवेक विरुद्ध बताया, तब वे मनुष्य की समानता के अधिकार को ही मान्यता दे रहे थे। भक्त कवियों ने न केवल ज्ञान और भाषा के एकाधिकार को चुनौती दी, बल्कि उन सभी रूढ़ियों पर प्रहार किया जो मानव गरिमा को चोट पहुँचाती हैं। मीरा का संघर्ष स्त्री अधिकारों की प्रतिष्ठा की एक सुन्दर उपन्यासिका है। अनेक सिख गुरुओं ने धर्म और अन्तरात्मा की स्वतंत्रता को अक्षुण्ण बनाये रखने के लिए आत्म-बलिदान किया। विदेशी दासता के विरुद्ध सतत संघर्ष क्या स्वतंत्रता की बुनियादी इच्छा की ही अभिव्यक्ति नहीं थी ? अस्पृश्यता, सामन्ती बन्धनों तथा पुरुष की तानाशाही के खिलाफ लड़ाई के असंख्य प्रेरक प्रसंग क्या हमारी स्मृति में सुरक्षित नहीं हैं ? इस्लाम ने अपने उद्‌भव के समय अनेक मानव अधिकारों को प्रतिष्ठित किया। स्त्री के मामले में वह अपने समय में, कम से कम सिद्धान्त के स्तर पर, सबसे ज्यादा प्रगतिशील था। जिन मानव अधिकारों के प्रति वह संवेदनशील नहीं हो पाया, उनके लिए संघर्ष आज भी जारी है। इसी वर्ष ईरान में एक विद्रोही महिला ने भरे चौराहे पर आत्मदाह किया, क्योंकि वह मुस्लिम स्त्रियों की जबरन परदानशीनी के खिलाफ थी। अफ्रीका के कबीलों में भी, जहाँ विकास का स्तर ऊँचा नहीं है, अनेक प्रकार की तानाशाही के खिलाफ संघर्ष शुरू हो गया है। स्पष्ट है कि मानव अधिकारों का संघर्ष मनुष्य की स्वतंत्रता और समानता की बुनियादी भूख से पैदा हुआ है, जो विश्वजनीन है। पश्चिमी समाज ने उनके कुछ विशिष्ट रूपों का विकास जरूर किया है, उन्हें अपने ढंग से परिभाषित भी किया है और आज अगर विश्व स्तर पर मानव अधिकारों की उसकी मान्यता ही फैलायी जा रही है या लोकप्रिय हो रही है, तो इसका कारण यह है कि अन्य समाजों ने मानव अधिकारों की कोई विश्व समझ नहीं बनायी है, न ही उनका कोई ठोस राष्ट्रीय या स्थानीय दर्शन बनाया है। जो मानव अधिकारों के मौजूदा दर्शन का उपहास करते हैं या उसे पश्चिम का षड्‌यंत्र मानते हैं, उन्हें इसका कोई ठोस और बेहतर विकल्प पेश करना चाहिए।

यह विचारणीय है कि मानव अधिकारों का आन्दोलन राज्य की ज्यादतियों का इतना विरोध करते हुए भी समाधान के लिए राज्य पर ही इस कदर निर्भर क्यों है। क्या इस तरह वह राज्यवाद को ही प्रोत्साहित नहीं करता ? नहीं। इस तरह वह वस्तुतः राज्य के मौजूदा तंत्र के अन्तर्विरोधों को कम करने की कोशिश

करता है। यह सच है कि अभी तक दुनिया में जितने भी राज्य कायम हुए हैं, वे सभी, निरपवाद रूप से, दमन पर आधारित रहे हैं, क्योंकि उनका आदर्श सभी व्यक्तियों को पूर्णतः स्वतंत्र जीवन जीने का मौका देना नहीं रहा है। मानव सम्बन्धों में कुछ हद तक बल प्रयोग या उसकी धमकी सम्भवतः अपरिहार्य है, लेकिन यह मानव अधिकारों की रक्षा के लिए होना चाहिए, न कि किसी के स्वत्व का अतिक्रमण करने के लिए। राज्य का तंत्र चूँकि सिर्फ संवेदना और विवेक से परिचालित नहीं होता, इसलिए वह बहुत-सी ऐसी हिंसा भी करता है, जिसका कोई औचित्य नहीं है। इसके बावजूद कोई भी समाज राज्यविहीन होना नहीं चाहता। राज्यविहीनता की स्थिति उन्हीं छोटे समूहों में बची है, जहाँ का जीवन स्तर बहुत ही सीधा-सादा है। लेकिन एक समय में दुनिया के सभी समाज ऐसे ही थे। जब भौतिक और सांस्कृतिक विकास हुआ, तब जीवन की जटिलताएँ भी बढ़ीं। समाज इन जटिलताओं को अनुशासित नहीं कर पाया, इसीलिए एक ऐसे तंत्र की जरूरत पड़ी जो यह काम सक्षमतापूर्वक कर सके। यह राज्य था। इस तरह राज्य समाज का प्रतिनिधि भी है और उसका शास्ता भी। तनिक भी विकसित स्थिति में जीवन समाज के साथ-साथ राज्य में भी जीना है। लेकिन राज्य कोई परिवर्तन-विमुख संस्था नहीं है। मोटे तौर पर वह लगातार उदार और उत्तरदायी होता गया है। लोकतंत्र में आ कर राज्य को, एक तरह से, अदृश्य हो जाना चाहिए था, फिर भी राज्य के अमानवीय रूप बचे रहते हैं, क्योंकि लोकतंत्र को पूर्णता के स्तर तक पहुँचाया नहीं जा सका है। अतः आज का अच्छा से अच्छा लोकतांत्रिक राज्य भी एक अधूरा या विकृत राज्य है, क्योंकि लोक के सर्वोत्तम हित में उसका संचालन नहीं किया जाता। चूँकि राज्य का आधार समाज की, प्रकट या मूक, सहमति है, इसलिए राज्य की यह कमी वस्तुतः उस समाज की ही कमी है, जिसका वह प्रतिनिधित्व करने का दावा करता है। इसीलिए मानव अधिकारवादी एक तरफ तो राज्य की ज्यादतियों का विरोध करते हैं और दूसरी तरफ यह दबाव पैदा करते हैं कि राज्य ज्यादा से ज्यादा मानवीय और उत्तरदायी बने। दोनों आग्रहों का लक्ष्य एक ही है : ऐसी स्थितियाँ पैदा करना, जिनमें मनुष्य ज्यादा से ज्यादा स्वतंत्रता के साथ जी सके। राज्य जरूरी है, क्योंकि फिलहाल तो वही यह स्वतंत्रता सुनिश्चित कर सकता है, लेकिन उसके खिलाफ सतत सतर्कता भी जरूरी है, ताकि इस प्रक्रिया में वह किसी की स्वतंत्रता का अतिक्रमण न कर सके।

चूँकि पश्चिमी समाज में मानव स्वतंत्रता को सीमित करने का काम समाज के स्तर पर कम होता है (सच तो यह है कि वहाँ अब समाज बचा ही बहुत कम है), इसलिए भी राज्य से ही यह आशा की जाती है कि वह मानव स्वतंत्रता को ज्यादा से ज्यादा प्रतिष्ठित करेगा। वहाँ दमन और हिंसा का एक बड़ा स्रोत अब परिवार का तानाशाही ढाँचा है। लेकिन इस ढाँचे के द्वारा की जानेवाली ज्यादतियों

का परिमार्जन कैसे हो ? परिवार के मुखिया से अपील करना व्यर्थ है, क्योंकि ये ज्यादतियाँ ज्यादातर वही करता है या उसी की देखरेख में होती हैं। इन्हें रोकने की अपील समाज से की नहीं जा सकती, क्योंकि समाज अपनी बची-खुची सत्ता को कैसे प्रकट करे, यह अब वह नहीं जानता। स्त्रियों और बच्चों के उत्पीड़न के बहुत-से मामलों में तो अक्सर एक तरह की मूक सामाजिक सहमति भी होती है। इसलिए इन मामलों में भी राज्य से ही कार्रवाई की अपेक्षा की जाती है। इस रणनीति का अधूरापन स्पष्ट है। अन्याय के स्रोत गहरे हैं और राज्य की कार्रवाई सतह पर होती है। एक दूसरा तरीका भी उपेक्षित है, जिसे हृदय परिवर्तन का रास्ता कहा जा सकता है। आदमी आखिर वही करता है, जो वह ठीक समझता है। यहाँ तक कि जो पति अपनी पत्नी को पीटता है, वह भी उचित और आवश्यक समझ कर ही ऐसा करता है। उसका यह नैतिक बोध बदलने के लिए उसके साथ प्रेमपूर्ण संवाद एक गहरी सामाजिक आवश्यकता है। लोगों का मन बदले बिना सिर्फ पुलिस के भय से मानवीय समाज बना पाना असम्भव है। साथ ही उत्पीड़ित व्यक्तियों और वर्गों का संघर्ष भी जरूरी है। बहुत-सा अनाचार इसीलिए जारी रहता है, क्योंकि वह बिना पर्याप्त प्रतिवाद के बरदाश्त कर लिया जाता है। इस तरह मानव अधिकारों की पूर्ण प्रतिष्ठा के लिए तीनों स्तरों पर काम करने की जरूरत है : राज्य की दृढ़ता, उत्पीड़ित का संघर्ष और अत्याचारी का हृदय परिवर्तन। मानव अधिकारों के हिमायतियों को अपने कार्य क्षेत्र का दायरा बढ़ाने के बारे में सोचना पड़ेगा।

चूँकि हमारे यहाँ, या हम जैसे एशियाई देशों में, मानव अधिकारों की चर्चा पश्चिम के पैटर्न पर होती है, इसलिए हम भी मानव अधिकारों के उल्लंघन के सन्दर्भ में राज्य पर ही ज्यादा जोर देते हैं। जहाँ तक हमारे देश का सवाल है और यह स्थिति चीन, उत्तर कोरिया आदि को छोड़ कर प्रायः सभी एशियाई समाजों में है, इस सिलसिले में दो बातें उल्लेखनीय हैं। एक, इन समाजों में राज्य तंत्र का दखल पश्चिमी समाजों की तरह व्यापक नहीं है। साथ ही राज्य बहुत कुशल या प्रभावकारी भी नहीं है। चूँकि राज्य का चरित्र लगभग सामन्ती है, इसलिए वह एक ओर तो अपने नागरिकों के प्रति क्रूर और दमनकारी रवैया अपनाता है और दूसरी ओर जिन मानव अधिकारों को वह कानूनी या लोकतांत्रिक स्तर पर मान्यता देता है, उनकी प्रतिष्ठा के लिए भी वह अधिक सक्रिय नहीं दिखा पाता। स्पष्ट है कि राज्य का यह चरित्र बदले बिना सिर्फ मानव अधिकारवाद से इन देशों में कुछ ज्यादा हासिल नहीं किया जा सकता। बेशक मानव अधिकारों का संघर्ष राज्य का चरित्र बदलने के संघर्ष का ही हिस्सा है, लेकिन यह पर्याप्त नहीं है।

दूसरी बात यह है कि इन देशों में मानव अधिकारों का बहुत-सा उल्लंघन समाज द्वारा भी होता है। उदाहरण के लिए भारत में अस्पृश्यता यदि अब भी

कायम है तो इसका कारण उसे मिल रहा सामाजिक समर्थन ही है। स्त्रियों को पुरुषों की तुलना में अत्यन्त अमानवीय स्थितियों में रहना पड़ता है, तो इसीलिए कि यही सामाजिक तौर पर उचित माना जाता है। परिवार का ढाँचा भी, पश्चिम की तुलना में, ज्यादा सर्वसत्तावादी और नृशंस है। राज्य की हिंसा पर जोर देने के कारण ही भारत के मानव अधिकारवादियों पर आतंकवादी तथा अन्य सामाजिक समूहों द्वारा की जानेवाली हिंसा का पर्याप्त प्रतिवाद नहीं करने का आरोप लगाया जाता है। अतः यह आवश्यक है कि इन गैर-यूरोपीय देशों में सामाजिक मुक्ति का आन्दोलन और तेज किया जाये। मानव अधिकारवादियों को राज्य को ज्यादा से ज्यादा लोकतांत्रिक और प्रभावशाली बनाने का प्रयत्न करने के साथ-साथ परिवार, समाज और अर्थव्यवस्था में मौजूद सामन्ती-तानाशाही तत्वों के विरुद्ध प्रचार तथा संघर्ष करना होगा।

इसका अर्थ यह नहीं है कि इन देशों में मानव अधिकारों का आन्दोलन सिर्फ वहीं तक सीमित है, जो 'मानव अधिकार' शब्दों से जुड़े संगठनों के काम-काज से प्रकट होता है। उदाहरण के लिए दलित संघर्ष मानव अधिकारों का ही संघर्ष है। यही स्थिति पिछड़ी जातियों, स्त्रियों और अल्पसंख्यकों के संघर्ष की है। जब महाराष्ट्र और मध्य प्रदेश के आदिवासी नर्मदा बाँध के विरुद्ध संघर्ष करते हैं, तो वे कुछ मौलिक अधिकारों की सुरक्षा की लड़ाई ही लड़ रहे होते हैं। स्पष्टतः इन देशों में समूह के अधिकारों का महत्व व्यक्ति के अधिकारों से किसी भी प्रकार कम नहीं है। कारण, बहुत-से व्यक्ति सिर्फ इसलिए दमित हैं, क्योंकि वे किसी खास अधिकार-वंचित समूह के सदस्य हैं। इस तरह एक दलित का संघर्ष व्यक्ति और उसका समूह, दोनों का संघर्ष बन जाता है। इसी के साथ मानव स्थिति की यह विडम्बना भी जुड़ी हुई है कि कोई समूह अपने अधिकारों के लिए लड़ रहा है, तो जरूरी नहीं कि वह दूसरे समूहों के मानव अधिकारों का भी सम्मान करे। पिछड़ा-दलित संघर्ष को इसी सन्दर्भ में देखना चाहिए। मानव संवेदना की इसी सीमा को समझते हुए हम इस रहस्य को भेद सकते हैं कि भारत के मुसलमान, जो स्वयं एक अस्तित्वगत संकट से जूझ रहे हैं, क्यों अपनी स्त्रियों के सामान्य मानव अधिकारों का भी सम्मान नहीं करना चाहते। इससे यह भी स्पष्ट होता है कि मानव अधिकारों के हर संघर्ष के पीछे मानववाद नहीं होता—कई बार अपने सीमित हितों की चिन्ता भी होती है। घबराने का एक बड़ा कारण यह है कि अधिकारों की चेतना के साथ जब तक कोई क्रांतिकारी या रचनात्मक दर्शन नहीं जुड़ता, तब तक इन अधिकारों का प्रयोग सामूहिक या मानव हितों के संवर्धन के लिए या उनसे सामंजस्य बनाये रखते हुए नहीं हो सकता। स्पष्टतः स्वतंत्रता या समानता अपने आपमें कोई रचनात्मक मूल्य नहीं हैं। उनका महत्व इस बात में है कि जीवन को बेहतर बनाने में उनका कितना उपयोग होता है। एक बँधुआ मजदूर को मुक्त

करा कर उसे बेकारी की स्थिति में डाल देना उसके साथ एक क्रूर मजाक हो सकता है, हालाँकि कोई व्यक्ति बँधुआ मजदूरी स्वीकार करने के बजाय दैन्य से संघर्ष करते हुए जान दे देता है, तो इसे मानव गरिमा को बचाने की दिशा में उसका आत्म-उत्सर्ग मानना ही उचित होगा। ऐसे आत्म-उत्सर्गों की नींव पर ही मानव विकास की इमारत खड़ी हुई है।

खेद है कि सभी मनुष्य आत्म-उत्सर्ग तो क्या, संघर्ष की भी प्रेरणा या शक्ति नहीं जुटा पाते। यह मानव स्वभाव का एक रहस्यपूर्ण पक्ष है। सैकड़ों पीढ़ियाँ अन्याय और अपमान सहते हुए अपना जीवन बिता देती हैं। लोग गुलामी का मुकाबला करने के बजाय उसके आगे घुटने टेक देते हैं। खुशामद और चापलूसी के द्वारा कठिन जीवन को सहनीय बनाने की कोशिश होती है। ऐसे में उन लोगों का काम कठिन हो जाता है, जो प्रत्येक व्यक्ति को स्वाभिमान के साथ जीते हुए देखना चाहते हैं। गतिशील सामाजिक नेतृत्व इसी बैचेनी से पैदा होता है। एक सच्चा नेता समाज में अपनी वीरता का संक्रमण करता है। प्रश्न किया जाना चाहिए कि क्या यह वीरता सिर्फ एक मनोवैज्ञानिक प्रक्रिया है ? मानव अधिकारों की अवस्थिति क्या सिर्फ हमारे हृदय में होती है ? नहीं, यह एक अधूरा दर्शन है। यह सच है कि मानव मन अपनी हर भौतिक-सामाजिक सीमा को पार कर सकता है, लेकिन इस ऊँचाई तक साधारण लोग नहीं जा पाते। उन्हें अपने मानव व्यक्तित्व का आविष्कार करने की स्थिति में लाने के लिए एक न्यूनतम भौतिक सम्पन्नता का वातावरण सुनिश्चित करना होगा। अत्यन्त और चिर गरीबी मानव गरिमा के सभी बोध को प्रशमित कर देती है। गरिमा का यह बोध नष्ट नहीं होता, क्योंकि कोई भी मनुष्य इतना गया-गुजरा नहीं हो सकता कि वह अपनी इस वेदना को पहचान न सके। लेकिन ज्ञान के अभाव में वह न तो इस वेदना के स्रोतों तक पहुँच पाता है और न भौतिक साधनों के अभाव में वह उनके विरुद्ध संघर्ष करने की शक्ति जुटा पाता है।

इसलिए भारत में मानव अधिकारों की स्थिति अच्छी नहीं है, तो इसका एक बड़ा कारण व्यापक गरीबी और असहायता की स्थिति है। अतः एक ऐसी आर्थिक व्यवस्था के लिए संघर्ष करना भी, जिसमें सभी लोग खुशहाली से जी सकें और सामाजिक-आर्थिक विषमता ज्यादा न हो, मानव अधिकारों के लिए ही संघर्ष करना है। ऐसा नहीं है कि इस तथ्य को पहचाना नहीं गया है। 11 दिसम्बर 1969 को संयुक्त राष्ट्र संघ के तत्वावधान में सामाजिक विकास पर जो करार हुआ, उसमें स्पष्ट रूप से घोषित किया गया था कि 'राष्ट्रीय आय और सम्पत्ति का तीव्र विस्तार तथा समाज के सभी सदस्यों के बीच उनका न्यायपूर्ण वितरण सामाजिक प्रगति का मूल है और इसलिए यह प्रत्येक राज्य और सरकार की पहली प्राथमिकता होनी चाहिए।' (अनुच्छेद 7) अनुच्छेद 10 में उन 'मुख्य उद्देश्यों' को रेखांकित किया

गया है, जिन्हें हासिल करना सामाजिक प्रगति और विकास का लक्ष्य होना चाहिए : सभी स्तरों पर काम पर अधिकार, काम की न्यायपूर्ण और अनुकूल स्थितियाँ, भूख और कुपोषण की समाप्ति, गरीबी का उन्मूलन, निरक्षरता का उन्मूलन तथा संस्कृति तक सभी की पहुँच, पूरी आबादी के लिए निःशुल्क स्वास्थ्य सेवाएँ आदि। स्पष्ट है कि मानव अधिकारों की यह विस्तृत व्याख्या लोगों तक पहुँचाने में असमर्थता के कारण ही यह संकीर्ण विचार फैलता है कि मानव अधिकारवादी सिर्फ हिरासत में मौतों या पुलिस गोलीकांड के खिलाफ लड़ते हैं। मानव अधिकार सिर्फ हत्या से बचाव के लिए नहीं, बल्कि शालीन जीवन जीने के लिए भी हैं। वस्तुतः शालीन जीवन के उपकरण जितने ज्यादा व्यापक होंगे, दमन की स्थितियाँ उतनी ही कम होंगी।

पश्चिमी देशों की सरकारें या उन देशों के कार्यकर्ता यदि मानव अधिकारों के कुछ खास रूपों—नागरिक तथा राजनीतिक स्वतंत्रताएँ—पर ही जोर देते हैं, तो इसका कारण यह है कि उनमें तीसरी दुनिया के देशों की जीवन स्थितियों के प्रति पर्याप्त संवेदना नहीं है। यह संवेदना न होने का एक बड़ा कारण उनकी अर्थव्यवस्था का अनुदार पूँजीवादी स्वरूप है, जो गरीब देशों के आर्थिक शोषण के बगैर फल-फूल नहीं सकती। अतः पश्चिम के अमीर देशों के लिए मानव अधिकारों का वह भाष्य भी, जो संयुक्त राष्ट्र संघ द्वारा स्वीकृत है, प्रचारित करना तथा उस पर जोर देना उनके अपने स्वार्थों के खिलाफ है। उदाहरण के लिए भारत में मानव अधिकारों की पूर्ण प्रतिष्ठा हो जायेगी, तो उनकी अधिकांश कम्पनियों को भारत से चल देना पड़ेगा। यह भी कहा जा सकता है कि इन कम्पनियों को भारत से विदा किये बगैर भारत में मानव अधिकारों की पूर्ण प्रतिष्ठा सम्भव ही नहीं है। यही कारण है कि मानव अधिकारों की अवधारणा एक विश्व अवधारणा होने के बावजूद मानव अधिकारों का कोई सम्यक विश्व आन्दोलन उभर नहीं पा रहा है। चेतना और कर्म, दोनों ही स्तरों पर मानवता बुरी तरह विभाजित है।

लेकिन यह मानव अधिकारों के संघर्ष की सिर्फ एक समस्या है—उसका एक अंतर्विरोध। ऐसी समस्याएँ और ऐसे अंतर्विरोध अनेक हैं। लेकिन इनके कारण मानव अधिकारों का मौजूदा संघर्ष मिथ्या या बेकार नहीं हो जाता। जरूरत इस संघर्ष को ज्यादा से ज्यादा व्यापक और पूर्ण बनाने की है। यह कैसे हो ? मानव अधिकारों के आंदोलन की एक मूलभूत समस्या यह है कि इस आंदोलन को चलानेवाले लोग बहुत कम हैं। इसीलिए वे जितनी प्रत्याशाएँ जगा देते हैं, उनका एक अंश भी पूरा नहीं कर पाते। दरअसल, मानव अधिकारों के लिए सच्चा संघर्ष वही कर सकता है, जो सत्ता के चरित्र को पहचान चुका है। वह स्वयं सत्ता नहीं चाहता और सत्ता के दुरुपयोग को रोकने की कोशिश करता है। ऐसे लोगों की संख्या बढ़ेगी, तभी मानव अधिकारों के संघर्ष का फूल पूरी तरह खिल सकता

है। अभी तो यह एक छोटी-सी कली है—बल्कि कली भी नहीं, शायद एक अंकुर। मानव अधिकारों को प्रतिष्ठित करने का आश्वासन देनेवाली मौजूदा सभी राजनीतिक धाराएँ संदिग्ध हैं, क्योंकि उनके नेताओं में सत्ता की भूख है। ये धाराएँ कुछ अधिकारों का सम्मान करेंगी, तो कुछ का दमन। इसका अर्थ यह नहीं है कि मानव अधिकारों का आन्दोलन राजनीतिनिरपेक्ष होना चाहिए। राजनीति की जा सकती है, लेकिन वह सत्ता को लोकतांत्रिक बनानेवाली राजनीति होगी।

एक और बुनियादी समस्या यह है कि मानव अधिकारों का आन्दोलन यह नहीं बताता कि अधिकारों की जरूरत है किसलिए। सिर्फ अधिकारों पर जोर देना एक अधूरी, एकांगी कार्रवाई है। एक व्यक्ति के अधिकार दूसरों के लिए तभी आकर्षक या सम्मानजनक बन सकते हैं, जब उनका उपयोग रचनात्मक ढंग से किया जाये तथा सामाजिक हितों का खयाल रखा जाये। यह सच है कि कोई सिर्फ अपने सुख की चिन्ता करता है, तब भी उसे रोका नहीं जा सकता, क्योंकि परोपकारिता को कानून बना कर लागू नहीं किया जाना चाहिए न किया जा सकता है। लेकिन एक संवेदनशील तथा नैतिक समाज में ऐसे व्यक्ति खुद-व-खुद कम से कम होते जायेंगे। वस्तुतः अधिकारों की गरिमा ही इसी बात में है कि कर्तव्यों का भी उचित पालन किया जाये। अतः मानव अधिकारों के संघर्ष का एक महत्वपूर्ण लक्ष्य मानव कर्तव्यों की चेतना फैलाना भी होना चाहिए। हम कैसे न जियें, यह बताना काफी नहीं है। हम कैसे जियें, यह निरूपित करना भी जरूरी है। मनुष्य का नैतिक और कलात्मक विकास नहीं होने पर न तो मानव अधिकारों का उचित इस्तेमाल होगा और न उनका सम्मान बढ़ेगा। इसके बावजूद मानव अधिकारों के प्रश्न पर कुछ तनाव हमेशा मौजूदा रहेगा। वस्तुतः अच्छाई और बुराई के बीच आँखमिचौली के बीच ही मानव समाज अपनी विकास यात्रा पूरी करने के लिए अभिशप्त है।

लेखक परिचय

अरिहन जैन : सिविल इंजीनियरिंग में डिप्लोमा के बाद पत्रकारिता में प्रवेश। फिलहाल जनसत्ता, नयी दिल्ली के सम्पादकीय विभाग में। आर्थिक विषयों पर नियमित लेखन। 82 बी, पाकेट 4, मयूर विहार-I, दिल्ली-110091

वी. एम. तारकुंडे : भारतीय मानवाधिकार आन्दोलन के अग्रणी नेता। एम. एन. राय के निकट सहयोगी रहे हैं। करीब चार दशकों से 'रेडिकल ह्यूमनिस्ट' का सम्पादन। बंबई उच्च न्यायालय के पूर्व न्यायाधीश। फिलहाल उच्चतम न्यायालय में वरिष्ठ अधिवक्ता। एम 16, सेक्टर 11, नोएडा-201301

किशन पटनायक : डॉ. राममनोहर लोहिया के सहयोगी और पूर्व सांसद। समाजवादी नेता तथा विशिष्ट चिंतक। किसान आन्दोलन में सतत हिस्सेदारी। समाजवादी जन परिषद के उपाध्यक्ष तथा 'सामयिक वार्ता' के सम्पादक। ताजा चर्चित कृति : 'भारत शूद्रों का होगा'। द्वारा वाणी मंजरी दास, शिक्षक, सी. आर. पी. एफ., भुवनेश्वर-751011

सच्चिदानंद सिन्हा : सम्मानित समाजवादी विचारक तथा अनेक महत्वपूर्ण पुस्तकों के लेखक। लगभग चार दशकों से भारतीय किसान और मजदूर आन्दोलन में सक्रिय। मनिका, मुजफ्फरपुर-843119

शम्सुल इस्लाम : दो दशकों से नुक्कड़ नाटक आंदोलन में सक्रिय । 'निशांत' के सचिव। हिन्दी, अंग्रेजी और उर्दू पत्र-पत्रिकाओं में नियमित लेखन। सत्यवती कॉलेज में राजनीति विज्ञान के रीडर। 1, स्टाफ क्वार्टर्स, सत्यवती कॉलेज, कैम्पस, अशोक विहार-III, दिल्ली-110052

सत्येन्द्र रंजन : जागरूक एवं सक्रिय पत्रकार। सम्प्रति जनसत्ता, नयी दिल्ली के सम्पादकीय विभाग में। पीपुल्स यूनियन फॉर सिविल लिबर्टीज, दिल्ली के महासचिव। डी 125, आंनद विहार, दिल्ली-110092

शालिनी कंचन : राँची विश्वविद्यालय में पढ़ाई के बाद भारतीय जन संचार संस्थान से स्नातकोत्तर डिप्लोमा। विभिन्न पत्र-पत्रिकाओं में समसामयिक विषयों पर नियमित लेखन। फिलहाल जी टेलीविजन में दिल्ली स्थित संवाददाता। एच-आइ 28, हरमू हाउसिंग कॉलोनी, हरमू, राँची-834012

धर्मवीर : कई विधाओं के लेखक तथा प्रखर दलित चिन्तक। एक दर्जन से ज्यादा पुस्तकें प्रकाशित हो चुकी हैं और उनमें से कई बहुचर्चित रही हैं। आजकल दलित समाज की नागरिक संहिता बना रहे हैं। भारतीय प्रशासनिक सेवा के अधिकारी। जनता शू स्टोर, डी 2, मेन मार्केट, शकरपुर, नयी दिल्ली-110092

पुरुषोत्तम अग्रवाल : सम्मानित आलोचक तथा प्रखर सामाजिक-राजनीतिक टिप्पणीकार। साम्प्रदायिकता विरोधी आन्दोलन की अग्रिम पंक्ति में रहे हैं। जवाहरलाल नेहरू विश्वविद्यालय में हिन्दी के प्राध्यापक। ताजा चर्चित कृति : संस्कृति : वर्चस्व और प्रतिरोध। एस डब्ल्यू 1, सतलज, जवाहरलाल नेहरू विश्वविद्यालय, नयी दिल्ली-110067

यदुनाथ मुखर्जी : भारतीय कम्युनिस्ट पार्टी (मार्क्सवाद-लेनिनवादी) में बरसों सक्रिय रहने के बाद फिलहाल तटस्थ प्रेक्षक के तौर पर अध्ययन-मनन तथा पत्र-पत्रिकाओं में नियमित लेखन। ई 166, नारायण विहार, नयी दिल्ली-110028

संजय अभिज्ञान : लगभग एक दशक से सूझबूझ तथा अंतर्दृष्टि के साथ आर्थिक पत्रकारिता। आजकल नवभारत टाइम्स, नयी दिल्ली के सम्पादकीय विभाग में। 4075, गली अहीरान, पहाड़ी धीरज, दिल्ली-110006

मस्तराम कपूर : कहानी, उपन्यास, बाल साहित्य आदि अनेक विधाओं के यशस्वी लेखक तथा तेजस्वी राजनीतिक टिप्पणीकार। समाजवादी आंदोलन से सम्बद्ध। दिल्ली प्रशासन से सेवानिवृत्ति के बाद स्वतंत्र लेखन। ताजा चर्चित कृति : 'अस्तित्ववाद से गांधीवाद तक'। 79बी, पाकेट 3, मयूर विहार-I, दिल्ली-110091

सुरेन्द्र मोहन : जनता दल के नेता तथा सम्मानित राजनीतिक टिप्पणीकार और स्तंभ लेखक। पूर्व सांसद। एक्स बी-I, सह विकास, पटपड़गंज, दिल्ली-110092

अरुण कुमार त्रिपाठी : उदीयमान राजनीतिक-सामाजिक टिप्पणीकार। अपने सन्तुलित एवं अध्ययनपूर्ण लेखों के लिए चर्चित। आजकल जनसत्ता, नयी दिल्ली

के सम्पादकीय विभाग में। सी 53, एक्स-I, दिलशाद गार्डन, दिल्ली-110095

राजकिशोर : इस पुस्तक शृंखला के सम्पादक। 'रविवार' और 'परिवर्तन' के बाद आजकल नवभारत टाइम्स, नयी दिल्ली में वरिष्ठ सहायक सम्पादक। कई चर्चित पुस्तकों के लेखक। ताजा कृति : उपन्यास 'तुम्हारा सुख'। 139, सहयोग अपार्टमेंट्स, मयूर विहार-I, दिल्ली-110091

□□□